本书是安徽省哲学社会科学规划项目研究成果

项目批准号：AHSKQ2021D175

我国房地产税的收入与福利效应预测与模拟研究

李阿妓 一著

上海三联书店

前　言

当前,我国已经实现了全面建成小康社会的奋斗目标,开启全面建设社会主义现代化国家的新征程。共同富裕是中国式现代化的重要特征,推动共同富裕涉及政府公共服务的提供和收入分配等方面,房地产税既可以为公共服务提供资金,又是优化收入分配格局的重要途径。按照"立法先行、充分授权、分步推进"的原则,房地产税立法已进入实施准备阶段,但房地产税的功能定位及其开征的影响等尚未明确。本书基于税收研究的一般范式,将房地产税对地方政府税收收入的影响进行模拟和预测,同时研究了房地产税的福利效应,并立足于政府整体宏观和家庭个体微观两个层面,构造了一个较为完善的房地产税的收入与福利效应研究的分析框架。

总体而言,本书依照逻辑顺序主要分析以下五个方面的内容:①房地产税的税基选择与收入模拟分析;②房地产税对不同地区税收收入的影响分析;③房地产税对省际之间税收收入的影响分析;④房地产税对样本城市之间税收收入的影响分析;⑤房地产税对社会福利的影响分析。

本书共分为9章,依次遵循"提出问题—理论基础—分析问题—提出对策"的逻辑框架,其中,"分析问题"从"现有格局—政策模拟—政策评估"三个层次逐步展开。"提出问题"对应本书的第1章;"理论基础"主要对应本书的第2章;"分析问题"中的"现有格局"对应本书的第3章;"分析问题"中的"政策模拟"对应本书的第4章;"分析问题"中的"政策评估"对应本书的第5章、第6章、第7章和第8章;"提出对策"对应本书的第9章。

第1章是本书的绪论部分,旨在提出本书要研究的核心问题,通过梳理研究主体的国内外研究现状,确定研究框架,并确立契合的技术路线。

第2章为理论基础部分,分析房地产税的一般理论。首先阐述分级财政、地方政府治理与房地产税的关系,以及与房地产税相关的税收公平理论,进而引申出房地产税对收入和福利的作用机理,最后探讨开征房地产税的效应,包括房地产税对税收收入的影响和房地产税的福利效应。

第3章首先阐述我国房地产税费的运行现状,以及现有格局形成的历史渊源,其次对房地产税改革方案进行评估,最后探讨房地产税预期的税制改革。

第4章从房地产税的税基和税率出发构建我国房地产税的主要税收要素,其中基于家庭个体微观层面对房地产税税率进行设计,根据税收公平的量能负担原则测算分别适用于全国、各地区和各省(直辖市、自治区)的幅度比例税率,并通过绝对数和相对数测算现在和未来期间房地产税可以为地方政府筹集的税收收入。

第5章从政府整体宏观层面测算房地产税对东、中和西部地区税收收入的影响,以衡量房地产税对税收收入的影响的地区差异。基于模拟和预测两个维度,从房地产税开征起始年度至房地产税与土地出让收入并行征收截止期间展开,运用 VAR 模型进行评估以测算各地区房地产税相关税收收入,与各地区房地产相关税收收入相比较得到房地产税对地区之间税收收入的影响。

第6章侧重于从政府整体宏观层面探讨房地产税对各省(直辖市、自治区)税收收入的影响,以衡量房地产税对税收收入的影响的省际差异。基于模拟房地产税开征起始年度至房地产税与土地出让收入并行征收期间省(直辖市、自治区)房地产税相关税收收入,并运用 VAR 模型进行前评估,计算房地产税相关税收收入与房地产相关税收收入的差额,评估房地产税对不同省(直辖市、自治区)税收收入的短期影响以及进行预测。

第7章从政府整体宏观层面分析房地产税对样本城市税收收入的影响,探讨房地产税对税收收入影响的城市差异。比较各城市房地产税相关税收收入与房地产相关税收收入,进行房地产税对样本城市税收收入的影响的模拟和预测。其中,房地产税相关税收收入包括样本城市的住宅房地产税税收收入、城市土地出让收入中非预征的房地产税以及城市历年土地出让收入之和应当在每年予以扣除的预征房地产税,房地产相关税收收入包括城市土地出让收入。

第8章旨在基于家庭个体微观层面评估房地产税的福利效应。首先比较不同的税收减免方案以筛选可行方案,其次运用微观调查数据,模拟不存在税收减免时的税负分布和有税收减免时房地产税税负在不同收入群体间的分布以及对收入差距的调节效果,最后分别采用全国样本房地产税税率和省级样本税率测算房地产税对社会福利的影响。

基于上述研究,第9章提出相关政策建议。

需要说明的是,由于笔者能力有限,本书中的一些研究尚有需要商榷之处,某些观点仍需进一步推敲,恳请各位专家、读者对本书的不足和错误不吝赐教。

李阿姣

2022 年 7 月

目　录

1

绪 论

1.1 选题背景和研究意义

1.1.1 选题背景

改革开放以来,我国经济取得了举世瞩目的伟大成就。在 2020 年实现全面建成小康社会、实现第一个百年奋斗目标的基础上,现阶段我国正处于全面建设社会主义现代化国家、实现第二个百年奋斗目标的伟大征程中。这标志着我国社会主义进入了从初级阶段向更高阶段迈进的新发展阶段,也意味着我们进入了可以实现全体人民共同富裕的现代化新阶段,即全面建设社会主义现代化国家要求"持续增进民生福祉,扎实推动共同富裕"[①],共同富裕是社会主义的本质要求,是中国式现代化的重要特征[②]。

从财政税收的视角来看,推动共同富裕涉及政府对公共品的提供、收入分配制度的改革和创新等方面。习近平总书记在中央财经委员会第十次会议上指出"促进基本公共服务均等化,加大普惠性人力资本投入,完善养老和医疗保障体系、兜底救助体系、住房供应和保障体系"。征收房地产税同时是西方发达国家筹集地方政府收入,用于解决地方基本公共服务供给的重要经济政策之一。会议同时强调,"构建初次分配、再分配、三次分配协调配套的基础性制度安排,加大税收、社保、转移支付等调节

---

① 摘自 2021 年政府工作报告。
② 摘自习近平总书记 2021 年 8 月 17 日在中央财经委员会第十次会议上的讲话。

力度并提高精准性"。开征房地产税是通过税收手段优化我国收入分配格局的重要思路[1]。本书所称房地产税,是在持有环节针对房地产征收的一种直接税。关于我国房地产税开征的讨论已历经数年(2003年提出时称"物业税",十八届三中全会以后开始使用"房地产税"),理论界关于房地产税是否应该开征、如何开征以及怎样开征的讨论如火如荼。到目前为止,在关于房地产税是否应该开征的问题上持有基本一致的观点,认为房地产税可以开征,并认为新税开征没有完美时机,房地产税的开征宜早不宜迟(侯一麟和马海涛,2016)。

2003年,十六届三中全会在《中共中央关于完善社会主义市场经济体制若干问题的决定》中提出:"实施城镇建设税费改革,条件具备时对不动产开征统一规范的物业税,相应取消有关收费。"2013年11月,十八届三中全会提出"加快房地产税立法并适时推进改革"。2017年11月,时任财政部部长肖捷在《党的十九大报告辅导读本》中明确要按照"立法先行,充分授权,稳步推进"的原则,推进房地产税立法和实施,并同时明确,工商业房地产和个人住房的计税依据是房地产的评估值。2018年,十三届全国人大《政府工作报告》中指出"健全地方税体系,稳妥推进房地产税立法"。2018年9月,十三届全国人大常委会立法规划中将房地产税法列为"第一类"。2020年5月16日,《关于新时代加快完善社会主义市场经济体制的意见》指出"稳妥推进房地产税立法"。2020年10月,十九届五中全会《中共中央关于制定国民经济和社会发展第十四个五年规划和二〇三五年远景目标的建议》指出"完善现代税收制度,健全地方税、直接税体系"。财政部部长刘昆在《〈中共中央关于制定国民经济和社会发展第十四个五年规划和二〇三五年远景目标的建议〉辅导读本》中进一步提出,"按照'立法先行、充分授权、分步推进'的原则,积极稳妥推进房地产税立法和改革"。

房地产税改革步伐自2021年以来明显加快。2021年5月11日,财政部、全国人大常委会预算工委、住房和城乡建设部和税务总局四部门负

---

[1]《中国家庭财富调查报告2019》指出,城镇居民家庭房产净值占家庭人均财富的71.35%,农村居民家庭房产净值占比为52.28%。

责同志在北京召开房地产税改革试点工作座谈会,听取部分城市人民政府负责同志及部分专家学者对房地产税改革试点工作的意见。习近平总书记在 10 月 16 日出版的《求是》杂志发表的重要文章《扎实推动共同富裕》中指出"积极稳妥推进房地产税立法和改革,做好试点工作"。10 月 23 日,第十三届全国人民代表大会常务委员会第三十一次会议通过《关于授权国务院在部分地区开展房地产税改革试点工作的决定》。由此可见,房地产税是新时期健全地方税体系的重点。当前,房地产税开征已经步入改革试点实施阶段,然而,房地产税是以受益观为基础,为地方基本公共服务供给提供资金,还是能够优化收入分配格局,或者是两者兼而有之? 事实上,现有关于房地产税的研究缺乏统一的理论基础,房地产税的功能定位不明确(谢文婷和曲卫东,2021)。

1.1.2 研究意义

基于上述研究背景,对房地产税的收入与福利效应的深入研究和机制探索就不可避免。本书尝试探究我国房地产税的收入与福利效应问题,本书研究的现实意义至少包括如下几个方面:

第一,有助于完善地方税体系,改善公共服务提供质量。我国目前的财政管理体制是分税制财政管理体制。分税制财政管理体制坚持财政支出分权,地方一般公共预算支出占一般公共预算总支出的比重逐年上升,1980 年为 45.7%,1992 年 68.7%,2010 年 82.2%,2018 年是 85.2%。地方政府承担了绝大多数的支出责任,而中央政府取得的财政收入远远超出其实际支出需要。地方政府事权与支出责任不匹配,从而造成地方财政收入尤其是处于政府行政层级底层的县乡财政收入不足。这归因于分税制改革仅解决了中央政府与省级政府之间财政收入和支出的划分,省级以下的财政收入支出划分安排完全由各省自行负责。因此,在省级、地级和县区三级政府中以县乡财政收支失衡最为突出。虽然对地方政府提供一定的财政支持可以使地方财政在短期内走出困境[1],但在客观上

---

[1] 国务院《政府工作报告》(2020)指出,2020 年将新增 2 万亿元资金全部给地方用于保就业、保民生、保市场主体;拟安排 3.75 万亿元地方政府专项债券等。

要求赋予地方政府自有税源,完善地方税体系。另一方面,居民基本公共服务提供不足且存在显著的地区差异。开征房地产税,授予地方政府自有税种,使地方政府拥有稳定的自有财源,完成应当履行的各项基本公共服务职能,改善公共服务提供的质量。

第二,有助于优化税制结构,构建公平有效的税收制度。发达国家的税制结构多以所得税类和财产税类等直接税为主体,货物和劳务税类等间接税为补充,在我国的税制结构中,增值税等间接税的比重在70%左右,直接税的比重在30%左右,税制结构需要进一步优化。房地产税在优化我国税制结构过程中扮演了重要角色,作为直接税,房地产税的开征有助于提高直接税比重优化税制结构。同时,在税收公平原则基础上征收的房地产税能够不使居民和企业的经济活动产生扭曲,体现税收中性,再加上良好的税收征管能力和较高的税收征管水平,有助于构建公平有效的房地产税收制度。

第三,有助于改善基层政府治理,促进政府与公众之间的良性互动。房地产税的受益性体现在将地方政府筹集的房地产税税收收入应用于包括基本公共服务在内的公共服务,有助于改善我国基本公共服务均等化的现状,实现人民对美好生活的向往。政府不仅仅要关注"顾客"的需求,更要着重关注公民,并且与公民建立信任和合作关系,满足公民对公共管理活动参与的希望,并为公民的部分提供回应性的公共服务。所有从公共服务中获得收益的人都应该按照其受益的大小支付该项服务的成本,即社会公众的产出或回报与投入或享受到的公共服务密切相关。具体而言,一方面指社会公众所得到的利益应该与其所纳税额相匹配,另一方面是社会公众有权利在与税务机关等政府部门沟通接触时得到基本的尊重和合理对待。不仅是房地产税,还有所得税、遗产税和赠与税等税收政策都可以通过受益的理解作出最好的解释。如果开征房地产税能够促进政府改进与提升地方公共服务,这无疑会改善基层政府治理,促进政府与公众之间的良性互动。

第四,有关房地产税的研究以期调节财富与收入分布,提高社会福利水平。虽然我国居民收入基尼系数近几年来呈总体下降趋势,但仍高于0.44的全球平均水平以及0.4的国际警戒线。因此,调节财富与收入分配符合我国现阶段国情及实际需要。基于居民的收入差距在住房拥有上更加明显,通过征收房地产税,使拥有高价值房产的家庭缴纳更多的税额,拥有低价值房产的家庭缴纳较少的税额,从而缩小不同收入和财富群体的贫富差距,调节财富与收入分布,改善社会福利水平。

1.2 国内外研究现状

1.2.1 国外研究现状

房地产税的税收归宿以及收入分配效应研究,代表文献关于税收归宿的研究形成三种观点:传统观点、受益观点和资本税观点。首先,传统观点假设资本自由流动且回报固定,从要素流动角度探讨房地产税对住房市场的影响,认为局部均衡分析中的资本不承担任何税负,房地产税的税收负担通过更高的房价转嫁给消费者,且消费者按照住房消费的比例承担不同的份额(Simon,1943;Netzer,1966)。住房支出占可支配收入的比例随着可支配收入的增加而下降,体现房地产税的累退性,从而不利于收入分配。其次,受益观点最初由 Hamilton(1975)、Fischel(1975)在Tiebout(1956)地方政府模型的基础上提出,并由 Fischel(1992;2001a;2001b)等对其进行拓展。主要观点是居民根据其对商品和服务的不同偏好选择不同的税收管辖区,只要有足够多竞争性的地区可供选择,居民就会根据自身的偏好选择最符合期望的公共服务,房地产税是对当地公共服务的一种支付,"用脚投票"(voting with feet)的机制会对辖区内的房地产税与公共服务进行匹配,提供高质量或高数量公共服务的辖区的房地产税负重,房地产税是一种受益税,对住房价格和资源配置不产生直接的影响,是一种非扭曲性的税收。另外,作为受益税的房地产税实质是为公共服务而支付的使用费,不作用于收入分配。最后,资本税观点由Mieszkowski(1972)提出并由 Mieszkowski 等(1984;1989)和 Zodrow(1986;2001)等进行了拓展。主要观点是房地产税实质是一种资本税,不同地区房地产税的差异导致全国的资本存量在地方辖区间的错误配置,扭曲了地方公共服务水平。从全国来看,房地产税作为资本税具有高度的累进性。高收入家庭承担了更多的税负,房地产税有利于收入分配。Mieszkowski(1972)假设经济体由高税率辖区和低税率辖区组成,并且全国的资本存量不变,认为房地产税的差异产生两种效应:利润税效应和流转税效应。利润税效应指超过全国平均水平的房地产税率使得资本从高税率辖区流入低税率辖区,从而在全国范围内降低了资本总收益。流转税效应指房地产税使得地区不可移动的生产要素和商品价格发生变化,高税率辖区的工资和土地价格下降,住房和商品价格上升,低税率辖区则相反。

延续上述关于房地产税的三种代表性观点,代表文献通过经验研究探讨房地产税对房地产市场的影响,但并没有得出一致性的结论。Oates(1969)利用美国新泽西州 53 个城镇的数据发现,房地产价值与房地产税呈负相关关系而与地方公共服务支出水平正相关。Krantz 等(1982)运用微观住宅财产数据构建线性资本化模型发现,大约 60% 的房地产税被资本化到房价中。Case 等(1991)构建长期多区域新古典一般均衡模型分析房地产税的影响,结果表明房地产税对房价有显著的负向影响,提高房地产税将使房价下降,当税率提高 25%,房地产税仅增加 6.6%。Mcdonald(1993)使用美国芝加哥 1991 年的数据发现,房地产税率变动对房价有显著影响,有 55% 的房地产税被资本化为房地产的价格。还有文献认为房地产税引起房价上涨。Fischel(2005)认为房地产税因土地区划和用脚投票机制而使得房价上涨。Gibbons 等(2013)利用拓展的边界间断回归模型发现,与学校学生有关的背景——学校的附加价值和学生取得的重要成就,影响着家庭的教育需求。不论是一单位的平均教育附加价值的上升,还是学生取得的重要成就的增加,均使房产价值上涨约 3%。Tajani 等(2017)运用意大利阿普利亚地区 2011 年和 2015 年的房价、租金、家庭收入、家庭消费、房地产税及平均人口年龄等数据分析主要的社会经济变量对房价的影响,发现房地产税通过温和的波动以及对财产需求的刺激产生对房价的积极影响,这可以通过意大利高税收负担的房地产税相对于其他欧洲国家来说还是相当低的这一事实来解释。

房地产税对地方政府行为的影响研究,实质上是对受益观的验证和完善,研究房地产税对地方政府公共服务提供以及地方政府间财政行为的影响。Besly 等(1995)认为选民为避免政治代理问题会进行地区间比较,这使得在任者会关注其他在任者在做什么,税收改革成为决定是否当选的显著因素,用以遏制税收与其相邻地区的不一致。Goodspeed(2000)认为在财政体系中,地方政府在选择税率时会考虑与中央政府之间以及与其他地方政府之间的相互影响,即税率选择会产生纵向和横向的外部性,中央政府较高的所得税率和较低的房地产税率引致地方政府较低的所得税率。Fischel(2001c)认为,由于地方政府提供的公共服务和相关的税收都会资本化到房价中,房地产税促使当地居民作出有效的预算决策。Brueckner 等(2001)运用空间滞后计量模型方法分析了地方政府间的房地产税竞争,估计代表性地区的房地产税反应函数,这种反应函数将房地产税率不仅与当地的社会经济特征相联系,而且与其竞争性地区的税率相联系,非零的斜率表明各地在选择税率时存在策略性行为。Brunori 等(2010)认为房地产税是增加财政收入用以筹集提供地方公共服务所需资金的最有效率和最有效的方法,其他来源的收入都无法真正实现基层治理,减少对房地产税的依赖只能实现低水平的基层治理。房地产税是地方性税种,Gadenne(2017)实证考察了地方政府征税能力对公共品供给的影响,通过利用巴西的一项旨在帮助政府提高征税能力的项目,对税收收入的增长是否总是伴随着公共品供给的提高这一问题,运用双重差分法和断点回归法进行了实证检验,结论表明,税收收入增长会在显著提高基础教育供给的数量和质量的同时提高市政基础设施的质量,并发现转移支付对地方公共品的供给无显著影响,反而会导致更高程度的腐败,这表明发展中国家的地方公共品供给应更依赖于地方税收收入而非中央政府的转移支付。

房地产税对城市扩张的影响研究,Arnott 等(1977)运用住宅土地使用的一般均衡模型分析封闭经济中房地产税的影响,认为土地供给并不是完全没有弹性,房地产税会引起城市的规模以及城市土地中用于住宅的比例发生变化,这是关于房地产税对城市扩张影响的最早理论阐述,但对于房地产税的影响并未给出确定的答案。Turnbull(1988)运用动态住宅土地利用模型分析财政政策随着时间变化对城市带来的冲击,从城市的空间发展来看,房地产税减慢了城市发展的速度和密度。Brueckner 等

(2003)利用无效城市边界扩张理论构建完全竞争市场中的一般均衡模型分析房地产税与城市扩张之间的关联程度,发现房地产税对城市扩张的影响表现在正向和反向的影响两个方面:一方面,征收房地产税使得城市单位土地面积开发强度下降,开发强度下降意味着人口密度下降,在保持城市人口数量不变的情况下,低的人口密度意味着需要占据更多空间,将促进城市扩张;另一方面,征收房地产税会增加居民的住房消费成本,居民不得不减少居住面积,这意味着人口密度提高,从而缩小城市空间。Anderson(2005)认为房地产税作为控制城市土地开发时机和建筑密度的方法,在土地开发之前土地税的增加会加速土地开发的时机,但对最优建筑密度的影响不明确,税率的增加使得密度保持不变或下降时降低建筑密度,同时延迟土地开发。并且指出,在税率的选择上,对土地和资本分别设计税率且土地税率高于资本税率相对于统一税率更有效率;房地产税率越高,使用价值评估政策的使用越会延迟土地开发。Song 等(2006)运用可变替代弹性发展对数效用函数模型,结果表明房地产税的增加会降低城市规模,当房地产税税率提高 1%,城市规模降低 0.401%。Song 等(2009)进一步构建了双中心城市模型分析房地产税率的差异对城市扩张的影响,结论表明,郊区较低的房地产税税率伴随着城市更多的扩张,以及人口和就业的高分散化水平。Banzhaf 等(2010)采用宾夕法尼亚的土地利用和人口的面板数据,分析土地税对城市扩张的影响,发现土地税通过提高单位土地面积资本率抑制城市扩张。

人们对房地产税的态度研究,在美国税收基金会《2006 年度美国居民对税收和财富的态度调查》中,评判最不公平和最糟糕的州税和地方税时,39%的受访者选择了房地产税,只有 20%的受访者选择了所得税,18%的受访者选择了销售税,7%的受访者选择了企业所得税[①]。不论从对民意调查的反应还是实际行动中,美国公民都将房地产税视为最不受欢迎的税种,唯一可以与它相提并论的是汽油税(Sheffrin, 2013)。有研究认为,20 世纪 70 年代的房地产税反抗运动触发了里根总统任期内对税收和政府的普遍的甚至"永久"的抗税运动,并且持续了数十年

[①] 相关数据参见美国税收基金会(2006)。

(Martin，2008)。代表文献试图解释社会公众厌恶房地产税的原因，Chorvat（2003）基于心理账户的观点，这种解释是心理上的，以"实现"解释公众的态度，公众认为财产的收益应在售出时计入应税收入中，而财产尚未售出时产生的收益或者损失并未真实实现，收益和损失存储于单独的心理账户。但事实上，房地产持有人会采取包括抵押贷款在内的行动使财产增值，使得上述观点不再具有说服力。Zelinsky（2007）将其解释为管理方面的原因，许多财产价值在出售之前是很难被评估的。针对行政管理问题，计算机辅助质量估价技术为大多数住宅类房地产提供了合理的估值方法。另外，纳税人假若不出售财产，就可能没有足够的财力履行纳税义务，因此很难从持有人那里征收到税款。房地产税是直接税，税收负担相对于其他税种相比更加显性，相对于个人所得税这样直接扣缴的税款，房地产税对社会公众更加直观可见，但该税收显著性的说法对于纳税人对待房地产税态度的理解缺乏解释力（Cabral 和 Hoxby，2012）。心理学的研究表明，根据象征性自我实现理论，人们认为财产是其与众不同的象征，将财产视为自我价值的延伸（Ledgerwood 等，2007），可能从心理上讲人们认为财产是特别的。总之，目前的研究并没有一个合理的解释阐明人们不喜欢房地产税的真正原因。

房地产税的税收减免研究，税收减免既是房地产税税收要素的重要组成部分，又是房地产税有效发挥调节财富分配作用的关键（Bowman，2008）。假若缺乏有效的税收减免制度，房地产税不但无法成为调节社会财富分布的工具，而且会产生累退效应使得贫富差距不断加剧（Lyons等，2007）。合理有效的税收减免政策不仅能够确保地方财政收入的稳定增长，还能促进经济的持续发展（Stankevicus 和 Vasiliauskaite，2013）。房地产税的减免工具和方法主要包括：第一，基于房地产特征的税收减免，就是将房地产按照用途、拥有的房间数量以及性质等进行分类并适用差别化的优惠措施。1957 年，美国马里兰州通过了专门针对农业用地和相关房地产的税收优惠法律（Youngman，2005），阿肯色州规定家庭首套自住房享受减免政策，纽约州根据住宅房间数量的不同规定不同的税基评估增长限额，若房间数量为 3 个房间，则该限额最低；若房间数量在 10 个以上，则该限额最高（Aderson，2006）。该方法的优势在于操作性强，因为房地产的特征较容易识别。该方法的缺陷在于对房地产的人为分类使得纳税人的税负与收入财富脱节,未能体现房地产税的累进性从而产生不公平问题(Allen 和 Woodbury,2006)。第二,基于市场价值的税收减免,就是根据纳税人拥有房地产的市场价值制定的减免措施。市场价值限额因不同的国别与地区而有所不同,美国纽约州的市场价值限额是8.5 万美元,堪萨斯州是 3.5 万美元,加利福尼亚州是 3.4 万美元,加利福尼亚州还对于市场价值不超过 100 万美元的其他住房在父母和子女间变更产权免于再评估(Skidmore 和 Tosun)。市场价值的税收减免能有效提高房地产税的公平性,其有效运行需要成熟的房地产市场以及完善的房地产评估技术。第三,基于家庭收入的税收减免,就是在纳税人的减免额和家庭收入之间构建一种反向关系(May 和 Zaki,1980;Cho 等,2013),该项税收减免具有多种形式,在进行制度设计时,通常加入年龄、是否业主、家庭财富、是否为残疾人以及婚姻状况等因素进行综合考虑(Barrows 和 Bonderud,1988;Lyons 等,2007),并且该项减免属于事后减免,减免返还纳税人的方式有直接支票返还、个人所得税减免和下期房地产税减免(Bowman,2008)。该方案的主要受益者是老年人群体,可以准确地针对真正需要的纳税人群体进行税收减免,适用于对收入租金等信息准确统计的情形。第四,基于纳税人特征的税收减免,即根据纳税人的特征制定和实施税收减免。纳税人特征包括:家庭规模、是否业主、年龄、是否为残疾人以及是否为家庭主要住房等(Evans,2012;Maestri,2013)。基于纳税人特征的税收减免政策不仅条款众多,而且操作成本高,但该项政策最大限度考虑了社会公众的税收负担,提高了社会公众对房地产税的纳税意愿。第五,基于房地产所有权变更的税收减免,是指根据所有权变更的范围、价值量大小以及变更主体等因素制定的税收减免。评估限额、增量征收等制度会限制房地产的流动性,使得某类或者某些地区的房地产供给不足从而降低市场的资源配置效率(Wasi 和 White,2005),该项减免制度可以在一定程度上提高房地产的流动性。

房地产税的经济与福利效应研究,房地产税的经济效应主要与房地产税收限制有关,最初有关房地产税收限制的研究集中在其对税收收入的影响以及在州政府和基层政府之间的责任转移上(James 和 Lowery, 1990; Elder, 1992; Matsusaka, 1995; O'Sullivan 等,1995; Preston 和 Icniowski, 1992)。还有关于房地产税收限制的研究关注于包括对税收收入的预测和跨部门间的预算分配在内的税收政策变化产生的直接影响,以及在新政策时各经济主体对其行为的调整,税收政策带来的再分配效应等(Tray, 1986; O'Sullivan 等,1994; Waters 等,1997)。另外有文献研究了房地产税的福利效应。Mitchell(1973)认为房地产税会导致资源配置的低效率并产生超额负担而产生社会福利损失。Cowing 和 Holtmann(1974)认为房地产税提高了地方政府福利,这是因为地方政府收入包括一般销售税、房地产税和其他收入,而房地产税收入是政府福利支出的主要来源。Harriss(1974)指出虽然住房面积越大的家庭感觉越幸福,但是住房面积越大需缴纳的房地产税就越多,征税降低了居民的幸福感。Pleydell(2006)认为政府应在对土地和房屋分别征税的同时通过税率的调整降低纳税人的税收负担以提高社会福利水平。Kim 等(2014)指出在一个生产和租赁都被垄断的市场上征收房地产税在当时间折现因素较低时可以提高社会福利,并指出提高社会福利的原因是由于房地产税使得垄断厂商将生产分散在两期进而总产量增加。然而,Prager(2017)认为房地产税不应是一种福利税,因为在房地产税税制要素设计中的税收减免会被认为是法定福利或者应得的权利(entitlements),这使得房地产税的福利享受者在道德上会变得理直气壮。

税收的宏观经济效应研究,最优税收与经济增长的理论研究从 Ramsey(1927)的论文发表以来经历了两个发展阶段:第一个阶段以 Ramsey(1927)和 Mirrlees(1971)的最优税收理论为核心,在静态经济的情形中分析最优商品税和最优所得税,并分别形成了拉姆齐框架和莫里斯框架这两个基本的分析框架,其中第一个框架研究最优商品税,第二个框架研究最优所得税;第二个阶段以 Chamley(1986)和 Judd(1985)的最优税收理论为核心,在动态经济领域中分析最优资本税,从而将最优税收从静态研究扩展为动态研究。在最优税收与经济增长的研究中同时形成三条主线,第一条主线以 Chamley(1986)为核心,将公共支出视为外生变量研究最优税收,第二条主线以 Barro(1990)为核心,将公共支出内生于经济增长,第三条主线以 Golosov 等(2003)为核心,在包含行为人的异质性与非对称信息的动态框架中研究最优非线性税收。

发展中国家的房地产税研究,Bahl 和 Martinez-Vazquez(2007)认为财政分权下的地方政府问责制只能通过在地方政府筹集财政收入时给予更多的自主和自由裁量权实现,房地产税是地方政府的一种理想税收,将房地产税占 GDP 的比重分解为五个决定因素分析该比重所受到的制度内和制度外因素的影响,并认为未来的房地产税主要取决于四个要素:财政分权的步伐、征管成本、评估技术的运用以及中央政府收入来源的释放。Bahl 和 Wallace(2008)指出发展中国家的房地产税收入并未超过GDP 的 1%,仅提高征管水平是不够的,需要重新设计统一的房地产税,包括城市和乡村房地产税、土地为基础的农业所得税、资本获得税和土地增值税,并分别确定征管支出以构建功能得以发挥的房地产税,有效统一税率为 1%时房地产税收入能增加 GDP 的 3%。Slack(2013)认为房地产税的功能、制度设计以及执行在不同国家不同时期均存在差异,不存在适用于所有国家所有时期的统一模式,相对于非住宅房地产税而言,住宅房地产税是理想的地方税。房地产税改革的成功与否除了关注目前的改革环境、法律和制度结构以及管理容量,还需要关注政治意愿和纳税人的支持度。Ahmad 等(2014)认为在受益框架下地方所得税与房地产税应互为补充而非相互替代。Bahl 等(2014)认为不存在提供公共服务或筹集财政收入的唯一模型或最优实践,不同国家在筹措资金时存在不同的偏好以及不同的文化背景和政治背景。房地产税和使用者付费在发展中国家的大多数大城市未被充分利用,房地产税虽是筹集提供公共服务所需资金的一种有效和公平的方法,但充足的地方财政收入来源需要宽税基的所得税或消费税来提供。Zhang(2017)从政治学的角度阐述集权国家的税收制度是如何运转的,认为集权国家若无节制地增加税收,会导致"代表悖论"和"增长悖论"。虽然中国税收制度中的两个重要机制成功地缓解了上述两个悖论,一个机制是"低制度化的税收征管体制",这表现在相当高的名义税率重压下纳税人的逃税和避税行为以及在实际征税过程中税收征管人员较高的自由裁量权;另一个是"半税收国家",即税收收入高度依赖非税收入、间接税和国企利润,但是从长期来看,这两种机制会相互抵消。

国外的房地产税研究植根于市场经济理论和财政分权理论,房地产税成为地方政府筹集资金提供公共服务与纳税人感知公平效率并支持与否的纽带。代表性文献不仅从经济学的角度,而且从社会学、哲学、心理学等角度研究房地产税,研究成果也颇为丰富。国外对房地产税的研究是建立在房地产税作为地方主体税种的基础上展开的,并且与房地产相关的税收种类清晰,功能明确。从研究方法上来看,采用局部均衡分析与一般均衡分析相结合,规范研究与实证研究相结合的方法。研究房地产税的税收归宿与收入分配效应而形成的三种代表性观点,成为房地产税研究的起点,后来的研究大多是对上述三种观点的验证、完善与拓展,在这三种观点中,以受益观最具有代表性,房地产税对房地产市场的影响以及对地方政府财政行为的影响研究都可以认为是对受益观的完善与扩展。

1.2.2 国内研究现状

房地产税是否开征以及开征时机的研究,国内代表文献关于房地产税是否开征,讨论的焦点在产权、税收负担、对地方公共财政的影响和受欢迎程度等四个方面,但已经逐渐达成共识:(1)产权问题,我国的土地国有而住房私有,征收房地产税可以涉及两个主体,并且小产权房收益的非法性不影响其可税性(刘剑文,2014)。(2)税收负担,房地产税的开征会增加持有环节的税收,规范整合房地产的租、税、费体系,减少清理交易环节和建设环节的税收,否则会增加纳税人的实际税负(安体富和王海勇,2005;白彦峰,2007;谷成,2011;杨志勇,2014;陈杰,2011)。(3)对地方公共财政的影响,包括是否使得地方公共财政出现断层以及在地方公共财政中起多大作用,韦志超和易纲(2006)认为只要政府措施得当,房地产税改革可行。(4)受欢迎程度,房地产税可能存在不公平性以及不符合支付能力等而在已经开征的国家并未受到公众的普遍欢迎(王智波,2008),但税负公平、注重效率、税政得当以及透明运行的房地产税会得到公众的广泛支持,并且在中国开征房地产税宜早不宜迟(侯一麟和马海涛,2016)。还有代表文献进行了实证研究,任强等(2017)从捕获公共服务价值的角度,运用倍差法以北京市海淀区为样本,发现基础教育公共服务确实资本化到房地产的价格中,提高了房地产的价格,认为宽税基的房地产税应当在中国开征。进一步地,关于房地产税开征时机的研究,张平等(2020)推测该适选时机可能位于房市泡沫受挤压且房价较稳定的时段。

房地产税对宏观经济的影响研究,学者们所持的观点有所不同。有学者认为房地产税对宏观经济产生积极的影响。周建军等(2021)利用35个大中城市2006—2018年的面板数据,采用合成控制法得到的结论表明,2011年实施的房地产税试点政策能够促进实体经济向"脱虚返实"的方向发展。Sexton(2008)认为房地产税为国家的经济结构调整发挥了指引作用。还有学者认为房地产税会对宏观经济产生负面影响。毛丰付和李言(2017)拓展了Iacoviello和Neri(2010)的分析框架,通过构建DSGE模型发现,当房地产税改革不考虑税收优惠措施时,改革形成的冲击将导致总产出、总消费、中间品部门投资、房地产部门投资和房价均向下波动,其中以房地产部门投资和房价的波动幅度较大;当改革考虑税收优惠时,上述负面影响会被有效对冲。赵胜民和罗琦(2015)通过建立加入金融摩擦的消息推动下的经济周期模型发现,房地产税改革形成的冲击会对房地产投资产生负面影响。骆永民和伍文中(2012)通过构建DSGE模型发现,房地产税虽然在长期能够发挥良好的自动稳定器功能以平抑房价导致的宏观经济波动,但会对宏观经济产生一定的负面影响。也有学者认为房地产税对宏观经济的影响较为复杂,段梦等(2021)基于2017年投入产出表构建CGE模型发现,房地产税改革对实际GDP、总产出、总出口、总进口、总投资和居民消费均产生负面影响,对政府消费产生正面影响,且影响效果随房地产税税率提高而逐渐增加。刘建丰等(2020)通过扩展Dong等(2019)将消费、金融投资和实物投资等纳入统一分析框架的DSGE模型,认为开征房地产税会对房地产开发投资和新住房生产产生明显抑制作用,对实体经济投资具有双重效应,表现为正挤入效应增加投资和负抵押效应减少投资。李言(2019)基于构建包含房地产税的DSGE模型发现,提高住宅房地产税税率消费、投资和产出等以负面影响为主,降低商业房地产税税率对宏观经济变量以正面影响为主,提高住宅房地产税税率和降低商业房地产税税率同时实施时,能够对冲房地产税改革对宏观经济尤其是对投资和产出的负面影响。

房地产税对房地产市场的调控作用研究,一是有观点认为,若将现行税收体系中与房地产有关的税费合并征收房地产税,房地产税可以降低土地获得成本,从而降低房地产开发环节的成本,同时增加房地产持有环节的成本,因此能抑制房价并调整供需结构(杨志勇,2006;骆永民和伍文中,2012;尹音频和魏彧,2014;马旭东,2021;杨龙见等,2021),还能促进土地的集约利用,通过改变人们的行为改善房地产市场的供需,从而有利于房地产业健康发展(贾康,2017)。二是有观点认为房地产税对房价的影响并不明显或作用有限(王家庭和曹清峰,2014;于静静和周京奎,2016),单纯依赖房地产税抑制房价并不现实,还需结合货币政策、土地出让制度改革、住房保障体系的建设等,并且城市间的房地产市场存在差异,推行房地产税需要因地制宜。三是有观点认为,房地产税会通过提高地方公共服务质量,推高房产价值。范子英等(2018)基于中国公共交通对住房市场影响的研究表明,地铁导致周边 1 公里范围内的住房总价平均上涨了 24.82%。另外,还有代表性文献认为房地产税对房价的影响不能一刀切(况伟大,2009)。就地区而言,对试点上海、重庆两地房价产生的影响截然相反,试点房地产税降低了重庆新建商品住宅销售价格的月度同比增长率而提高了上海新建商品住宅销售价格的月度同比增长率(白文周等,2016),试点房地产税降低了大面积住房的价格而提高了小户型住房的价格(刘甲炎和范子英,2013),房地产税开征时机对拥有不同套数居民家庭产生不同的影响,若在短期开征,拥有两套及五套以上住房的居民认为房地产税对房价的影响很大,拥有三套和四套住房的居民则相反(况伟大,2013)。事实上,房地产税使房价下降、不变和上涨的情形均有可能。张平等(2020)基于受益观点,利用房地产税、房价和租金的折现价值理论模型,认为如果房地产税税率为 0.5% 且税收收入不用于新增公共服务,房产价值可能下降 8.3%—12.5%;如果税收收入用于增加和改善公共服务,房产价值可能下降 1.7%—2.5%,然而租金可能上涨6.7%—20%;张平等(2020)同时认为征收房地产税既可能带来房价的上涨,又可能并不影响房价。

房地产税的功能研究,房地产税具有筹集财政收入、调节收入分配和调控宏观经济运行的功能,刘明慧(2009)认为从长期来看,房地产税的主要功能是筹集财政收入调节财富分布从而改善我国分配领域的不公平,房地产税不是决定房价的主要因素,房地产税不能调控房地产市场并抑制房价大幅上涨,将房地产税作为遏制盲目投资和投机行为的政策混淆了政府与市场在资源配置中的作用。秦蕾(2010)、姚涛(2015)认为房地产税的功能应首先定位于调节社会财富的分配方面,然后再考虑筹集财政收入和其他功能,这是由我国目前的经济发展形势决定的。胡怡建和范桠楠(2016)提出"一主两辅"模式,将房地产税定位在筹集财政收入为主,调节收入分配和调控宏观经济运行为辅来提升其功能,在我国,因房地产筹集收入的功能非常微弱而需要着重推进。邓菊秋和朱克实(2015)、李长生(2017)认为我国房地产税的功能应定位于筹集地方财政收入,这是重构地方税体系,稳定地方财政收入的现实选择。而郭宏宝(2011)认为房地产税改革需要致力于我国财政体制的完善、形成完善的房地产税制体系、建设资源节约型社会以及促进我国政府的职能转变,建立现代服务型政府。张小岳(2014)认为将房地产税定位于房地产行业已有税费的补充。

房地产税的收入分配效应研究,代表文献关于房地产税能否调节收入分配存在不同的观点。观点一,房地产税具有正向的调节收入分配效应,因为房地产税对居民财富征税,实现税负的累进性,征收的房地产税收入通过转移支付向低收入群体转移,有利于实现社会公平(唐菊,2006;李娇和向为民,2013;黄潇,2014),实证研究也验证了房地产税的收入分配效应(何辉和樊丽卓,2016;张平和侯一麟,2016),而且收入分配效应的发挥需要良好的房地产税制度设计以及与住房供应体系的耦合(黄潇,2014)。观点二,房地产税无法调节收入分配(朱青,2021),还会产生福利损失,恶化福利分配(夏商末,2011;范子英和刘甲炎,2015)。当代际赠与存在恩格尔效应时,房地产税的累进性被部分抵消,作为负税人的父母在总资产越少时承担的税收份额反而越高(刘金东,2015)。观点三,房地产税的收入分配效应具有不确定性,因为征收统一比例税率的房地产税对不同群体产生不同的公平性,对自住需求者,房地产税视同商品税,具有累退性,产生对低收入群体的不公平;对投资性需求者,房地产税视同资本税,具有累进性,又是公平的(陈哲,2011)。

房地产税的筹集财政收入功能研究,韦志超和易纲(2006)在土地出让金逐步纳入房地产税,房地产税改革引起房价下跌的前提下,以人均建筑面积为税基预测我国 35 个大中城市的房地产税收入。结论表明,房地产税改革并不必然导致地方财政缺口的出现,中小城市可能会出现盈余,房地产税将成为地方政府新的税源,并逐步成为地方主体税种。安体富和葛静(2012)在不考虑免税的情况下,使用 2010 年全国商品房销售平均价格以 1% 的税率、50% 的评估率,测算 2010 年底我国存量房应征收的房地产税额为 1.26 万亿元,占税收总收入的 17.2%,占地方本级财政收入的 31%,超过 2010 年地方主体税种——营业税的税额,可以成为地方政府的主体税种,若考虑首套房免税的税收优惠,虽然房地产税筹集财政收入的功能会明显减弱,但因其收入稳定,至少能够缓解基层政府的财政困难。程丹润(2013)根据 OECD 国家 2003 年 30 个成员国房地产税税负的加权平均值 2% 以及我国 2011 年 GDP 估算房地产税征收总额为9431.3 亿元,自有住房户均税收 2132 元,占城镇家庭户均年可支配收入的 3.9%。并测算若按上海试点方案,全国的房地产税占地方财政收入的比重在 4.82%—10.33% 之间;若按照重庆试点方案,该比重为1.48%。张学诞(2013)以商品房销售额作为评估值,运用 1998—2010 年商品房平均销售价格测算 2010 年不同税率以及不同征收率情况下房地产税的收入,全国房地产税收入占地方财政收入的比重在 4.82%—51.63% 之间。郑思齐等(2013)运用 2010 年 245 个地级及以上城市家庭大样本调查数据,模拟测算在不同的征税条件和税率水平时的房地产税以及纳税家庭的税收负担。李文(2014)将经营性房地产与非经营性房地产进行区分,采用房地产评估价值的 70% 作为房地产税的计税依据,依据税基宽窄和税率高低设计我国房地产税改革的四个方案,测算 2012 年的房地产税额。结果表明,上述四个方案测算的房地产税占基层地方税收入的比重均在 20% 左右,在短期内房地产税难以胜任地方政府的主体税种。刘蓉等(2015)运用中国家庭金融调查数据测算房地产税的潜在税收收入能力,结果表明,在税率范围 0.5%—3%,征收率 70%—100%,评估率为 1 时的房地产税收收入在 1696.69 亿元—14543.08 亿元之间,平均税率 1.75% 和征收率 85% 时的房地产税收收入为 7210.95 亿元,房地产税额大约占土地财政收入的 24.53%。

房地产税的税收要素研究,代表文献主要从征税对象、计税依据、税率、税收优惠等方面设计未来的房地产税。(1)征税对象,房地产税的征税对象是房地产,即将土地和房屋合并征税并设置相同的税率(刘剑文,2014;胡怡建和杨海燕,2017;刘蓉和李阿姣,2018),不仅由于土地和房屋的价值密不可分且土地和房屋所在的区位和地理位置共同代表了公共服务的提供水平,还可以简化税制,方便房地产税的实施。(2)征税范围,在征税范围的选择中,代表文献认为房地产税的征税范围包括城镇,在征税范围是否包括农村的问题上存在分歧,姚涛(2015)认为征税范围应包括农村地区,刘剑文(2014)、胡怡建和范桠楠(2016)认为征税范围暂不包括农村,以后再择机开征。(3)计税依据,评估值能客观反映房地产的价值以及纳税人的承受能力,将房地产的评估值作为计税依据是大多数学者们的一致观点(刘蓉,2011;满燕云,2011;贾康,2011;马国强和李晶,2011;刘尚希等,2013;谷成,2011、2015)。(4)税率,房地产税的税率应采用比例税率以保证房地产税制的横向公平和纵向公平(谷成,2006),在具体的税率选择上非营业用房地产使用国际上通用的税率 1% 左右或者使用测算的税率,侯一麟等(2014)将 1995 年、2000 年和 2005—2010 年的人均年度可支配收入剔除基本生活成本得到可支配净收入,取其 10% 作为分子,用各地人均住房面积与当地平均房地产单价作分母测算实际税率,司言武等(2014)以某县域调查数据为基础,假设政府将房地产税收入全部用于民生保障支出时测算的房地产税率范围为 0.5%—1%。胡洪曙(2011)认为考虑我国居民承受程度的房地产税税率为 0.8%。刘楠楠和李阿姣(2021)测算得到的全国样本税率为 0.26%—0.66%。(5)税收优惠,代表文献提出了不同的减免税措施,包括首套房免税、人均住房面积的一定标准免税以及人均价值减免等(贾康,2012;蒋震和高培勇,2014;张平和侯一麟,2016)。尹音频和金强(2019)认为以社会福利最大化为目标设计房地产税收制度时的最优免征模式是人均面积免征模式。

　　房地产税能否成为地方主体税种的研究,王国华和马衍伟(2005)指出地方税主体税种是地方税制体系中处于主导地位、且税源丰富、征管方便、调控能力强的税种。地方税主体税种的选择是改革和完善地方税制并建立地方税收内生增长机制的关键。房地产税应当成为我国地方税的主体税种。朱青(2014)提出房地产税和企业所得税不能作为地方主体税种,更不能通过扩大增值税地方分享的比例增加地方财政收入;地方主体税种应选择零售环节的销售税或是改造现行的消费税,将一部分定额征收的消费税划给地方,并提高个人所得税对地方的分享比例。李文(2014)依据税基的宽窄和税率水平的高低设计了我国房地产税改革的四个方案,测算结论是房地产税距离地方税主体税种的要求尚有一定差距,短期内难以胜任地方税主体税种的角色。杨卫华(2015)提出应将企业所得税作为地方税主体税种。石子印(2015)认为房地产税及零售税在相当长时期内都不能成为地方主体税种,而增值税的地方分享部分是地方税的主要部分,并应完善其分享模式,按照生产地与消费地原则的加权来分配。王乔等(2016)认为我国地方税体系近期应以共享税为主,逐步培养地方税主体税种;远期以成熟的地方税主体税种为主,共享税为辅,形成大共享税分成与地方税收入占比大体相当的格局。张平和侯一麟(2016)实证得出我国不同区域和家庭的房地产税支付能力差异悬殊,突出了房地产税的地方税特征。同时,该税调节财富差距效果明显,高收入家庭承担一半以上总税负。何杨等(2017)认为地方税收收入多样性有利于消除地方税收收入波动的非系统风险:在经济基础较为稳定的地区,单一主体税种有利于收入稳定,而经济基础不够稳定的地区,则需要增加税收收入的多样性。

　　房地产税与土地出让金之间的关系研究,代表文献关于房地产税能否替代土地出让金存在不同的观点。有观点认为,房地产税能替代土地出让金成为稳定的地方财政收入来源,且得到了实证研究的支持(安体富和金亮,2010;俞成锦和余英,2016)。胡洪曙和杨君茹(2008)认为房地产税替代土地出让金可以为地方政府培育可持续的税源、抑制房价的非理性上涨以及降低金融风险,出现的财政缺口可以通过银行贷款或者发行地方政府债券的方式解决。叶剑平(2012)认为土地作为不可再生资源逐渐呈现存量特点,土地出让金的收入有限,房地产税是地方政府更为稳定的财政基础。还有观点认为,两者不存在相互替代。白彦峰(2017)从租房居民在基本公共服务方面与买房居民应享有同等待遇的角度,认为房地产税与土地出让金可以并行不悖。进一步,物权法规定居民在房屋产权到期时仍拥有土地使用权,设计房地产税时将土地出让金合并到房地产税中,此时房地产税可能包含两部分:土地租金和用于公共服务的税收(侯一麟和马海涛,2016;胡怡建和杨海燕,2017),由于房地产的持有人同时拥有房屋的所有权和70年的土地使用权,即持有人在购买房地产时的房地产价值中已经包含70年的土地使用权出让金,因此在设计房地产税收制度时需避免重复征税。实证研究也发现房地产税与土地出让金不存在挤出效应(况伟大,2012),或者挤出效应仅存在于部分地区(柴国俊和王希岩,2017)。

相对房地产税的国外研究,国内的房地产税研究侧重于房地产税从非住宅房地产税到住宅房地产税的改革,这项改革从2003年提出以来,2011年开始在上海和重庆试点房地产税改革方案。房地产税改革在我国起步较晚,缺乏长期的房地产税征收的实践经验,加之缺乏市场经济基础,因此,借鉴国外房地产税税收经验时需要结合我国的国情,不能盲目照搬西方国家的经验。代表性文献主要探讨房地产税开征的合理性、房地产税的功能、房地产税的税收要素、房地产税与土地出让金之间的关系等,在关于房地产税开征的合理性问题上基本达成共识。现有的不论是从研究思路,还是从研究方法来说,均较以往有了较大的突破。现有的研究大多从局部均衡出发,实证分析房地产税对住房价格以及经济增长的调控效果,也有部分研究基于一般均衡框架分析房地产税对经济体系稳态路径的影响。但是,现有的研究忽略了对房地产税本身的探讨,这包括房地产税的功能,房地产税的税收要素等,房地产税的功能定位的探讨又应建立在税收要素探讨的基础上。因此,本书的研究正是通过对房地产税税收要素的阐述以明确房地产税的功能定位,具体表现为聚焦于房地产税的筹集税收收入的功能和收入分配功能。

1.3　结构安排与主要内容

1.3.1　结构安排

本书通过充分而又系统的论证,试图解决房地产税如何开征的问题以及对房地产税开征后的收入与福利效应进行预评估。

本书共分为9章,总体而言遵循"提出问题—理论基础—分析问题—提出对策"的逻辑框架,其中"分析问题"从"现有格局—政策模拟—政策评估"三个层次逐步展开。"提出问题"对应本书的第1章;"理论基础"对应本书的第1章和第2章;"分析问题"中的"现有格局"对应本书的第3章;"分析问题"中的"政策模拟"对应本书的第4章;"分析问题"中的"政策评估"对应本书的第5、6、7、8章;"提出对策"对应本书的第9章。

1.3.2　主要内容

如图1.1所示,基于税收研究的一般范式,本书对房地产税对地方政府税收收入的影响进行模拟和预测的同时,考虑了房地产税对居民的社会福利的影响,基于政府整体宏观层面和家庭个体微观层面两个层面,构造了一个较为完善的房地产税的税收效应研究的分析框架。本书的主要内容有:

第一部分为房地产税的税基选择与收入模拟,旨在对房地产税包括房地产税的税基和税率在内的主要税收要素进行设计,试图勾勒出我国房地产税收制度的全貌。一方面是关于房地产税税率的设计。房地产税税率的设计根据居民的税收负担测算房地产税的税率,既包括有差别的地区有效税率,又包括各省(直辖市、自治区)适用的差别化税率和城市居民适用的差别化税率。另一方面对住宅房地产税税收收入进行模拟,包括运用绝对数和相对数测算现在和未来期间全国住宅房地产税税收收入,将房地产税税收收入全部用于地方基本公共服务支出时对地方支出结构的改善状况。

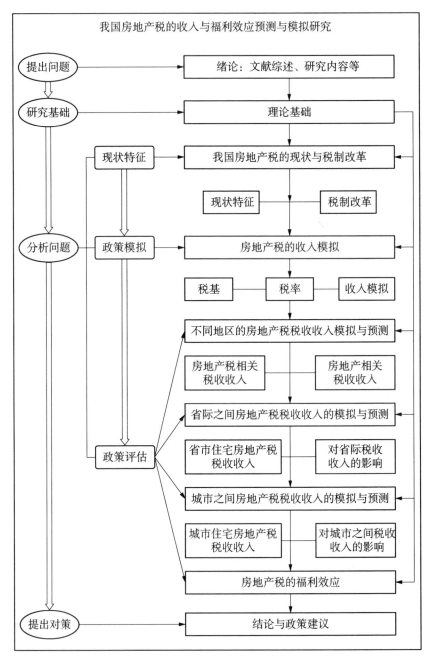

图 1.1　本书的研究框架

第二部分分析房地产税对不同地区税收收入的影响,旨在阐述房地产税对东、中和西部地区税收收入的影响,以衡量房地产税对税收收入的影响的地区差异。房地产税对税收收入的影响是房地产税相关税收收入与房地产相关税收收入的差额。具体地,本章首先测算地区房地产税相关税收收入,基于模拟开征房地产税对从房地产税开征起始年度至房地产税与土地出让收入并行征收期间的地区房地产税的税收收入进行前评估,接着测算地区房地产相关税收收入,基于尚未开征房地产税时各地区与房地产相关的税收收入,最后比较房地产税对地区之间税收收入的影响。

第三部分研究房地产税对省际之间税收收入的影响,旨在探讨房地产税对全国数据可获得的省(直辖市、自治区)税收收入的影响,以衡量房地产税对省(直辖市、自治区)税收收入的影响的省际差异。具体而言,本章首先测算各省(直辖市、自治区)房地产税相关税收收入,基于模拟开征房地产税对从房地产税开征起始年度至房地产税与土地出让收入并行征收期间的省(直辖市、自治区)房地产税的税收收入进行前评估,进而测算省(直辖市、自治区)房地产相关税收收入,基于尚未开征房地产税时各省(直辖市、自治区)取得的与房地产相关的税收收入,最后,计算省(直辖市、自治区)房地产税相关税收收入与房地产相关税收收入的差额,比较房地产税对不同省(直辖市、自治区)税收收入的影响。

第四部分分析房地产税对城市之间税收收入的影响,旨在通过房地产税对全国样本城市税收收入的影响,用以衡量房地产税对城市税收收入的影响的城市差异。具体地,本章首先测算样本城市的房地产税相关税收收入,涉及样本城市的住宅房地产税税收收入、城市土地出让收入中非预征的房地产税部分以及城市历年土地出让收入之和应当在每年予以扣除的预征房地产税部分,其次测算城市房地产相关税收收入,包括城市取得的土地出让收入,最后比较房地产税对不同城市税收收入的影响,通过比较样本城市的房地产税相关税收收入与房地产相关税收收入的差额得到。

第五部分探讨房地产税的福利效应,旨在运用微观调查数据评估房地产税对社会福利的影响。具体地,首先,运用微观调查数据分析税收减免的设计,比较不同的税收减免方案并选出可行的方案。其次,运用微观调查数据将所有家庭的收入由低到高排列,以全国房地产税税率模拟不存在税收减免时的税负分布与有税收减免时的税负在不同收入群体间的分布和房地产税对收入差距的调节效果。最后,分别采用全国房地产税税率和省级差异化税率测算房地产税对社会福利的影响。

1.4 研究方法和创新之处

1.4.1 研究方法

(1)拟采取的研究方法

本书拟采用定性分析和定量分析结合的方法开展房地产税改革研究,定性分析是贯穿全书的基本研究方法,本书对相关文献的梳理、房地产税改革的理论基础以及房地产税的现有格局与问题等部分采用文献研究、系统分析、历史分析以及国际经验比较分析等定性研究方法。另外,除了对房地产税改革的试点方案等采用描述性统计,本书还采用了其他较为丰富的定量研究方法,这些方法包括:

第一,时间序列数据分析方法。基于地方财政缺口、土地出让金和住宅商品房平均价格之间的相互作用机制,本书采用时间序列数据的 VAR 模型预测了全国各地区、各省(直辖市、自治区)以及样本城市的住宅房地产税税收收入,进一步预测未来期间房地产税对各地区、省(直辖市、自治区)以及样本城市税收收入的影响。

第二,数据测算方法。由于房地产税数据的不可得性,本书采用数据测算方法不仅包括房地产税税率的设计和房地产税的收入模拟部分,其中,在房地产税税率设计部分,在测算税收负担的基础上测算全国统一税率、各省(直辖市、自治区)和样本城市的差异化税率;在房地产税的收入模拟部分,通过绝对数和相对数测算房地产税在当前和未来期间对地方基本公共服务的贡献程度;还包括运用基尼系数法测算房地产税的收入调节效应,进而运用数据测算方法测算房地产税对社会福利产生的影响等。

第三,计量实证方法。为了研究居民家庭收入与所拥有住房财富的相关关系,考虑数据的可获得性,采用截面数据模型计量实证方法估计居民家庭收入高低与拥有住房财富多少之间的相关关系。

(2) 技术路线

本书研究的技术路线如图 1.2 所示:

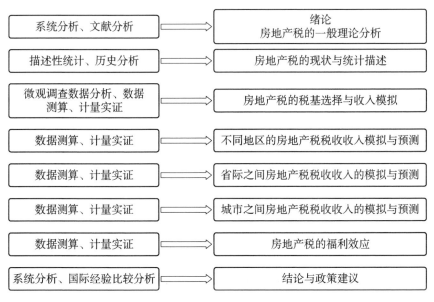

图 1.2　本书研究的技术路线

1.4.2　创新之处

本书在借鉴国际经验的同时,充分立足我国国情对房地产税展开研究,设计房地产税的关键税收要素并研究房地产税开征带来的税收收入与福利效应。本书研究的创新点体现在以下三个方面:

第一,多样化我国房地产税的关键税制要素,包括房地产税税率多样化和税收优惠方案多样化。本书试图通过实证分析主要基于《中国家庭金融调查》(2015)的微观数据,运用数据测算方法进行房地产税税率与税收优惠的设计,不仅使对于房地产税的关键税制要素分析全面完整,还能够保持数据分析和所得结论的一致性。具体而言,①我国房地产税率在地区之间、各省(直辖市、自治区)之间、不同住房拥有量的家庭之间以及各省(直辖市、自治区)不同住房拥有量的家庭之间均存在明显的差异。这意味着仅设计全国样本房地产税税率是不够的,还需要结合地域和家庭特征进行差异化税率的设计。因此,基于上述微观调查数据,本书以量能负担原则为基础,分别测算包括房地产税的全国样本税率、地区样本税率、分省(直辖市、自治区)样本税率、不同住房拥有量家庭适用的幅度比例税率以及不同地区不同住房拥有量家庭适用的幅度比例税率在内的房地产税差别税率。②关于房地产税税收优惠方案的设计,首先设计包括首套房减免、人均面积减免、房地产价值减免和人均价值减免方案在内的税收优惠方案,通过比较不同税收优惠方案在适用全国样本税率时房地产税的税负分布与收入差距调节效果,从而选择既能优化房地产税的税负分布又能正向调节收入差距的方案作为最优方案。

第二,对房地产税开征后的收入与福利效应进行预评估。首先,本书的主要贡献表现在模拟与预测全国各地区房地产税税收收入的同时,模拟与预测各省(直辖市、自治区)与各城市房地产税税收收入,以分析房地产税对各地区税收收入的影响,房地产税对省际之间税收收入的影响以及对样本城市之间税收收入的影响,进而模拟房地产税税收收入对地方公共服务供给的影响以及探讨地方公共服务供给的地区、省际和城市差异。其次,本书的主要贡献还表现在分析房地产税对税收收入的影响时,同时探讨了房地产税对税收收入的短期影响和长期影响,这也是与现有研究的不同之处。最后,本书的贡献还体现在,在模拟适用全国样本税率和省级样本税率时房地产税对社会福利的影响的基础上,进一步对比探讨房地产税对不同地区、不同省(直辖市、自治区)、不同收入组和不同住房拥有量家庭的社会福利存在的异质性。

具体表现在:①由本书第5章的分析可知,通过比较房地产税开征后的地区房地产税相关税收收入与尚未开征房地产税时的房地产相关税收收入以衡量房地产税对不同地区税收收入的影响;②由本书第6章的分析可知,通过比较房地产税开征后的省市房地产税相关税收收入与尚未开征房地产税时的房地产相关税收收入,衡量房地产税对省际税收收入的影响;③由本书第7章的分析可知,通过比较房地产税开征后的样本城市房地产税相关税收收入与尚未开征房地产税时的房地产相关税收收入,探讨房地产税对城市之间税收收入的影响;④由本书第8章的分析可知,房地产税对收入差距的调节效果体现为,通过数据测算方法模拟适用全国统一税率,并结合税收优惠政策评估房地产税的税负分布与对收入差距的调节效果;⑤由本书第8章的分析可知,房地产税的福利效应体现为,通过数据测算分别模拟适用全国统一税率和省级税率时房地产税对社会福利的影响,不仅探讨房地产税对社会总福利的影响,而且阐述房地产税对不同地区、不同省(直辖市、自治区)、不同收入组和不同住房拥有量家庭的社会福利存在的异质性。

第三,人均价值减免方案是房地产税税收优惠的理想方案。一是涉及最佳税收优惠方案的房地产税在当税率为全国样本税率时不仅能够优化税负分布,还可以调节城镇居民的收入差距,从而对收入差距起到正向调节作用。此时,不论是采用全国样本税率还是采用省级样本税率,房地产税均能够增加居民的社会福利,从而对社会福利产生积极的影响,且适用省级样本税率时房地产税对社会福利的正向作用更为明显。二是涉及人均价值减免税收优惠方案的房地产税在采用全国样本税率和省级样本税率时均能优化税负分布,同时正向调节城镇居民的收入差距。此时赋有纳税义务的居民家庭数量仅占有效观察值总数的1.31%,与受益论观点要求的普遍征收不一致。

2

房地产税的一般理论分析

本章围绕房地产税的理论基础展开,具体从房地产税开征的理论依据、税收公平与房地产税、房地产税的收入和福利作用机理及开征房地产税的效应四个层面展开分析。

其中,在房地产税开征的理论依据部分,本章首先阐明了公共品供给与房地产税之间的关系,进而阐明分级财政、地方政府治理与房地产税之间的关系。在税收公平与房地产税部分,阐述与房地产税相关的税收公平理论,具体包括税收公平的界定以及房地产税税收公平两个方面。在房地产税对收入和福利的作用机理部分,分别包括房地产税对收入和福利的作用机理。在开征房地产税的效应部分,包括房地产税对税收收入的影响以及房地产税的福利效应。

2.1　房地产税开征的理论依据

2.1.1　公共品供给与房地产税

1. 公共品与俱乐部产品

第一,公共品

一般认为,现代经济学意义上的公共品理论开始于 Samuelson,Samuelson(1954)首先提出公共品(public goods)的定义,自此在经济学理论体系中出现了公共品(public goods)与私人物品(private goods)的划分。他指出公共品是"集体消费的产品",用公式表达为 $X_{m+j} = X_{m+j}^i$,并认为"任何一个个人对该类物品的消费都不会导致其他人对这类物品消费的减少"。Samuelson 对公共品的论述体现了公共品的非竞争性特征,即个人对公共品的消费并不会排斥和妨碍其他人同时对其进行消费,增加一个消费者的边际成本为零。根据公共品的这一特征,Samuelson(1955)将公共品引入新古典效用函数给出公共品供给的帕累托最优解,即"公共品有效供给的萨缪尔森条件"。他指出,当所有个人消费私人物品与公共品对私人物品与公共品的边际替代率之和等于这两种产品的边际转换率即消费者总的边际收益等于生产者的边际成本时,公共品的供给实现帕累托最优供给。用公式表达为 $\sum_{i}^{m} (MRS_{xy})_i = MRT_{xy} = MC_x$,其中,$x$ 为公共品,y 为私人物品,i 为消费者个数,$i = 1, 2, \cdots\cdots, m$。而 Musgrave(1959)进一步将非排他性即价格排他原则的非适用性引入公共品定义,即任何个人付费消费某一物品时没有办法将拒绝付费消费该物品的个人排除在公共品受益范围之外。自此,非竞争性和非排他性是公共品被广泛接受的基本特征,同时满足这两个基本特征的物品称为纯公共品。

第二,俱乐部产品

在现实生活中,并不是所有的公共品都是纯公共品,俱乐部产品(club goods)就是非纯公共品中的一种。Buchanan(1965)在其俱乐部理论(clubgoods theory)中研究了非纯公共品中的俱乐部产品,他认为,某些物品和服务的消费体现出公共品的部分特征,消费这些物品和服务的消费者人数多于一个人或一家人,但小于一个无限的数目,即"公共"的范围是有限的。俱乐部产品的特征在于它的排他性和非竞争性,排他性就是俱乐部产品只能由其具有某种资格并遵守俱乐部规则的全体会员(membership)共同消费,非竞争性指单个会员对俱乐部产品的消费不会导致其他会员对同一物品消费的减少。俱乐部产品是一种公共品,因为单个消费者对公共品消费的同时不会影响或减少其他个人对该公共品的消费,俱乐部产品并不是纯公共品,因为俱乐部产品的消费仅限于全体会员。个人消费者对俱乐部产品的过度使用会造成拥挤,降低其他消费者可得的收益或服务质量,需要限制提供俱乐部产品的俱乐部的会员数量。

俱乐部产品的非竞争性决定了俱乐部规模存在临界点,一旦过多的成员加入,非竞争性就会消失,拥挤就会出现。俱乐部是人们为了实现共同的偏好自愿组成的,是在分担生产成本和成员特征造成外部性的同时分享具有排他性的公共品的收益的组织或联合体(Sandler 和 Tschirhart,1980),成员按照成本分担机制与收益分享机制共同承担成本和分享收益。Buchanan(1965)证明了俱乐部存在最优的成员规模和最优的俱乐部产品规模,他假设每个成员是同质的且每个成员分享的份额相同,通过修正 Samuelson(1954)的效用函数将俱乐部产品 X_j 以及与任意产品 X_p 对应的消费规模 N_P 引入效用函数,这是因为单个成员从消费中获得的收益依赖于和他分享收益的其他成员的数目,俱乐部产品消费规模的取值介于 1 和无穷大之间,当取值为 1 时该产品是私人物品;当取值为无穷大时该产品是纯公共品。既然将消费规模作为效用函数的一个变量,那么每一个俱乐部产品 X_j 应对应一个 N_j,俱乐部产品的效用函数为:$U^i = U^i[(X_1^i, N_1^i), (X_2^i, N_2^i), \cdots\cdots, (X_{m+l}^i, N_{1m+l}^i)]$,其中 X_r 为一定数量的货币或媒介物。帕累托最优供给的条件为 $u_j^i / u_r^i = f_j^i / f_r^i$,及两种产品(其中一种为计价商品)的边际消费替代率等于其边际技术替代率,Buchanan(1965)还提出,俱乐部产品规模与计价商品的边际消费替代率等于其边际技术替代率的均衡条件,用公式表达为 $u_{N_j}^i / u_r^i = f_{N_j}^i / f_r^i$,从而求解最优成员规模 m^* 和最优产品规模 x^*,当 m^* 较大时,该产品包含更强的公共性;当 m^* 较小时,该产品更像是私人物品。最优规模意味着随着俱乐部成员的增加单个成员分摊的平均成本会减少,但是当成员规模达到均衡点时个人的收益会减少。

收取会费是俱乐部成员成本分担和收益共享的连接点。对俱乐部中的成员收取会费,不仅使俱乐部成员共同消费和共享收益,还能改善因全体成员共同消费俱乐部产品而可能出现的拥挤。另外,俱乐部可以由偏好和禀赋相同的成员构成,即符合同质性假设,也可以由偏好和禀赋相异的成员构成,即符合异质性假设。异质性成员构成更有效率的关键,是异质性成员在合作生产中得到的收益大于合作消费中受到的损失(McGuire,1991)。

2. 用脚投票模型

Tiebout(1956)提出了著名的"用脚投票"模型。该模型表明通过人口的流动形成人们对不同辖区的居住选择,从而形成辖区之间的竞争使得地方公共品的提供既有特色而且有效,人们根据辖区的公共服务水平和收取的"相应会费"选择需要的辖区居住。如果说俱乐部理论解释了辖区的最初形成,用脚投票模型就是对辖区进一步发展动力的解释。然而,与俱乐部理论不同的是,现实中的辖区不是采用收取会费的方式,而是通过税收为地方公共品筹集资金。辖区居民缴纳的税收相当于俱乐部理论中需要承担的成本,享受的地方公共服务相当于可以分享的收益,人们根据承担的成本和分享的收益进行不同辖区的居住选择。要注意的是,此时 Tiebout(1956)模型中的税收是人头税而并非房地产税。因此,偏好不同居民的用脚投票使得形成的辖区各不相同,各有特色。居民用脚投票的能力是地方公共品提供效率高低的关键,有必要关注哪些因素能够影响居民的用脚投票能力,即用脚投票模型的假设或者前提条件。

用脚投票模型的第一个假定是人口完全流动,居民可以不受限制地从一个辖区搬到另外一个辖区而不用考虑迁移成本或者就业是否受到影响,这也是该模型最重要的假定。二是人们拥有完全信息,人们能够获得各辖区提供的公共品和需缴纳的税收关系的信息以使其效用最大化。三是存在足够多的提供不同公共品的辖区,用以满足人们对地方公共品提供偏好的各种组合。四是公共品的单位成本不变,每一个新进入者支付边际成本的同时,总成本同比例增加。这样总成本仍能与因进入者增加的公共品提供后的总收益相匹配,辖区达到最优规模。五是辖区公共品提供的溢出效应能通过排他性规则加以限制,即不存在辖区间的溢出效应,也不存在公共品提供的外部性,辖区提供的公共品收益只为本辖区居民享受。同时也不存在其他的政府行为例如上一级政府的行为使得辖区提供公共品的收益下降。六是辖区完全通过一次性总赋税筹集资金,该税赋的税率可以在各个地区有所不同。因为税率的差异才能形成不同的成本和收益的组合。最后一个假定是居民同质性假定,即辖区居民对公共品的偏好趋同,因此不会存在公共选择问题。总体来说,用脚投票模型包含的核心要素有:人口流动、对信息掌握的完全程度、辖区将满足居民的需求作为政策目标,以及社区间的竞争。

更多研究证明了该模型的有效性(Do 和 Sirmans,1994)。Oates(1969)将用脚投票模型用于解释房地产税,在模型中引入房地产税和教育质量这一公共服务变量用以验证 Tiebout(1956)模型,研究发现对应辖区的生均教育支出在很大程度上会影响房价,同时能够反向抵消房地产税对房价的影响,这说明房地产税收确实资本化到了房地产的价值中。Hamilton(1975)将 Tiebout(1956)忽略的地方性房地产税引入用脚投票模型发现,人们会根据房地产税的征收或调整来改变他们的住房消费,也会根据自己对住房的偏好和公共品的需求的组合选择合适的居住辖区。房地产税、房地产价值和地方公共品之间存在显著的相关性。Hamilton(1975)还发现了模型的缺陷,认为辖区内的房地产价值不是趋同的而是有差异的。进一步,Hamilton(1976)基于辖区内房地产价值各不相同通过将 Hamilton(1975)模型进一步拓展认为,即使辖区内的房地产价值不趋同,房地产税也是决定地方公共品平均价格的重要因素,这是因为人们选择完全同质的社区总是存在可能,没有人愿意支付超过所得到的收益的房地产税,即人们对公共品的需求将会趋同。Fischel(1992)对 Tiebout(1956)模型再次进行拓展,认为应在用脚投票模型中引入政治因素变量用以考虑基层政府官员和选民之间的互动和调整,通过制定相关法规使得居民的用脚投票更有效率,即分区的法规在体现公共品与房地产税之间的相关关系方面具有足够的约束力。Gruber(2007)进一步证明,即使是在非常严格的假设下,在偏好相似的地区,大多数的居民可以因公共品受益时,用脚投票模型也是有效的。

用脚投票模型将房地产税视为使用者付费,认为房地产税是辖区居民对地方公共品的支付,在假设房地产资本固定而不能流动的基础上运用局部均衡分析的方法,从地方政府的角度出发,居民通过用脚投票的方式,促使地方政府在公共品提供时选择理想的方案以使居民房地产价值最大化,这种选择使得房地产税成为居民对其分享的公共品收益所支付的对价,房地产税因此成为一个有效的税种。另外,作为一种受益税,房地产税对收入分配没有影响。这意味着人们以房地产税为代价享受诸如教育、道路、公共安全以及消防等公共服务时,就如同人们自己付费从私人部门得到上述服务一样,具有支出与收益对等的关系,只不过与在私人部门不同的是,在公共部门是以用脚投票和公共选择来表达人们的偏好并保持支出与收益的平衡。因此,从房地产税、公共服务与房地产价值的关系来看,公共部门具有市场化的特征,地方政府提供所需的各种公共服务,人们根据自己的偏好以用脚投票的方式选择用以居住的辖区,税收即房地产税就像市场中的价格一样起着价值衡量的作用。

用脚投票模型是有关公共品供给与房地产税对应性的理论。在用脚投票模型中,房地产税与公共品供给之间的对应性取得理想效果需要满足两个条件:第一,用脚投票模型中的辖区是指人们所在社区或者房地产税适用的区域范围应足够小,并且区域之间发展较为平衡而不存在较大的区域差异。从辖区角度看,房地产税是受益税,从国家或省的角度看,房地产税会产生福利损失(Fischel,2005)。辖区的存在使得人们拥有近乎相同的能力和足够的信息了解将房地产税收入用于公共服务时如何影响他们拥有的房地产的价值。第二,用脚投票模型中存在公共决策机制和人们自由迁移的条件。处于某辖区的居民一旦发现支付的房地产税与分享的收益不对称,人们就会迁移到其他辖区,这种处于市场机制中的公共品的供给和需求的新均衡使得新的价格即房地产税处于合理水平。

我国正在为公共品供给与房地产税的对应性创造条件。一方面,推进基本公共服务均等化以促进区域平衡发展。区域之间和区域内部发展的平衡状态会在很大程度上影响房地产税效应的发挥,房地产税不能解决区域发展的平衡反而扩大区域差异的事实是客观存在的。基本公共服务均等化问题集中体现在辖区之间(Yong,2000)和群体之间(甘行琼和刘大帅,2015)。其中,辖区之间的基本公共服务均等化包括城乡和地区间的基本公共服务均等化,辖区间基本公共服务均等化问题的解决可以通过改进现行的转移支付制度实现(Tsui,2005;曾红颖,2012),因为政府间转移支付是维持辖区间基本公共服务均等化的重要手段;群体之间即户籍人口与流动人口间基本公共服务均等化问题的解决亟须规范地方政府的收入来源,在加强地方税体系建设的同时明确政府间的支出责任。只有在区域发展较为平衡的情况下,用脚投票机制才有可能实现公共品提供和成本分担在全国范围内的均衡,进而促进福利的改进。不过,对于区域平衡发展的安排无疑会降低房地产税与地方基本公共服务之间联系的紧密程度。因此,实现公共品与房地产税之间的对应性,需要在房地产税形成的地区差异与基本公共服务均等化之间找到平衡点。

另一方面,我国正在改善公共决策机制和人们自由迁移的条件。第一,人大预算审查监督的重点向支出预算和政策拓展,标志着政府预算透明度的提高。即使是在公共决策机制较为成熟的国家,预算和公共品提供的规模结构也不能完全表达居民偏好。政府提供公共服务尽可能满足居民需求,离不开居民的监督尤其是居民对与自己联系最密切的基层政府的实时监督。第二,除少数特大城市外,户籍已呈现放开趋势;在同一个城市内部,居民可以实现自由迁移。人口自由迁移主要受到户籍制度、经济发展状况以及传统习惯的影响,严格的户籍制度、经济发展不平衡和传统习惯的存在使人口流动自由度降低;宽松的户籍制度、经济发展较为平衡均会提高人口流动自由度。

2.1.2 分级财政、地方政府治理与房地产税

1. 分级财政

第一,政府部门作用

市场失灵为政府部门干预经济提供重要的理论依据。首先,市场失灵确实存在。对偶定理(duality theorem)认为帕累托效率和市场绩效是一致的,但市场机制本身不能自动满足公共品实现帕累托最优供给的条件,即对偶定理在很多方面会失效。现实中存在着不完全信息、税收成本、不确定且前后不一致的预期、总需求异常等情形,这些情形都会对市场机制产生影响致使市场不能实现帕累托有效状态,市场失灵(market failure)问题不可避免。随后,"搭便车"(free rider)、"公共的悲剧"(public tragedy)等问题的研究将公共品供给问题纳入了市场失灵问题的研究,发现公共品的帕累托最优供给量不再满足萨缪尔森条件,即增加一单位公共品使消费者增加的总价值与提供一单位公共品增加的成本不再相等。对逆向选择和道德风险等问题的研究进一步扩展了市场失灵理论(Stiglitz, 1989)。20 世纪 90 年代初期,关于垄断和收入差距问题的研究是对市场失灵理论的又一次拓展。其次,政府部门的存在是解决市场失

灵的必要条件。Musgrave(1959)指出,一个没有政府部门存在的自由市场经济很可能存在三个方面的功能失灵。第一,即使自由市场经济实现了充分就业,并且所有资源已经得到有效的利用,也没有任何特别的理由认为在这样一个过程中收入分配将是公平的。这是因为在自由市场经济产生的收入分配,取决于各种投入的资源的所有权以及经济中价格和产出的整体结构,收入分配的结果很有可能是不公平的。第二,正如宏观经济学之父凯恩斯(Keynes)所言,一个完全不加管理的经济的运作,并不一定会形成较高且稳定的产出水平和就业水平。一般而言,私人部门的总支出水平并不会同时保证充分就业和稳定的价格。第三,政府部门若不存在,就可能出现用于各种产品和服务的资源的错配(Bator, 1958)。

在现代福利经济学框架内,旨在实现福利最优的经济系统的政府部门需要解决三个基本的经济问题:一是分配问题,即取得最公平的收入分配;二是稳定性问题,即维持稳定价格条件下的充分就业;三是配置问题,即确保资源的有效配置,包括建立资源利用的有效方式和实现增长的有效速度。上述三个问题的提出开创了当代财政主流学派研究政府部门干预经济的公共财政理论框架体系,这三个问题也因此成为公共政策需要实现的三个目标。从政策角度看,任何实际的政府问题都会对公共政策上述三项目标的实现产生事实上的影响。

第二,政府部门的组织结构

政府部门的组织结构是其能否更好履行上述职能的关键,其中,中央政府是重要的组织结构之一。对稳定性的研究表明,一个高度集权的政府具有大得多的能力维系价格稳定情形下的高就业水平。中央政府机构必须能够控制货币供应量的规模,如果地方政府能够制造可以用来购买货物和服务的钞票,虽然符合每一级地方政府的利益,但是可能将失去控制价格上涨的能力。中央政府机构能运用货币政策和财政政策使经济维持在较高的产出水平,而不必承受过度的通货膨胀。同样,对于收入分配的公平性问题,假设社会成员期望的是更加公平的收入分配而不是通过市场机制产生的收入分配,再分配问题在某种程度上受到居民潜在流动性的限制,该政策涉及的辖区范围越小,受潜在流动性限制的可能性就越大,这意味着中央政府机构在实现收入再分配的目标时更为有效。再者,假设公共政策制定者试图使所有居民的福利最大化,中央政府在保持某些产品和服务恰当的产出水平方面也要更有优势。这些产品和服务具有的特征是他们将为或可能将为国家的每一个人带来重大的收益,每一个人都会期待中央政府提供一个接近有效水平的公共品的产出,如果这些产品和服务由中央政府提供,那么就能更多地使所有辖区的成员受益。

中央政府也存在它的缺陷,此时包括地方政府的分级的政府部门可以提供部分的解决方案。不同层级政府部门的决策过程的确存在,并且作为对其辖区居民利益的对应,每个层级的决策过程都需确定提供相应公共品的范围(Wheare,1964)。如果所有的公共品都由中央政府提供,那么所有辖区的公共政策将会趋同,显然这并不适合所有的公共品。如果每个辖区都有自己的地方政府,那么公共品的产出水平在不同地区就会出现差异,这种差异恰好与辖区间居民不同的偏好相契合,并将产生高效率的资源配置。

一个同时具有中央政府和地方政府决策过程的政府部门,地方政府提供公共品使福利增加的可能性因人口流动现象进一步提高,人们通过用脚投票选择财政政策最适合其偏好的辖区居住,同时某些公共品的有效产出水平实现了有效的配置,即地方政府同时提供公共品,使某些公共品的产出水平多样化成为可能,这种可能也使资源的利用能够更有效地满足居民的偏好。地方政府提供公共品也可能产生对公共品生产的更高期望,提高公共品的供给效率,地方政府提供公共品相对于中央政府会出现相当数量的竞争者,竞争压力的存在使得地方政府竞相采用最有效率的公共品提供方式,同时可能会引致创新。

分级财政是对财政层级的划分及相互关系的安排。地方政府的公共品提供决策取决于实际的资源成本,如果辖区通过征税的方式为决策筹集资金,辖区居民很可能将这些公共政策带来的收益与真实成本进行比较,分级财政因此使得地方公共品的产出水平变得更有效率。分级财政因政府层级结构、地方分权程度以及公共治理水平等多种因素的影响而不同,其中,联邦制国家的权力形成自下而上,形成相应的政府层级和财政层级,而且政府层级和财政层级基本保持一致;单一制国家的财政层级和政府层级则不尽一致。作为我国这样一个地区间经济发展水平存在显著差异的大国,分级财政与政府层级的对应性亦存在其合理性。

2. 分级财政、地方政府治理与房地产税

财政分权理论由 Hayek(1945)、Samuelson(1954)、Tiebout(1956)和 Oates(1972)等学者提出,主要从经济效率的角度探讨多层级政府存在的合理性以及不同政府间的职能划分、财权分配和转移支付关系(Oates,1999)。其中,事权的分配是关于各级政府负责什么样的支出问题,当各类公共支出被配置于最接近代表其受益者层次的政府时资源配置达到最优(Ter-Minassian,1997);财权分配是关于各级政府有权征收包括不同税种在内的收入以及如何用不同的税率征收的问题。

在关于财权分配的问题上财政分权理论的基本观点是,与事权的分权程度相比较,财权的分权水平应较低,也就是中央政府在财政收入权力分配上应承担其支出责任更多的责任,用以创造和维持一种有利于国内统一市场存在和发展的政府间关系。应由中央政府征收的税种具有的特征有:流动性强、收入弹性高、适合调节再分配以及由天然禀赋造成的税基在地区间分布不均衡。房地产税因其流动性水平低的特点而通常由地方政府征收。

财政分权理论认为地方政府相对于中央政府更能贴近居民,更了解辖区居民的需求和效用。居民偏好的多样性决定了公共品的不同种类和不同数量,要实现社会福利最大化,必须对资源进行有效的配置,地方政府在资源配置过程中起着相对中央政府而言更重要的作用。奥茨(2012)通过一系列假定,运用福利经济学的观点将社会福利表达为一个线性规划,得到资源配置处于社会福利最大化时的一般均衡模型。该模型认为,由于中央政府所处的地位使其不可能完全顾及不同居民的不同需求和特殊利益,只能按照最一般的公平化要求将等量的公共品统一分配,从而忽视了不同辖区居民的不同偏好,使资源配置效率降低。然而,由地方政府自主决定公共品的提供可以满足社会福利最大化的条件和要求。对于这种遍布所有辖区的居民消费的公共品来说,该公共品的产出的每一个提供成本如果对于中央政府和地方政府来说都是相同的,那么由地方政府将帕累托有效产量提供给各自辖区的居民,比由中央政府向全部居民提供任何特定并且一致的产量要有效得多。总之,如果居民的异质性很强,需求偏好差异性很大时,地方政府在公共品提供上的效率优势会更加明显。

如图 2.1 所示,纵轴表示公共品的价格,即居民缴纳税收的总和,假设政府部门支出全部由税收筹集资金,横轴代表公共品产量。假定存在 A 和 B 两人,A 对该公共品的需求曲线为 D_1,B 的需求曲线为 D_2,公共品按照每人平均不变成本(缴纳的税收)提供。公共品的有效配置条件是 $D_i = P (i=1,2)$,应提供给 A 的最优规模为 Q_1,提供给 B 的最优规模为 Q_2。如果该公共品统一由中央政府提供,提供 Q_0,那么 A 的福利损失为 $\triangle EFG$ 的面积,B 的福利损失为 $\triangle GHI$ 的面积,而分级财政由地方政府提供上述公共品可以避免效率损失,同时证明了由地方政府提供多样化公共品的必要性和有效性。

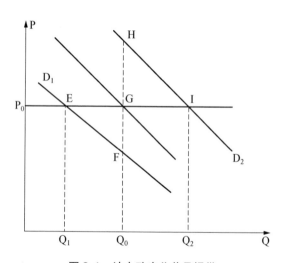

图 2.1　地方政府公共品提供

地方公共品的有效提供需要稳定而充足的收入来源,房地产税就是地方财政的重要资源。向辖区内的居民征收房地产税可以为地方政府筹集公共品提供所需的资金,这意味着房地产税的纳税义务高度显性,人们不但清楚自己缴纳的房地产税额,而且明确地方政府将房地产税收收入用于何处。这样,辖区居民就成为地方政府治理的主要参与者而大大提高了居民对地方公共品供给的投票意识。结合房地产税和地方公共服务,居民意识到了公共服务和房地产税对其所拥有的房地产价值的影响,因此,作为理性经济人的居民在将地方公共服务的成本和收益进行比较后,会理性地选择那些能使其房产保值增值的公共服务提供决策,居民对地方政府的监督也更为直接和有力。地方政府如果要作出有效的公共品供给决策,就需要权衡公共品提供的成本和收益,将公共品支出调整至边际收益与边际成本相等点时的决策作为最优决策。这时,地方政府征税和公共品支出决策会更加反映居民的公共需求和偏好,能最大限度提升居民满意度,增强居民与地方政府的互动,提高地方公共服务提供效率,提升地方政府治理水平。

地方政府有效提供公共品为房地产税作为地方税提供了可能性。这表明房地产税既可以作为省一级政府的税收,又可以作为市一级或区县级政府的税收,还可以作为乡镇一级政府的税收。在我国,如果将房地产税作为省一级政府的税收,不但适用的区域范围偏大将面临较大的征收难度以及较高的征收成本,而且居住在这一区域范围的人们很难拥有近乎相同的能力和足够的信息了解房地产税税收入所提供的公共服务的成本和收益,尤其是人们很难知道房地产税收入和公共服务如何影响他们拥有的房地产的价值,更不用说我国各省内的政府信息公开安排往往并不同步;如果将房地产税作为乡镇一级政府的税收,虽然符合区域范围足够小的条件,人们更容易拥有近乎相同的能力和足够的信息,但是这无疑会增加农民以及农村的税收负担。因此,我国房地产税宜作为市一级或者区县级政府的税收。

当然,将房地产税由市级或者区县级政府征收并作为该级政府的税收收入,各政府之间有可能经常发生税收竞争。该竞争主要通过调整房地产税税率实现,用以吸引房地产开发商到本辖区投资和人们来本地定居。由于房地产税收收入需要用来提供地方公共服务,所以降低税率的幅度会很有限,因为居民会要求与房地产税负匹配的公共服务。另外,辖区之间的税收竞争在客观上可以促进地方公共服务的有效供给和提升地方政府治理水平,况且辖区间的税收竞争并不是开征房地产税时才会产生,而是早已存在(Brueckner, 2004)。我国市级或区县级辖区的面积较大且人口较多,并不会重复国外的小区划造成的税收恶性竞争。因此,房地产税开征引起的税收竞争虽然不能避免,但是程度有限,而且这种税收竞争的结果还存在有利之处。

2.2　税收公平与房地产税

在分级财政体制下,有效税收制度的建立需要借助于评估税收制度的标准。一项包括税收的政策在某种情况下会提高社会福利,但在其他情况下就可能变得不合时宜。基于用脚投票的受益税有可能完全不在公平的基础上对所期待的影响作出反应。因此,不应期望具有受益税特征的房地产税与旨在公平的设计之间存在密切对应。然而,我们可以通过税收制度的一般特征判断房地产税收制度的有效性,这就是税收公平标准。正如福利经济学的创始人庇古(Pigou)所言,在政府课税时,公平准则是价值判断的重要标准之一。

2.2.1　税收公平的界定

税收公平是指,具有相同纳税条件的人,缴纳相同的税收;具有不同纳税条件的人,应当缴纳不同的税收。税收公平分为横向公平和纵向公平,横向公平是指具有相同纳税条件的人,应当缴纳相同的税收,纵向公平是指具有不同纳税条件的人,缴纳不同的税收。税收公平是税收政策的制定需要使居民承受的负担与其经济状况相适应,并使居民间的税负水平保持均衡,即税收公平集中在税收负担本身的公平分配。亚当·斯密(1776)提出的税收原则理论被认为是有关税收公平的最早研究。斯密的税收原则包括量能原则和受益原则。这是两个明显不同的原则,除非在所得既能衡量支付能力又能衡量受益水平时才会一致,否则二者有明显不同。

量能原则是指税收的分摊按照人们各自的支付能力成比例进行。在这一原则下,支付能力强的纳税人多纳税,支付能力弱的人少纳税。支持量能原则的学者们试图寻找更为准确的"支付能力"的衡量标准。Mill(1965)将"支付能力"改进为"均等牺牲",他认为均等牺牲的税收会带来总牺牲最小的税收分摊方式。这一想法引起了税收公平领域研究重点的变化,即通过最小牺牲而不是均等牺牲促进公平分配。随着边际效用分析方法的蓬勃使用,边际均等牺牲而不是绝对均等牺牲或者比例均等牺牲被视为是最好的解决方案(Edgeworth,1925),这是因为在收入边际效用递减和所有人的效用函数相同的假设下,边际均等牺牲会带来最大的累进性,这也是牺牲原则成立的关键。然而,量能原则处理的只是税收这一个方面而并没有考虑公共支出,总牺牲最小原则不得不改进为总福利最大原则,即在决定税收与支出水平时要使税收导致的边际牺牲和支出带来的边际收益相等。另外,瓦格纳(1883)在斯密的税收原则基础上提出了四组共九条税收原则,其中的正义原则是对税收公平的另一种拓展。他认为税收分摊中的正义包括普遍性和平等性原则,普遍性原则是指一个国家中的公民原则上都可被征税而无论获得了多少收入,也无论获得的是哪种形式的收入,平等性原则是原则上每个人缴纳的税收占收入的比例都应相等,他将税收的量能原则转向收入分配调整原则用于纠正现行收入分配制度的缺陷。

受益原则指人们所分摊的税收与在政府保护下各自获得的利益成比例。受益原则要求纳税人根据从政府提供的公共服务中获得受益的程度和大小来分担税收。享受相同利益的纳税人具有相同的福利水平,应当缴纳相同的税收;享受到较多利益的纳税人具有较高的福利水平,缴纳较高的税收。Pantaleoni(1883)认为财政学的重要任务不是运用量能原则将最小的税收负担进行公平分摊而是在税收约束下如何运用支出手段使得社会效用最大化,因此,他认为财政收入和财政支出的相互依赖性使得受益原则内在地优于量能原则。他的思想为税收公平的演变进一步奠定了基础。Mazzola(1890)认为每个消费者都应根据他从公共服务中获得的边际效用支付一种价格,假设公共服务的消费与私人欲求(want)的满足形成互补关系,消费者总效用实现最大化的点是消费者在公共服务和私人产品消费所支出的最后一元钱的效用相等时。Wicksell(1896)认为受益原则优于量能原则的原因不仅在于受益原则将财政学与一般价值理论相结合,还在于受益原则与现代民主与代议制社会的理念相契合。延续公平的分配状态已经建立的假设,Lindahl(1919)认为公共服务的价格决定与市场价格的决定是相似的,通过公共服务的供求曲线决定公共服务供给还有成本分摊的均衡点,公共服务供给函数的变量就是该服务的成本和其他人愿意承担的成本份额。在已知每个消费者对于公共服务的偏好或者引入政治机制诱发消费者显示其偏好时的均衡可以同时满足量能原则和受益原则的要求。

另外,福利经济学的兴起和发展为研究税收公平提供了更多的判定标准。米尔利斯 Mirrless(1971)发展的最优税收理论基于个人效用因为其获得收入的能力不同而最大化社会福利函数。罗尔斯 Rawls(1971)的"最小者最大化原则",即最大化最差的那个人的福利水平,20世纪末期对公平的最有影响力的观点,就是在基本的 Mirrless 框架下运用社会福利函数的精确限定得到的可能结果。Kaplow 和 Shavell(2002)的主要观点是经济福利分析是决定立法规则的合适的判定标准,他们认为基于公平标准是决定法律条款的更好的方法。有关税收公平的最新发展是 Sheffrin(2013)关于民间正义(folk justice)的理论。民间正义是民众对公平持有的观点,是相对于专家正义(expert justice)而言的,专家正义就是专家学者持有的关于公平的观点。Sheffrin 认为税收政策尤其是房地产税收政策太过重要而不能只考虑专家意见,民间和专家关于房地产税存在明显的不一致。虽然如此,但是民间正义不能完全取代专家正义的观点(Cohen,2005)。

2.2.2　房地产税与税收公平

从税收公平来看,房地产税收直接表现为纳税人经济利益的流出,纳税人很可能会关心两个重要问题:第一,房地产税的税收负担是否公平合理地分配于每个纳税人,具体包括税收负担是否与每个纳税人的纳税能力或者经济条件相一致,以及不同纳税人之间的税收负担是否保持均衡。这也是对政府部门征税合理性的一种制约,有助于对政府部门不顾纳税人的纳税能力或者经济条件随意征税的行为进行限制。第二,纳税人关注政府部门对于房地产税收的使用能否给自己带来收益以及带来多大收益。就纳税人整体而言,纳税人获得的因房地产税收的使用而增加的收益应与纳税人支付税款而减少的收益接近或一致。政府部门在使用税款时通过公共预算管理接受纳税人的严格监督,在考虑征税合理性的同时进一步考虑税款使用的合理性。原因在于:一是在一个存在地方政府财政,且公共品的收益与成本之间的关系部分地确定某个辖区居民公共选择的体制下,这种合理性举足轻重;二是对于居民可以直接感知的房地产税而言,政府部门有责任通过担任公共组织的监督者和公共利益的维护者等角色为居民服务。因此,房地产税税收公平具体体现在以下两个方面:

首先,使用量能原则作为房地产税税收公平的判断标准。这是因为:第一,量能原则的使用不会因公共品具有非排他性的特点而受到极大限制。公共品的特点决定了居民不但不会主动表现出对地方政府公共服务的偏好,而且可能会通过隐藏自己的偏好,达到少纳税的目的。第二,量能原则在实践中可以精确衡量。受益原则要求纳税人缴纳的税收与其对公共服务的需要保持一致,然而就政府的大多数支出项目而言,准确估计每个居民从公共服务中获得的收益是不可能的,即很难准确确定每个纳税人的获益额度,量能原则却可以使用多个测度指标进行准确衡量。而且在受益原则下,每个纳税人对公共服务的需求与其偏好有关,而很难确定每个纳税人的偏好。第三,量能原则考虑了初始的收入公平分配,能够解释政府间转移支付。而受益原则有助于收入分配规则的公平,而无助于收入分配结果的公平。虽然受益原则具有明显的优势,能将政府的收入与支出联系起来,但是相对于受益原则,量能原则是既较为合理又便于实施的房地产税税收公平标准。

其次,房地产税税收公平涉及税种设置、税负配置和税收使用等环节(侯一麟等,2016)。第一,从税种设置的角度考虑,要求房地产税对所辖居民一视同仁,居民的可征税资产平等考量。这就是说,房地产税应平等对待所有纳税人,不论是高收入阶层还是低收入阶层。第二,税负配置环节要求房地产税的税基统一和税率一致。具体来说,税基统一是指凡房地产税税种设置范围内的应税房地产,均应纳入税基。如 Glennon(1990)发现,对美国城市周边农地的税基评估以农业用地而不是以城市边缘的市场地价为基础,不仅压低了囤地成本,还助长了投机行为,因而加速了城市的无序发展。税率一致涉及横向一致和纵向一致两个维度。横向一致表示相同税基的纳税人适用相同的税率,纵向一致表示不同税基的纳税人适用不同的税率,如果不区分居民拥有税基的大小,可使用单一税率。因为按照单一比例税率乘以税基计算的房地产税额,拥有不同房地产市场价值家庭的应纳税额有所不同,当居民对公共服务的需求基本相同时已经嵌入房地产税是累进税这一因素。第三,在税收使用环节,将房地产税税收收入用于普益性支出,使全体纳税人受益。在衡量房地产税税收公平时,不仅要考虑应纳税额,还需要考虑居民对公共服务的需求。

2.3 房地产税的收入和福利作用机理

2.3.1 房地产税的收入作用机理

房地产税对收入的作用机理是指房地产税对地方政府收入的作用机理。房地产税对地方政府收入作用机理的主要依据是财政分权理论。财政分权理论充分解释了地方政府存在的合理性和必要性,通过论证中央政府不能够按照不同地区居民对公共品的不同偏好,实现最优的资源配置,解决事权和财权如何在中央政府和地方政府之间进行分布、两者之间不匹配时通过转移支付和地方债务进行匹配的问题。Stigler(1957)对地方政府存在的合理性和必要性进行了分析,认为地方政府比中央政府更能满足辖区居民的需求,由地方政府进行资源配置时,资源配置达到最优。为实现资源配置最优化,决策应该在层次低的政府中进行,而中央政府的主要作用是保障公平的收入分配和解决不同地区之间的竞争与矛盾。

研究事权和财权在不同层级政府如何分布,需要构建各级政府的收入支出体系。构建各级政府的收入支出体系,需要同时考虑效率和公平,在满足不同地区居民需求的同时提高政府尤其是基层政府的治理能力。收支体系的构建按照先支出责任后收入责任的顺序进行。现代财政支出理论认为,财政分权改革遵循先改革财政支出安排,再改革税收和财政收入安排的顺序。首先,对于支出责任,地方政府的主要职能是负责向本地区居民提供公共品,以满足不同地区居民对于公共品存在的不同偏好。

这就需要地方政府在充分考虑效率的同时,以当地居民需求为导向,以基本公共服务为方向,回应居民的需求,与居民取得良好互动。其次,收入划分应遵循三个原则:一是收入应当是有效率的,并且不会使税收政策和管理产生扭曲;二是收入划分应保证地方政府有充足的收入,以完成其支出责任;三是转移支付主要用于均等化目标的实现(Bahl,2004)。房地产税为地方政府提供稳定充足的税收收入,以满足其支出责任。Anderson 和 Shimul(2018)评估税收对经济波动的敏感性发现,房地产税相对于个人所得税和销售税而言是最为稳定的一项税种,税收收入波动仅为 8%,税收收入所占州政府 GDP 的比重波动为 10%;地方政府利用房地产税税收收入可以更好地提供与本地区居民需求一致的地方公共服务,从而提高政府效率。

从地方政府层面看,地方政府提供公共服务,居民根据不同的偏好选择不同的辖区,或者在不同辖区之间迁徙,这是居民为表达自身需求而作出的行为选择。就像用脚投票模型提到的那样,辖区居民通过"用脚投票"的方式在足够多的辖区之间选择税收和公共服务的组合,促使地方政府公共服务的供给实现最优。从公共选择的视角来看,与支出的情况类似,税收的组成会对中间选民模型的效用作出反应(Sjoquist,1981)。这就是说,将房地产税定位为地方政府税收收入的来源可以被看作是为了适应存在差异化偏好的居民的公共服务需求。而房地产税作为受益税的观点也指出,居民会选择使得所缴纳的税收与地方提供的公共服务相匹配的辖区。这样,无论是区域内,还是区域间需求的异质性,都需要房地产税作为地方税并且为地方政府提供税收收入。

此外,地方政府拥有财政自主权存在着合理性。Musgrave(1959)明确提出了分税制的思想。他指出,中央政府和地方政府之间存在合理的分权是可行的,这种分权可以通过税种在政府间的分配固定下来,赋予地方政府相对独立的权力,从而产生地方税这一类与中央税相区别的税类。在拥有自主收入来源的情况下,地方政府可以根据居民需要,在职权范围内提供有效的公共服务。而房地产税可以成为提高财政收入的有效工具。

房地产税是受益税,最终的受益者是房地产的拥有者。也有学者认为房地产税是将房产看作资本的资本税,或者是将房产看作消费品的消费税,尽管这些观点在房地产税的税负评价上不尽一致,但并没有改变房地产税用于基本公共服务的事实。研究者构建了包括居民无流动的混合模型、居民完全流动的混合模型以及跨区域资本化模型在内的三类混合模型,这些模型表明房地产税同时具有受益税的特征(Zodrow,2008)。房地产税的受益税特征表明,将房地产税用于地方基本公共服务,居民在缴纳税收的同时可以享受政府提供的公共服务。即使居民不能享受部分公共服务,这些公共服务也会被资本化到房产价值中。房地产税税收收入与地方政府的事权相匹配,有助于明晰事权与支出责任划分,协调公共服务的受益范围与各级政府的职能,形成收支相连的政府治理体系。进而降低房地产税税收管理成本,避免地方政府收入缺乏效率,并减少对经济行为的扭曲。

　　房地产税税基的不可移动性是房地产税被用作受益税的重要原因。在 Tiebout(1956)的用脚投票模型中,为地方政府创造税收收入的是与地方公共服务相对应的一种受益税,然而,并未说明这种受益税具体指向的是房地产税。房地产税的税基是房产,房产的特点是具有不可移动性。房产的不可移动性一方面使得税基稳定,另一方面使得地方政府对房地产税的纳税人和地方公共服务的受益人产生良好的定位和识别。地方政府可以将纳税人与受益人进行匹配,将税收收入与地方公共服务相匹配,纳税人能够真切感受到纳税带来的收益,真正体现房地产税的受益税特征。另外,不存在垂直税基竞争,土地及其他财产的价值并不是中央政府期望的税基,它们(中央)往往选择把它留给地方政府,Bahl 和 Martinez-Vazquez(2007)认为,中央政府对房地产税缺乏兴趣的原因可能在于该税种的复杂性。而所得税和销售税由于税基的流动性,使得纳税人与公共服务受益人的匹配很可能会产生地区和空间上的错位,导致税收对经济行为的扭曲。不过,房地产税需要在更低层级的地方政府征收以实现其受益税的作用,这是由于公共服务的提供以一定的区域进行,地方政府相较于中央政府在匹配房地产税的纳税人与受益人方面有更强的信息优势,而且地方政府的层级越低,越能够有效捕捉纳税人的偏好。因此,房产的特点决定了房地产税被认为是地方政府最重要的受益税种。

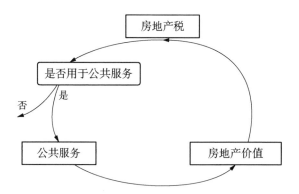

图 2.2　房地产税的收入作用机理

　　基于以上分析,房地产税的收入作用机理可以通过图 2.2 得出。首先,将房地产税税收收入用于提供地方基本公共服务。作为受益税的房地产税既连接着收入端,又连接着支出端,将其用于地方基本公共服务是地方政府支出责任的体现。进而,地方基本公共服务的供给促使本地区房地产价值提高,这是良好的公共服务资本化到房地产价值的结果。最后,增加的房地产价值增加了房地产税的税基,地方政府通过征税得到更多的房地产税税收收入。更多的房地产税税收收入再用于提供地方基本公共服务,进入新一轮的循环,从而形成房地产税、地方基本公共服务提供和房地产价值提高之间的往复循环。

　　在房地产税开征时,房地产税、地方基本公共服务和房地产价值之间循环与否的关键是房地产税对房价的影响。如果房地产税使房产价值上升,上述循环得以畅通并往复;反之则相反。如图 2.2 所示,开征房地产税时,能够实现房地产税、地方基本公共服务和房地产价值之间循环的路径,存在于将税收收入用于居民需求的地方基本公共服务,且考虑部分居民对公共服务质量有较强的偏好时(张平等,2020)。此时提供基本公共服务带来房地产价值的上升程度大于开征房地产税带来的房地产价值下降程度,房地产价值上升。相反,未能实现房地产税、地方基本公共服务和房地产价值之间循环的具体表现有:一是未能将税收收入用于居民需求的地方基本公共服务;二是将税收收入用于居民需求的地方基本公共服务时,征收房地产税带来房地产价值下降,基本公共服务的提供使得房地产价值上升,但未考虑部分居民对公共服务质量存在较强偏好。此时提供基本公共服务带来房地产价值的上升程度小于或等于开征房地产税带来的房地产价值下降程度,房地产价值下降或者不变。三是在投资性房产占比较高的市场中,房地产税通过抑制投机性需求而使房地产价值下降。开征房地产税后房地产市场的供求关系发生变化,在供给没有变化甚至增加的情况下,房地产税会抑制市场的非基本住房需求使需求下降,房地产的价格下降。

2.3.2　房地产税的福利作用机理

房地产税的福利作用机理包含房地产税使收入水平下降,从而作用于福利,以及开征房地产税引起的收入分配变化对福利的影响。首先,前者是指房地产税使收入水平下降带来的社会福利变动,即开征房地产税使居民收入水平减少而引起的社会福利变动。其次,后者是指房地产税使收入分配的变化引起的社会福利变动,可能是使收入差距扩大带来的社会福利变动或者使收入差距缩小带来的社会福利变动。因此,房地产税对福利的作用机理表现在以下两个方面:

一方面,房地产税使收入水平下降带来的社会福利变动。分别用未开征房地产税时社会福利模型和开征房地产税时社会福利模型,表示开征房地产税前后的社会福利水平,进而计算社会福利的变化。

1. 未开征房地产税时社会福利效应模型

假设居民家庭关心两类消费:住房消费(H)和其他私人物品消费(C),且一个理性居民家庭的消费目标是追求其效用函数的最大化。据此,本书构建家庭效用函数表示为:

$$Max: U = \ln C + \ln H \qquad (2.1)$$

$$S.t. I = C + PH \qquad (2.2)$$

其中,I 表示居民家庭年收入,C 表示居民家庭其他私人物品的消费;本书假设居民用其收入进行消费,P 为年度房地产的单位价格,H 为居民家庭拥有房地产的建筑面积,则其购房消费总额为 PH。

求解预算约束条件下的家庭效用最大化,建立如下拉格朗日函数:

$$F(C,H)=U(C,H)-\varphi(C+PH-I) \tag{2.3}$$

得到家庭效用最大化的一阶条件:

$$(C)^*=\frac{1}{\varphi} \tag{2.4}$$

$$(H)^*=\frac{1}{\varphi P} \tag{2.5}$$

$$C+PH-I=0 \tag{2.6}$$

得到的均衡解为:

$$(C)^*=\frac{I}{2} \tag{2.7}$$

$$(H)^*=\frac{I}{2P} \tag{2.8}$$

$$(\varphi)^*=\frac{2}{I} \tag{2.9}$$

进而根据家庭效用函数求解居民家庭的最大化效用为:

$$Max: U=2\ln I-2\ln 2-\ln P \tag{2.10}$$

公式(10)表明,居民家庭的最大化效用与家庭收入 I 正相关。

2. 开征房地产税时社会福利效应模型

开征房地产税后,居民家庭在住房消费的同时,需要缴纳房地产税,税额为 $P_\tau H_\tau\tau$;另外一部分用于其他私人物品消费,消费总量为 C_τ。

居民家庭面临的预算约束条件为:

$$S.t. I=C_t+P_\tau H_\tau+P_\tau H_\tau\tau \tag{2.11}$$

求解此时预算约束条件下的居民家庭效用最大化,建立如下拉格朗日函数:

$$F(C_\tau, H_\tau) = U(C_\tau, H_\tau) - \delta[C_\tau + P_\tau H_\tau + P_\tau H_\tau \tau - Y]$$

$$(2.12)$$

得到居民家庭效用最大化的一阶条件为:

$$(C_\tau)^* = \frac{1}{\delta} \tag{2.13}$$

$$(H_\tau)^* = \frac{1}{\delta P_\tau(1+\tau)} \tag{2.14}$$

$$C_\tau + P_\tau H_\tau + P_\tau H_\tau \tau - I = 0 \tag{2.15}$$

得到此时的均衡解为:

$$(C_\tau)^* = \frac{I}{2} \tag{2.16}$$

$$(H_\tau)^* = \frac{I}{2P_\tau(1+\tau)} \tag{2.17}$$

$$(\delta)^* = \frac{2}{I} \tag{2.18}$$

进而根据家庭效用函数求解居民家庭的最大化效用为:

$$Max:U_\tau = 2\ln I - 2\ln 2 - \ln P_\tau - \ln(1+\tau) \tag{2.19}$$

公式(19)表明,征收房地产税后,居民家庭的最大化效用不仅与家庭收入 I 正相关,还与房地产税税率 τ、房地产单位价格 P_τ 负相关,即房地产税税率越高,居民家庭的最大化效用水平越低;房地产单位价格越高,居民家庭的最大化效用水平越低。

对比公式(10)和公式(19)得到征收房地产税带来的社会福利变化,用 ΔU 表示社会福利的变化,ΔU 用公式表示为:

$$\Delta U = U - U_\tau = -\ln P + \ln P_\tau + \ln(1+\tau) = \ln \frac{P_\tau}{P} + \ln(1+\tau)$$

$$(2.20)$$

如果 $\Delta U > 0$,税前福利水平高于税后福利水平,表明产生福利损失;

如果 $\Delta U < 0$,税前福利水平低于税后福利水平,表明福利水平提高。从公式(20)可以看出,征收房地产税对社会福利的影响取决于征税前后房地产的相对单位价格和房地产税税率。根据房地产价格的变化,ΔU 的性质分为三种情形[①]:

第一,征收房地产税使房价上涨,房地产的相对单位价格 $\dfrac{P_\tau}{P} > 1$,则 $\ln \dfrac{P_\tau}{P} > 0$,而 $\ln(1+\tau) > 0$,因此,$\Delta U > 0$。 说明对于单个家庭而言,征收房地产税对社会福利产生负向影响,即房地产税带来居民家庭收入水平下降,导致社会福利损失。

第二,征收房地产税使房价没有发生变化,房地产的相对单位价格 $\dfrac{P_\tau}{P} = 1$,则 $\ln \dfrac{P_\tau}{P} > 0$,而 $\ln(1+\tau) > 0$,因此,$\Delta U > 0$。 表明对于单个家庭而言,征收房地产税对社会福利产生负向影响,即房地产税带来居民家庭收入水平下降,产生社会福利损失。

第三,征收房地产税使房价下降,房地产的相对单位价格 $\dfrac{P_\tau}{P} < 1$, $\ln \dfrac{P_\tau}{P} < 0$,而 $\ln(1+\tau) > 0$,ΔU 的性质判断需要比较 $\ln \dfrac{P_\tau}{P}$ 和 $\ln(1+\tau)$ 的大小。 征收房地产税使房价下降,房价下降可以经历一次性下降,也可以经历多次下降的过程。假设房地产价格是一次性下降,房地产的受益年限为无限期,房地产的市场价值可以用公式(21)表示为:

$$PH = \sum_{n=0}^{\infty} \frac{Y}{(1+r)^n} = \frac{Y}{r} \tag{2.21}$$

其中,Y 表示房地产年收益,r 表示贴现率,n 表示房地产使用年限。

征收房地产税后,房地产的市场价值下降为税后市场价值,每年缴纳的房地产税 T^{RE} 为税后市场价值与税率的乘积,房地产的年收益为 $Y - T^{RE}$,开征房地产税后该项房地产的市场价值称为税后市场价值 TP^*

---

① 本书考虑征收房地产税使房价并未发生变化的情形,这具体体现在本书的第 3 章至第 9 章。事实上,房地产税使房价变化的其他两种情形,并不影响本书第 3 章至第 8 章的主要结论。

H,用公式(22)表达为：

$$TPH = \sum_{n=0}^{\infty} \frac{Y - T^{RE}}{(1+r)^n} = \sum_{n=0}^{\infty} \frac{Y - TPH \times \tau}{(1+r)^n} \tag{2.22}$$

整理得到房地产的税后市场价值为：

$$TPH = \frac{Y}{r + \tau} \tag{2.23}$$

将税后市场价值和房地产市场价值相除,得到税后市场价值率 r^{TPH} 的表达式：

$$r^{TPH} = \frac{P_\tau}{P} = \frac{TPH}{PH} \tag{2.24}$$

进而住宅价值下降率 r^d 的测算公式为：

$$r^d = \frac{P_\tau}{P} = \frac{\tau}{r + \tau} \tag{2.25}$$

将 $\frac{P_\tau}{P}$ 代入 ΔU,根据 τ 与 r 的取值范围判断 $\Delta U < 0$。这表明对于单个家庭而言,征收房地产税对社会福利产生正向影响,房地产税带来居民家庭收入水平下降,在房价下降的同时能够提高社会福利水平。

另外,从公式(20)还可以看到,房地产税税率越高,征收房地产税对居民家庭效用的负向影响越大;反之则相反。

另一方面,房地产税使收入差距变化引起的社会福利变动。传统福利经济学认为,收入分配对福利规模具有影响效应,收入分配变化可以增进或减少福利。收入差距缩小带来社会福利增加;收入差距扩大带来社会福利损失。当人们的收入达到一定水平时,社会福利水平有赖于收入比较平均或相对平均地在人们之间进行分配。正如福利经济学之父庇古所言,"在研究任何一个因素对于经济福利的影响时,需要详细对照这个因素对于国民收入所造成的损害(或利益),以及对穷人实际收入所产生的利益(或损害)"(厉以宁等,2020),这样,"任何使穷人手中的实际收入份额有所增加的因素,在从任何角度判断均未造成国民收入减少的情况下,一般来说都将使经济福利最大"(庇古,2007)。低收入群体实际收入份额增加的方法,可以是将高收入群体收入的一部分通过征税转移给低收入群体,这是由于税收的其中一项功能就是将收入在人们之间进行分配。通过转移,收入趋向平等,收入分配趋向公平,而这种转移通过征收房地产税来实现。房地产税的征收使人们的收入进行再分配,这种再分配缩小或者扩大了收入差距,进而增进或减少社会福利。因此,对于房地产税而言,如果能够缩小收入差距,可能增加社会福利;如果扩大收入差距,可能减少社会福利。

2.4 开征房地产税的经济效应

开征房地产税的经济效应在本书体现为房地产税对税收收入的影响和房地产税的福利效应。

首先,房地产税对税收收入的影响。第一,房地产税能够为地方政府带来持续稳定的税收收入。受益税的特征在很大程度上决定了房地产税是地方税,将房地产税作为地方税征收,地方政府在房地产存续期间持续稳定地取得税收收入。第二,如果将房地产税用于地方公共服务,可能有效促进地方政府公共服务的提供。在一定区域范围内,房地产税征收和使用以充分发挥其受益税的作用。当然,将房地产税税收收入用于地方公共服务时,地方公共服务提供的数量很可能产生不同区域上的差异。公共服务数量差异可以促进地方政府竞争,提高其供给效率和供给质量。

其次,房地产税的福利效应。

根据征收房地产税前后的房价变化,房地产税的福利效应分为两种情形:

一方面,征收房地产税使房价上涨或者没有变化,这包含两种情况:其一,房地产税对社会福利产生负向影响,征收房地产税减少了居民的社会福利水平。具体是指:一是房地产税使居民收入水平下降的同时扩大居民收入差距,致使社会福利水平下降;二是房地产税使居民收入水平下降同时,缩小了收入差距,但缩小收入差距带来的福利增加并不能补偿收入水平下降带来的福利损失,致使社会福利水平下降。其二,房地产税对社会福利产生正向影响,征收房地产税提高了居民的社会福利水平。这种情形是指,房地产税使居民收入水平下降导致福利损失,同时又能缩小收入差距,且缩小收入差距带来的福利增加能够补偿收入水平下降带来的福利损失,房地产税带来的收入分配变化增进了社会福利。

另一方面,征收房地产税使房价下降,这包括两种情况:其一,房地产税对社会福利产生负向影响,征收房地产税减少了居民的社会福利水平。具体是指:一是房地产税使居民收入水平下降,房价也下降的同时增进社会福利,但是不能够补偿扩大收入差距带来的福利减少;二是房地产税对社会福利产生正向影响。房地产税使居民收入水平下降,房价也下降的同时增进社会福利,缩小收入差距带来的福利增加进而提高社会福利水平,或者房地产税使居民收入水平下降,房价也下降的同时增进社会福利,并且能够补偿扩大收入差距带来的福利减少,此时房地产税可以增进社会福利。

3

我国房地产税的现状与税制改革

因为本书的研究对象是房地产税,所以在对房地产税的税制要素进行设计之前,有必要首先分析我国房地产税的现有格局以及更深层次地探讨现有格局背后存在的问题。具体而言,本章通过对我国房地产税收运行现状的描述,发现房地产税费在运行过程中存在的问题,阐述我国房地产税现有格局形成的历史渊源以及房地产税与分税制的关系,提出在房地产保有环节征收房地产税的必要性。借鉴上海和重庆市的房地产税改革试点方案,分析方案存在的不足并针对性提出房地产税未来的税制选择和收入预期。

本章的结构安排如下:首先明确我国房地产税的现有格局,其次是对上海和重庆房地产税改革试点方案的分析,再次是我国房地产税未来的税制选择和收入预期,最后是本章小结。

3.1 我国房地产税的现有格局

3.1.1 我国房地产税费的现状特征

1. 我国房地产税费的现状

现阶段我国涉及土地和房产(简称房地产)的税种较多,包括直接以房地产为征税对象的税种和与房地产紧密相关的税种等。其中,直接以房地产为征税对象的有耕地占用税、土地增值税、城镇土地使用税、契税、房产税;与房地产紧密相关的税种有企业所得税、个人所得税、增值税、印花税、城市维护建设税和教育费附加。从房地产税收的征税环节来看包括流转环节和保有环节。其中,房地产流转环节的税收包括房地产开发环节和房地产转让环节的税收。与房地产开发环节有关的税收主要包括印花税、增值税、耕地占用税、所得税、城市维护建设税和教育费附加,与房地产开发环节有关的费用主要包括土地出让金,是地方政府收取的出让土地使用权费用;与房地产转让环节有关的税收主要包括增值税、城市维护建设税和教育费附加、契税、土地增值税、印花税、企业所得税。与房地产保有环节有关的税收主要包括城镇土地使用税和房产税。根据相关的税收法律、法规,我国房地产涉及的税费及征收情况如表3.1所示。

表 3.1　我国房地产相关税费一览表

环节	税种	纳税人	计税依据	税率
房地产流转环节	印花税	在中国境内书立、领受规定凭证的单位和个人房屋产权转移时	产权转移数据所载金额	0.05%
	增值税	在中国境内提供应税劳务、转让无形资产或者销售不动产的单位和个人	增值额	10%
	城市维护建设税	从事工商经营,缴纳增值税、营业税和消费税的单位和个人	纳税人实际缴纳的增值税、营业税和消费税之和	市区7%,县城、镇5%,其他1%
	教育费附加	从事工商经营,缴纳增值税、营业税和消费税的单位和个人	纳税人实际缴纳的增值税、营业税和消费税之和	3%
	耕地占用税	占用耕地建房或从事其他非农建设的单位和个人	实际占用的土地面积	地区差别定额税率,最高每平米50元,最低10元
	土地增值税	有偿转让国有土地使用权、地上建筑物及其他附着物并取得收入的单位和个人	土地增值额	四级超率累进税率,最高60%,最低30%
	企业所得税	在中国境内有生产经营所得和其他所得的企业	应纳税所得额	25%

环节	税种	纳税人	计税依据	税率
	个人所得税	在中国境内有住所,或者无住所而在境内居住满一年的个人	转让收入扣除原值和相关税费后的余额	20%
	契税	在中国境内转移土地房屋权属时,承受的单位和个人	房地产成交价格	3%—5%
	土地出让金	地方政府相关部门收取的出让土地使用权的费用		
房地产保有环节	城镇土地使用税	拥有土地使用权的单位和个人	占用的土地面积	地区定额幅度税率,最高每平方米 24 元,最低 0.6 元
	房产税	产权所有人	房产余值或租金收入	余值的 1.2% 或租金收入的 12%

资料来源:根据我国相关税收法律、法规整理得到。

目前我国尚未开征房地产税,与房地产直接相关的税种包括城镇土地使用税、房产税、土地增值税、耕地占用税和契税。我国房地产税收规模如图 3.1 所示,整体来说,1999—2019 年间房地产相关的各项税收除耕地占用税外均呈增长趋势。在与房地产直接相关的税种中以土地增值税的增长最为迅速且在 2007 年以后的增长最为明显,这是因为自 2007 年开始我国对土地增值税进行清算而明显增加了土地增值税税收收入。契税的增长速度仅次于土地增值税,这部分得益于土地增值税的快速增长。城镇土地使用税尽管总体呈增长趋势,从 2007 年开始较 2007 年前增长明显,这是因为 2007 年我国提高了城镇土地使用税税率,但是城镇土地使用税的计税依据和税率决定了城镇土地使用税并不会增长过快。房产税虽然亦呈增长趋势,但是我国目前房产税的征税范围限制了房产税的增长速度。耕地占用税呈现先增后降趋势,这与我国近年来耕地保护政策的有效实施有关。

从我国房地产税收规模的相对比重来看,总体来说,房地产税收相对规模呈增长趋势,这可以从房地产税收收入占地方税收收入比重以及房

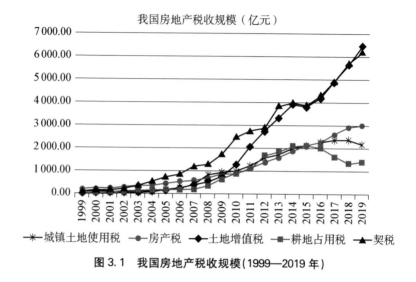

图 3.1　我国房地产税收规模 (1999—2019 年)

地产税收收入占地方一般公共预算收入比重得到。如图 3.2 所示,我国房地产税收收入占地方税收收入比重从 1999 年的 7.74% 提高到 2019 年的 25.01%,房地产税收收入占地方一般公共预算收入比重从 1999 年的 6.76% 提高到 2019 年的 19.05%,虽然房地产税收相对规模有明显提高,但与世界发达国家相比依然偏低。

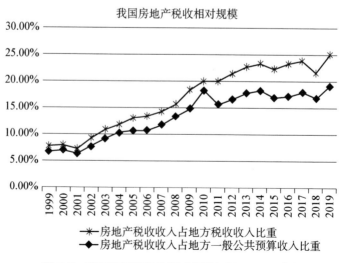

图 3.2　我国房地产税收相对规模 (1999—2019 年)

从我国房地产税收结构来看,如图3.3所示,房地产税收结构表现为房地产流转环节税收和保有环节税收分别占房地产税收收入的比重。在与房地产直接相关的五个税种中,土地增值税、耕地占用税和契税为房地产流转环节税收,城镇土地使用税和房产税为房地产保有环节税收。房地产流转环节的土地增值税、耕地占用税和契税占房地产税收收入的比重从1999年35.91%上升至2019年的70.63%,2010年以后该比重稳定在70%左右,且有逐年上升趋势;保有环节的城镇土地使用税和房产税所占比重从1999年的64.09%下降至2019年的29.37%,2010年以后该比重稳定在30%左右,并且有逐年下降的趋势。自2003年以来,在与房地产直接相关的税种中,我国形成了重流转环节、轻保有环节的房地产税收结构。

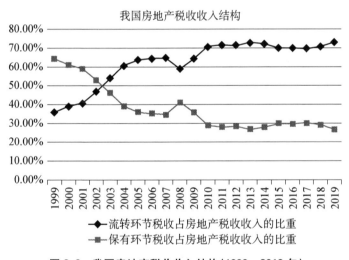

图3.3 我国房地产税收收入结构(1999—2019年)

在我国房地产税费中,不可忽视的一点是,费用(国有土地使用权出让收入)占了绝大部分,房地产税收收入所占比重较小。从图3.4可以看到,将房地产税收收入和土地出让收入合计,分别计算房地产税收收入和土地出让收入所占比重。我国房地产税收收入比重总体呈下降趋势,从1999年的42.37%下降至2019年的21.41%。与此同时,土地出让收入比重总体呈现上升趋势,从1999年的9.22%快速提高至2019年的

78.59%。尤其是 2003 年以来,我国土地出让收入比重平均超过 70%,最高时甚至达到 85.75%,土地出让收入相对于房地产税收收入呈现更快增长。

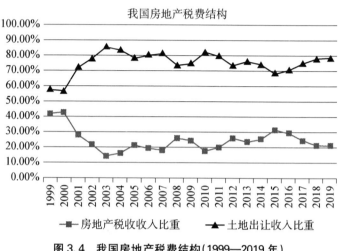

图 3.4　我国房地产税费结构(1999—2019 年)

2. 房地产税收运行中存在的问题

我国房地产税收运行过程中存在的问题包括:

第一,房地产保有环节税负较轻

我国房地产税收在房地产保有环节税负较轻而在流转环节税负较重。房地产流转环节是房地产价值的实现环节,理应利用税收手段参与价值的分配,但现行房地产税收制度对这一环节的调节力度过大导致税负过重,不仅影响了房地产资源的配置,抑制土地市场的正常交易助长土地的隐性流动,而且容易产生税负转嫁使居民承担更多的税收,从而无法体现房地产税收的受益性质。在房地产保有环节,我国对这一环节的税收政策实施不到位,无法参与房地产价值增加的分配使房地产税收不能有效发挥筹集财政收入的职能,造成财政收入的流失和地方政府筹集渠道的扭曲。对于土地保有者而言,相当于给予其以较低的持有成本带来土地利用的低效率。对于居民而言,保有环节的房地产税收缺失使其无法与地方政府提供的公共品相匹配,无法对地方政府的公共品提供效率和绩效进行评价,因而无法感知满意的公共服务。目前的房地产保有环节的房产税按照房产原值扣除 10%—30% 之后的余值征税,使得房产税税基不能随着房地产市场价值的变化而进行调整,房地产原值和市场价值差别较大,存量房的房产税税负轻而增量房的税负重,同样价值的房地产因房地产原值的不同而征收金额不等的房产税,难以体现税收公平的同时不能有效发挥房地产税收保有环节筹集财政收入的职能。

第二,房地产税制设计不合理

我国房地产税收制度设计不合理,无法保证房地产价值增值的合理分配。房产税按照房产原值和房租征税无法获得充分的土地增值收益而难以起到调节作用。城镇土地使用税和耕地占用税的设计也不合理,我国已经建立国有土地有偿使用制度,即国家拥有土地所有权将土地有偿出让给土地使用者。土地使用者有偿取得土地时需向土地所有权人定期支付地租,用以表明直接生产者所创造的剩余价值被土地所有权人占有的部分,这个地租在我国就是土地出让金。从经济学角度看,在市场经济条件下,土地作为一种生产要素要求国家以土地所有者的身份进入市场开展经济活动。土地出让金是土地所用权在经济上的体现,土地使用权人将土地出让金支付给土地所有权人是使用土地的代价,也体现了土地使用权的市场价格。既然土地使用权人已经交纳了土地出让金,再交纳城镇土地使用税就是重复征税。而且城镇土地使用税采用定额税率且税率偏低,不能有效地体现土地增值收益。在我国,耕地占用税的主要政策目标是保护耕地节约使用土地,但实质上也属重复征税,并且耕地占用税同样采用定额税率且税率偏低,所起的作用十分有限。

3. **房地产税费过度依赖土地出让收入**

房地产行业的收入是我国地方财政的主要收入来源,我国地方财政收入的绝大部分以房地产开发环节一次性的出让收入形式存在而并没有表现为保有环节的税收,地方政府过度依赖土地出让金收入。2020 年全国土地出让收入 8.41 万亿元,土地出让收入占全国政府性基金收入的比重超过 90%。土地出让金缓解了地方政府尤其是基层政府的财力不足的状况,为地方政府的可支配财力注入资金,促进公共品的供给和地方的经济增长。

第一，土地出让收入的特点

在我国，土地出让金而非房地产税成为地方政府的重要财政收入来源。土地出让金是一个与土地和土地使用权相联系的范畴，实际上是土地所有权人出让若干年限土地使用权所需支付的地租的总和，并不是一项税收。在我国，根据使用土地的用途土地使用年限为 40—70 年不等，居住用地 70 年、工业用地 50 年、商业旅游娱乐用地 40 年、其他或综合用地 50 年。土地出让金主要在以下情形收取：各级政府将土地使用权出让给土地使用者时按规定收取的土地出让的全部价款；土地使用期满后土地使用者需要续期而缴纳的土地出让价款，其中住宅建设用地使用权年限不满 70 年的，到期后自动续期到 70 年，使用权年限为 70 年的，视为无期限物权自动续期，一次取得可以永久使用；原通过行政划拨方式取得土地使用权的土地使用者，有偿转让、出租、抵押、作价入股和投资土地使用权补缴的土地出让价款。

现行的土地出让金采用一次性收取的方式，即使土地使用者使用土地产生的收益是逐年产生的。一次性收取几十年的土地出让金，一方面带来政府行为短期化，地方政府为了短期内获取高额收益，往往加大基础设施建设的力度以吸引投资筹集更多财政收入，这会导致地方政府忽视公共利益而降低公共资金使用的绩效。土地出让金由现任政府支配，现任政府提前支取后来政府的收入造成公共财政资金的错配和土地资源的滥用。另一方面，一次性收取的土地出让金大大提高地价和房屋建设成本从而推高商品房房价，损害了居民的利益，不利于政府公信度的提高和政府与居民间的良好互动。

第二，土地出让收入与地方基本公共服务不具有对应性

土地出让收入目前作为地方政府提供公共品所需资金的一种筹资方式。1994 年的分税制改革作为我国分级财政史上的重要里程碑，基本确立了中央政府和省级政府财政收入的划分，为了获得地方政府对税收收入集中于中央政府的支持，土地出让收入归地方所有，土地出让收入具有地方性质。在我国，土地出让收入在不同层级的地方政府间存在划转的情形，若以支出反映土地出让金在各级政府间的分配，根据可获得的数据，如表 3.2 所示，地市级政府和县级政府在土地出让金的分配中处于主

导地位,而承担了大量当地公共品提供的乡镇政府只能分配到 3% 左右,这种不匹配尚未体现公共品提供收益与成本的对价性质,乡镇政府因财力不稳定而影响了公共品的提供,其提供的公共品的数量和质量很难得到保证,虽然乡镇政府是最能及时获得当地居民所需公共品信息的。

表 3.2　各级地方政府在土地出让收入中所占比重

年度	省级政府	地市级政府	县级政府	乡镇级政府
2000	5.42%	61.85%	29.48%	3.25%
2001	9.05%	58.30%	30.06%	2.60%
2002	10.35%	53.61%	33.69%	2.35%
2003	9.97%	49.00%	37.42%	3.61%
2004	10.73%	51.59%	34.23%	3.45%
2005	10.90%	52.17%	33.99%	2.94%
2006	10.28%	48.48%	38.70%	2.54%
2007	6.77%	52.55%	38.13%	2.55%
2008	7.32%	47.67%	41.70%	3.31%
2009	5.14%	46.72%	44.87%	3.27%

数据来源:《地方财政统计资料》(2000—2007)、《2008 年地方财政统计资料》和《2009 年地方财政统计资料》。

另外,地方政府为了解决地方经济发展过程中的财力不足问题,通过土地储备中心进行土地收储和初级开发,以土地使用权证向银行或其他金融机构作为抵押进行债务筹资。地方债务的偿还主要希望通过未来土地的相关税收增加和土地增值,我国房地产保有环节税收缺失,地方政府更加依赖土地出让收入。这种筹资模式的维持依赖于房地产价格的持续上涨和地方政府不断扩大土地储备规模。房地产价格的持续上涨可以为土地增值提供保障,地方政府不断进行土地储备才会有源源不断的土地出让收入。如果房地产价格持续上涨而与居民密切相关的公共服务提供不足,那么会降低居民满意度。地方政府不断增加土地储备使城市空间粗放扩张的同时会减少其他用地如农业用地的规模。

第三,土地出让收入具有不可持续性

在我国,土地出让收入快速增长的同时与土地出让收入相关的支出也在快速增长。自 2010 年以来,与土地出让收入相关的支出超过 26000 亿元,2019 年超过 70000 亿元。如图 3.5 所示,土地出让净收入自 2016 年开始明显出现负值,2016—2019 年,土地出让净收入不再为正,且呈现逐年减少的趋势。

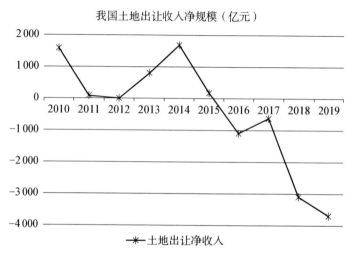

图 3.5 我国土地出让收入净规模(2010—2019 年)

与土地出让收入相关的支出包括征地和拆迁补偿支出、土地开发支出、城市建设支出、农村基础设施建设支出、补助被征地农民支出、土地出让业务支出、廉租住房支出和其他支出。在与土地出让收入相关的支出中,自 2010—2014 年,土地出让收入更多地用于征地和拆迁补偿、土地开发、补助被征地农民和土地出让业务等,而用于城市建设、农村基础设施建设、廉租住房及其他等方面逐年减少,如表 3.3 所示。

表 3.3 土地出让收入安排的支出明细(单位:亿元)

年度	2010	2011	2012	2013	2014
征地和拆迁补偿支出	10206.96	14358.75	13828.92	20917.69	20281.78
土地开发支出	2479.57	5324.69	5116.04	8350.28	8952.01
城市建设支出	7621	5564.88	3049.2	3775.14	4076.29
农村基础设施建设支出	1076.53	760.45	486.19	516.5	458.5

年度	2010	2011	2012	2013	2014
补助被征地农民支出	457.11	689.72	520.75	852.21	856.97
土地出让业务支出	133.71	217.37	180.85	239.26	222.29
廉租住房支出	422.01	519.96	355.73	391.81	367.94
其他支出	4225.23	3616.44	2152.38	3222.71	3484.94

数据来源:财政部、国家税务总局网站。

如表 3.4 所示,在与土地出让收入相关的支出中,征地和拆迁补偿支出所占比重最高,平均为 50% 左右,土地开发支出比重逐年增加,平均在 20% 左右,城市建设支出比重显著下降,平均在 10% 左右,农村基础设施建设支出、补助被征地农民支出、土地出让业务支出和廉租住房支出所占比重最低,合计起来占 5% 左右。这符合地方政府为了加快地方经济发展招商引资,进行土地开发建设开发区、工业园区带动工商业发展的政策导向。

表3.4　土地出让支出安排的支出明细占土地出让支出的比重

年度	征地和拆迁补偿支出比重	土地开发支出比重	城市建设支出比重	农村基础设施建设支出比重	补助被征地农民支出比重	土地出让业务支出比重	廉租住房支出比重	其他支出比重
2010	38.34%	9.31%	28.63%	4.04%	1.72%	0.50%	1.59%	15.87%
2011	46.24%	17.15%	17.92%	2.45%	2.22%	0.70%	1.67%	11.65%
2012	51.86%	19.19%	11.44%	1.82%	1.95%	0.68%	1.33%	11.72%
2013	54.66%	21.82%	9.87%	1.35%	2.23%	0.63%	1.02%	8.42%
2014	52.41%	23.13%	10.53%	1.18%	2.21%	0.57%	0.95%	9.00%

数据来源:根据财政部、国家税务总局网站资料计算得到。

3.1.2　我国房地产税现有格局形成的历史渊源

我国房地产税现有格局形成的历史渊源,可以借助新中国成立以来政府间财政关系的演变来理解。与其他国家的政府间财政体系一样,我国的政府间财政体制包括四个相互关联的部分:事权划分、财权划分、转移支付和地方债务。一个理想的政府间财政体制应该是这样的（Bahl，2000），首先划分事权的归属，划分的依据是公共服务的提供如何对社会需要作出回应、向公民负责并且适当考虑效率。然后，按照以下原则将收入在各级政府间进行划分：收入划分应当是有效率的，同时不会歪曲税收政策和管理；收入划分应保证地方政府有充足收入以行使其事权。最后，转移支付主要用于填补贫困地区的财政缺口用以解决财政失衡问题。Bahl（2000）同时发现，当地方政府使用本级政府筹集的收入用于财政支出时的财政收入使用效率较高。因此，他认为应该给予地方政府充分的征税权以最大化减少财政的垂直缺口。Montinola 等（1995）和 Weingast（2009）认为促进经济增长的政府间财政体系应该是：地方政府具有财政自主权，政府间收入共享或者转移支付政策的使用以不损害各级政府特别是地方政府的硬预算约束为限；有关全国统一市场的财政收入和支出责任归属中央政府。可以认为，我国房地产税的格局与地方政府是否拥有财政自主权密切相关，这是因为房地产税费均属地方性税费。新中国成立以来，我国的政府间财政关系分为三个阶段：中央计划时期的政府间财政关系、财政包干时期的政府间财政关系和分税制时期的政府间财政关系。因此，从与房地产直接相关的税种出发，将我国房地产税的格局形成分为三个阶段：中央计划时期的房地产税费、财政大包干时期的房地产税费和分税制时期的房地产税费。

第一，中央计划时期的房地产税费

中央计划时期是指新中国成立后的前 30 年，即 1949—1978 年。这个时期实行计划经济体制，全国财政统收统支，地方政府没有财政自主权，仅是中央政府的代理机构用以执行中央政府下派的财政收入和支出任务。地方政府征收除关税外的绝大部分财政收入，这些收入分为上解和留用两部分，对于上解和留用的比例并没有法律上的规定。中央政府和地方政府间的收入划分是每年商谈决定而并非事前规定，根据中央下派的支出任务的变动而调整（Wong，2007），并且在计划经济时期的绝大多数年份，中央预算内财政支出超过地方财政支出，中央政府将大部分财政支出用于基本建设。

中央计划时期是我国房地产税费的萌芽时期。1950 年政务院颁布的《全国税政实施要则》中就列有房产税、地产税和遗产税。1950 年 4 月政务院颁布《契税暂行条例》对全国的城市和已完成土地改革的乡村征收契税,标志着我国的房地产税费体系初步形成。此后对房地产税费体系进行了修改。1951 年将房产税与地产税合并统称城市房地产税,同年 8 月政务院颁布《城市房地产税暂行条例》,对内资纳税人征收房产税而对外资纳税人和外国人的房产征收城市房地产税。1954 年 6 月财政部修改《契税暂行条例》,各地根据修改后的条例规定征税。1973 年简化税制时将对国内企业征收的城市房地产税并入工商税,对房地产管理部门和个人以及外商投资企业继续征收房产税。从这个时期的房地产税费来看,伴随着中央计划时期我国政府间财政体系的变革,服务于国内政治环境和经济条件的变化,房地产税费所包括的税种也经历了修改和完善。具体而言,首先,从税种来看,该时期仅包括当前与房地产直接相关的税种中的房产税和契税,并且在税制要素设计上与目前的房产税和契税也有所不同。虽然当前的城镇土地使用税是在城市房地产税的基础上对房产和地产分别征税建立起来的,但城镇土地使用税尚未正式设立。其次,国家财政收入大部分来自国有企业的利润,国有企业不仅是生产单位,还是产生国家财政收入的主要来源。国有工商企业聚集的少数省市尤其是上海成为产生国家财政收入的主要区域[①],地方政府收入不稳定且不均衡,房产税和契税对地方财政而言无法也并没有发挥应有的作用。

第二,财政包干时期的房地产税费

财政包干时期是开始改革开放至分税制改革之前的时期,即 1979—1993 年。统收统支时期的财政体制管得过多,统得过死的弊端已充分暴露,改革政府间财政体系成为共识。1978 年 12 月召开的党的十一届三中全会认为:"现在我国经济管理体制的一个严重缺点是权力过于集中,应该有领导地大胆下放,让地方和工农业企业在国家统一计划的指导下有更多的经营管理自主权"[②]。1979 年 4 月中央工作会议认为财政体制统收统支和地方、企业以及职工积极性被束缚的问题必须坚决改变。上

① 张光. 为分税制辩护[M]. 北京:中国社会科学出版社,2013.
② 摘自《中共十一届三中全会公报》。网址:http://www.hnr.cn/news/xwzt/szqh/lj/201311/t20131105_689277_1.html。

述两次会议再加上 1977—1980 年江苏省的比例包干试点取得的经验,明确了财政大包干时期需要改变统收统支模式,对地方放权让利①。因此,这一时期的突破表现为基于地方政府财政自主权,政府间财政关系从"统收统支"转变为"分灶吃饭"。"分灶吃饭"的政府间财政关系就是给予地方政府相对独立的财权,事实证明地方政府确实获得了相对独立的财政自主权和经济发展自主权(Montinola 等,1995)。地方政府的财政自主权因财政包干时期所处阶段和所在省市的不同,并且出现了不同的财政包干形式,我国的房地产税费也经历了从起步、探索到蓬勃发展的阶段。

财政包干时期的第一个阶段是"划分收支,分级包干",这个时期是房地产税费的起步阶段。在这个时期,江苏省继续执行试点期间的包干形式,广东和福建省实行大包干形式,除中央直属企业、事业收入和关税收入归属中央,其余均为地方收入;除中央直属企业、事业单位支出归属中央,其余均归地方支出,京津沪三个直辖市维持原财政体制不变,其余 23 个省份实行"划分收支,分级包干"的形式,明确中央和地方财政的收支范围,收入分类分成,支出按照企事业的隶属关系划分。也就是在这个时期,出现了"地方税"且作为地方政府固定收入。其中,与房地产直接相关的税费仅包括契税。财政部于 1981 年发布《关于改进和加强契税征收管理工作的通知》以对契税政策进行补充。

财政包干时期的第二个阶段是"划分税种、核定收支、分级包干",这个时期是房地产税费的探索阶段。在这个时期,我国实现第二步"利改税"和全面改革工商税制,无论是中央固定收入、地方固定收入还是中央地方共享收入,均出现了以税种形式体现的收入。与房地产直接相关的税费包括房产税、土地使用税、耕地占用税和契税。其中,房产税和土地使用税均属城市房地产税的范畴,对拥有房产或者使用国有土地的国有企业征收。国务院于 1986 年颁布《中华人民共和国房产税暂行条例》,标志着房产税的正式设立。耕地占用税依据 1987 年国务院颁布的《中华人民共和国耕地占用税暂行条例》正式设立。

财政包干时期的第三个阶段是包干财政体制,依据国务院 1988 年发

---

① 李萍. 财政体制简明图解[M]. 北京:中国财政经济出版社,2010.

布的《关于地方实行财政包干办法的决定》明确中央政府对 30 个省市和 5 个计划单列市实行 6 种不同的收入分成方法。这个时期是房地产税费的蓬勃发展阶段，将包括房产税、城镇土地使用税、耕地占用税、契税等在内的 13 种小税划分给地方政府作为地方固定收入。其中，城镇土地使用税依据国务院 1988 年 9 月发布的《中华人民共和国城镇土地使用税暂行条例》，标志着由土地使用税演变而来的城镇土地使用税正式设立。将契税收入仍然全部归属地方结合了财政部 1990 年发布的《关于加强契税工作的通知》。这个时期的房地产税费还包括土地出让金，依据的是国务院 1990 年发布的《中华人民共和国城镇国有土地使用权出让和转让暂行条例》，明确城镇国有土地使用权出让需由土地使用者向国家支付土地使用权出让金。至此，我国房地产税现有格局中涉及的房地产税费中除了土地增值税，其他税费均已设立并实施。此时的土地出让收入由中央和地方共享并专项用于城市建设。

总之，在财政包干时期，地方政府虽然拥有相对独立的财政自主权，但是财政自主权是建立在中央与地方逐个谈判和落实基础上的一种缺乏相对稳定性和必要的法律保证的中央对地方的利益分配关系，并且尚未依据普遍通行的既定标准。地方政府的事权与中央政府没有划分清楚、财权与事权不统一且收入与支出不对称。虽然在这个时期进行了划分税种的改革，但是各级政府财政收入的来源基本上仍然按照企业的隶属关系而不是税种划分，以致造成了地方政府对其所属企业的过度依赖和干预。因此，我国的房地产税费还没有真正发挥对地方政府财政的作用。

第三，分税制时期的房地产税费

分税制财政体制时期从 1994 年至今，这个时期是我国房地产税费的成熟阶段。在这个时期，《国务院关于实行分税制财政管理体制的决定》（国发〔1993〕85 号）规定："按照中央与地方政府的事权划分，合理确定各级财政的支出范围；根据事权与财权相结合原则，将税种统一划分为中央税、地方税和中央地方共享税，并建立中央税收和地方税收体系，分设中央与地方两套税务机构分别征管；科学核定地方收支数额，逐步实行比较规范的中央财政对地方的税收返还和转移支付制度，建立和健全分级预算制度，硬化各级预算约束。"这个规定明确了政府间财政体制的三个基本要素:政府间的事权划分、收入划分和转移支付。其中,从收入来看,分税制主要以税种划分各级政府的财政收入,包括房地产税费在内的地方税构成地方固定收入而成为地方自有财政收入。我国房地产税现有格局中涉及的房产税、城镇土地使用税、耕地占用税、契税、土地增值税和土地出让金在这个时期均已设立并实施(现行土地增值税的主要依据是国务院1993年发布的《中华人民共和国土地增值税暂行条例》和1995年财政部发布的《中华人民共和国土地增值税暂行条例实施细则》),且土地出让金归属于地方政府。

以上分析表明,作为我国财政体制的一部分,我国房地产税现有格局形成的历史渊源始终与财政体制改革联系在一起,并服务于财政体制改革的需要。我国房地产税费的演变历经了从无到有、从萌芽到成熟的发展过程。中央计划时期地方没有财政自主权,处于萌芽时期的房地产税费仅有契税而且不稳定也不均衡,现行契税是1997年重新颁布的而没有沿用中央计划时期的契税。财政包干时期地方政府拥有了相对独立的财政自主权,房地产税费因而经历了较大的发展,然而地方财政收入并非以包括房地产税费在内的税种构成。分税制时期按照税种划分收入并将包括房地产税费在内的地方税明确作为地方自有财政收入,这是对理顺政府间财政关系的重要贡献,然而地方政府并没有与开征房地产税费有关的新税种和税率的决定权,所有与房地产税费有关的权利都是中央政府赋予的。因此,中央政府主导着中央与地方的财政分配规则,也就主导着我国房地产税费的演变,是我国房地产税现有格局的主导者。

3.1.3　我国房地产税与分税制的关系

分税制财政体制是我国目前的财政体制,是我国政府间财政关系的表现形式。房地产税作为一种地方税,本身承担着规范地方财政体制、增加地方政府财政收入的责任。然而,我国房地产税现有格局中的房地产税费显然没有承担起这样的责任。因此,如果能够通过开征房地产税改变我国房地产税的现有格局,使得房地产税承担起规范地方财政体制、增加地方财政收入的责任,这无疑是给分税制财政体制注入新的活力。

第一,房地产税有助于规范地方财政体制

开征房地产税应进行税费整合。在较大幅度地减轻房地产流转环节税费负担的基础上,征收房地产税以提高房地产保有环节的税收,同时对土地出让制度进行改革,将一次性收取土地出让金的旧制度转变为在保有环节征收房地产税,在稳定税负的前提下为房地产税的开征提供政策空间。具体地,房地产流转环节的土地增值税,与增值税、企业所得税以及我国现行的房产税存在功能重叠,应予以取消;保有环节的城镇土地使用税与土地出让金存在功能重叠,也应予以取消;全面清理和规范与房地产相关的收费,取消各种不合理或者不合法的收费,根据用脚投票模型,按照受益者付费原则保留必要的有偿服务收费、经营性收费以及必要的行政事业性收费,将与地价有关的收费并入地价中,将具有税收性质的收费转为税收,同时尽量取消税费同源的收费项目。只有税费整合,才有可能改变重流转环节、轻保有环节的房地产税收格局。

第二,房地产税有助于改善省级以下财政关系

将房地产税作为市级或者区县级税种征收有利于增加市级或区县级政府的财政收入,从而有助于改善省级以下财政关系。分税制改革以来,地方政府的收入不到国家财政收入的50%,但地方政府却承担了70%左右的支出责任。地方政府的财权与事权并不匹配,尤其体现在省级以下政府中。目前虽然土地出让金是发挥房地产税费筹集财政收入职能中最重要的一部分,但是由于其具有不可持续的特征,不能作为地方居民享受公共服务的对价,土地出让金不仅不利于地方政府提供居民合意的公共服务,而且无法解决基层政府的财力需求。房地产税的税源与地方政府的基础设施和公共服务密切相关,用脚投票模型使得地方政府能够提高财政资金使用效率,切实承担提供地方公共品的职责,房地产税税收收入也将更多表现为用于地方财政支出的民生导向,地方政府也将在职责范围内提供他们边界之内的公共品。因此,开征房地产税能够对我国地方财政收入结构进行调整和重组,理顺中央和地方财政关系,在一定程度上缓解地方政府财力不足的困境,建立可持续的地方政府财政收入来源,同时规范地方政府行为和改善地方政府治理。

3.2 房地产税改革方案与预期的税制改革

3.2.1 房地产税改革方案对于税制的优化

我国现行与房地产税有关的政策从 1986 年开始实施,当时的房地产税的征税对象包括企业拥有的房产和用于经营的个人房产而没有包括个人拥有的非经营用房产(即居民住房),且采用"房产税"这一税种名称。2011 年,我国开始在上海和重庆两市试点房产税(居民住房试点),即2011 年房地产税改革试点方案中的房产税以上海和重庆的居民住房为征税对象。

如表 3.5 所示,房地产税改革试点方案与我国现行房产税政策在征税对象上产生差异。中央政府在房地产税改革试点方案设计中起到重要的指导作用,政策的最终制定由中央政府和上海、重庆两市的市政府共同进行。

表 3.5　我国现行与房产税有关的政策一览表

	现行房产税政策	房地产税改革试点方案	
		上海	重庆
实施时间	1986 年	2011 年	2011 年
征收依据	《中华人民共和国房产税暂行条例》	《上海市人民政府关于印发〈上海市开展对部分个人住房征收房产税试点的暂行办法〉的通知》	重庆市人民政府令第 247 号
征税对象	企业拥有的房产和个人经营房产	个人非经营用房产	个人非经营用房产

资料来源:根据我国与房产税有关的税收法律、法规整理。

如表 3.6 所示,上海和重庆两市的房地产税改革试点方案各有特点,通过比较发现两种版本方案既有相同点,也有不同点。相同点表现在两种版本的房地产税都体现"窄税基,低税率"的特点。上海版本房地产税的"窄税基,低税率"主要体现在:首先,主要对居民家庭第二套及以上住房征收;其次,按照应税住房市场交易价格的 70% 作为房地产税的计税依据;再次,按照家庭人均 60 平方米作为免税面积扣除数;最后,税率最高 0.6%,最低 0.4%。重庆版本房地产税主要体现在:第一,征税对象为独栋商品住宅、新购高档住房和同时无户籍、无企业、无工作的个人新购首套及以上的普通住房;第二,按照家庭给予 180 平方米或 100 平方米扣除额;第三,税率最高 1.2%,最低 0.5%。虽然上海和重庆两市的征税对象都是居民住房,但在细节上存在差异。上海侧重对政策实施后家庭拥有两套以上的住房征税,不论该住房交易价格如何。重庆侧重对独栋商品住宅和政策实施后新购的高档住房征收,规定高档住房的价格并根据价格高低设定不同的税率。对于税收减免,上海市以家庭人均住房面积为依据,重庆以家庭总计住房面积为依据。

表 3.6 上海和重庆房地产税改革试点方案比较

试点区域	上海的房地产税改革试点方案 上海市所辖 18 区	重庆的房地产税改革试点方案 主城 9 区
征税对象	本市居民家庭在本市新购且属于该居民家庭第二套及以上的住房; 非本市居民家庭在本市新购的住房	个人拥有的独栋商品住宅; 个人新购的高档住房; 在本市同时无户籍、无企业、无工作的个人新购的第二套(含)以上的普通住房
计税依据	应为应税住房的评估值,暂按应税住房的市场交易价格计税,房产税以应税住房市场交易价格的 70% 确定。	应为应税住房的评估值,暂按应税住房的市场交易价格计税
税率	基本税率 0.6%;优惠税率 0.4%	税率 0.5%;税率 1%;税率 1.2%
税收减免	家庭人均住房面积 60 平方米	家庭已拥有的独栋商品住宅:180 平方米; 家庭新购独栋商品住宅、高档住房:100 平方米; 在本市同时无户籍、无企业、无工作的个人新购的第二套(含)以上的普通住房:不作扣除。
有无修订	无	有,2017 年 1 月 13 日重庆市人民政府令第 311 号,将"在重庆市同时无户籍、无企业、无工作的个人新购的第二套(含第二套)以上的普通住房"修改为"在重庆市同时无户籍、无企业、无工作的个人新购的首套及以上的普通住房"。

资料来源:根据《上海市人民政府关于印发〈上海市开展对部分个人住房征收房产税试点的暂行办法〉的通知》、重庆市人民政府令第 247 号、第 311 号整理。

房地产税改革试点方案对于税制的优化体现以下四个方面：一是将居民住房作为征税对象征收房地产税是房地产税改革试点方案的重要转变；二是采用科学的房地产评估技术，并以房地产评估价值作为计税依据；三是采用较低的累进税率体现房地产税的公平和较高的可接受性；四是设定科学的税收减免措施亦为房地产税税收制度提供新的思路。同时，上述方案仍然存在继续优化的空间。首先，窄税基使得极小比例的居民住房纳入房地产税的征税范围。房地产税应采用宽税基，将居民家庭与非居民家庭、增量房与存量房、普通住房与高档住房以及首套住房与非首套住房均纳入征税范围，而上海版本只涉及居民家庭的增量非首套房以及非居民家庭的增量住房，重庆版本只涉及居民家庭存量独栋商品住宅和增量高档住房以及非居民家庭增量普通住房。其次，房地产税改革方案尚未涉及对基本生活保障权益的税收减免，对于部分没有重要收入来源的纳税人并无相应优惠政策，致使其支付能力不足。总体来看，房地产税改革试点方案对于税制的优化有待进一步改善。

3.2.2 改革方案房地产税税收收入规模

1. 上海版本房地产税的收入规模

2012 年 7 月 26 日上海市市长韩正在上海市十三届人大常委会第二十八次会议扩大会议的报告上显示，截至 2012 年 6 月底，上海市税务机关共认定应税住房 7585 套，平均每套住房每年应纳房地产税税额约 4504 元[①]。截至 2011 年底，上海市共有大约 20000 套住房需要缴纳房地产税[②]，那么 2011 年上海市房地产税收入约为 9008 万元，与上海市其他重要财政收入相比较的比较结果如表 3.7 所示。上海版本的房地产税税收收入为上海市本级房产税税收收入（企业房产和居民住房合计）的 4.08%，上海市一般预算收入（包括中央财政税收返还及补助收入、地方政府债券收入等）的 0.06%，收入规模十分有限。

---

① 资料来源：http://sh.sina.com.cn/news/s/2011-07-27/0834190608_4.html.
② 资料来源：http://newspaper.jfdaily.com/xwcb/html/2012-05/13/content_802639.htm.

表 3.7　2011 年上海版本房地产税税收收入规模

项目	规模（单位：亿元）	房地产税税收收入占比
上海市房地产税收入	0.9008	——
上海市本级房产税收入	22.1	4.08%
上海市本级税收收入合计	1473	0.06%
上海市国有土地使用权出让收入	461.3	0.20%
上海市一般预算收入	1579.9	0.06%

资料来源：上海市财政局网站，https://www.czj.sh.gov.cn/was5/web/search?page＝57&channelid＝209150&perpage＝10&outlinepage＝7.

2. 重庆版本房地产税的收入规模

在 2011 年房地产税改革试点方案之前，重庆市市长黄奇帆估计重庆能征收房地产税的规模大约是 1.5 亿元[①]，2011 年重庆市房地产税的收入规模是 1 亿元。表 3.8 是该收入规模的相对比较结果。比较显示，如果将房地产税税收收入规模与 2011 年重庆市本级房产税收入（包括企业房产和居民住房）、本级税收收入、国有土地使用权出让收入以及重庆市一般预算收入（包括中央财政税收返还及补助收入、地方政府债券收入等）相比较，对居民住房征收房地产税获得的税收收入同样是微不足道的。

表 3.8　2011 年重庆版本房地产税税收收入规模

项目	规模（单位：亿元）	房地产税税收收入占比
重庆市房地产税收入	1	——
重庆市本级房产税收入	7.34	13.62%
重庆市本级税收收入合计	278.44	0.36%
重庆市国有土地使用权出让收入	801.5	0.12%
重庆市一般预算收入	1015.38	0.10%

资料来源：重庆市财政局网站，http://jcz.cq.gov.cn/html/xxgk/czsj/czyjs/List_5.shtml.

[①] 资料来源：http://news.xinhuanet.com/house/2011-01/27/c_121033370.htm.

3. **房地产税改革试点方案在全国推广时的房地产税税收收入规模**

假设按照房地产税改革试点方案在全国范围内对居民住房开征房地产税,在不考虑税收减免的情况下对全国地方政府新增税收收入进行测算。表3.9为按照上海版本估算的全国房地产税税收收入规模,考虑到征税对象主要涉及增量房,以全国商品住宅销售额为税基进行估算。假设暂不考虑开征房地产税对房地产市场价格的影响,可以看到,上海版本的房地产税改革试点方案对地方政府财力的影响是微不足道的,2011—2019年,全国房地产税税收收入规模占当年地方税收收入的比重在1%以内,占当年地方基本公共服务支出的比重不超过1%,未能明显增加地方政府用于基本公共服务的资金。

表3.9　按上海版本估算的全国房地产税税收收入规模(单位:亿元)

年度	商品住宅销售额	征收率	税率	全国房地产税税收收入规模	占当年地方税收收入的比重	占当年地方基本公共服务支出的比重
2011	48198.32	70%	0.4%	134.96	0.33%	0.36%
			0.6%	202.43	0.49%	0.54%
		100%	0.4%	192.79	0.47%	0.51%
			0.6%	289.19	0.70%	0.77%
2012	53467.18	70%	0.4%	149.71	0.32%	0.33%
			0.6%	224.56	0.47%	0.49%
		100%	0.4%	213.87	0.45%	0.47%
			0.6%	320.80	0.68%	0.71%
2013	67694.94	70%	0.4%	189.55	0.35%	0.38%
			0.6%	284.32	0.53%	0.58%
		100%	0.4%	270.78	0.50%	0.55%
			0.6%	406.17	0.75%	0.82%
2014	62410.95	70%	0.4%	174.75	0.30%	0.32%
			0.6%	262.13	0.44%	0.48%
		100%	0.4%	249.64	0.42%	0.46%
			0.6%	374.47	0.63%	0.69%

年度	商品住宅销售额	征收率	税率	全国房地产税税收收入规模	占当年地方税收收入的比重	占当年地方基本公共服务支出的比重
2015	72769.82	70%	0.4%	203.76	0.33%	0.32%
			0.6%	305.63	0.49%	0.48%
		100%	0.4%	291.08	0.46%	0.46%
			0.6%	436.62	0.70%	0.69%
2016	99064.17	70%	0.4%	277.38	0.43%	0.40%
			0.6%	416.07	0.64%	0.60%
		100%	0.4%	396.26	0.61%	0.57%
			0.6%	594.39	0.92%	0.85%
2017	110239.51	70%	0.4%	308.67	0.45%	0.41%
			0.6%	463.01	0.67%	0.61%
		100%	0.4%	440.96	0.64%	0.58%
			0.6%	661.44	0.96%	0.87%
2018	126374.08	70%	0.4%	353.85	0.47%	0.44%
			0.6%	530.77	0.70%	0.65%
		100%	0.4%	505.50	0.67%	0.62%
			0.6%	758.24	0.98%	0.93%
2019	139439.97	70%	0.4%	390.43	0.51%	0.45%
			0.6%	585.65	0.76%	0.67%
		100%	0.4%	557.76	0.72%	0.64%
			0.6%	836.64	1.09%	0.96%

数据来源:商品住宅销售额数据来自《中国统计年鉴》(2012—2020)。

考虑到重庆版本房地产税的征税对象主要涉及增量房和高档存量房,需要测算增量房的销售额以及高档存量房的销售额,以全国城市住房总市值为税基进行估算,住房总市值的涨幅以全国住宅商品房平均售价的涨幅为依据确定,如表3.10所示。

表 3.10　全国城市住房总市值（单位:亿元）

年度	住宅商品房平均售价 （单位:元/平方米）	平均售价涨幅	全国城市住房总市值 （单位:亿元）
2010	4725	—	500000
2011	4993	105.68%	528378.27
2012	5430	108.75%	574595.89
2013	5850	107.74%	619047.62
2014	5933	101.42%	627830.69
2015	6473	109.10%	684973.54
2016	7203	111.28%	762222.22
2017	7614	105.71%	805714.29
2018	8553	112.33%	905079.37
2019	9287	108.58%	982751.32

数据来源:住宅商品房平均售价数据来自《中国统计年鉴》(2011—2020),全国城市住房总市值 2010 年数据来自中国指数研究院的测算。

　　表 3.11 为按照重庆版本估算的全国房地产税税收收入规模,在不考虑税收减免的情况下对全国地方政府新增税收收入进行测算。按照全国住房总市值估算的房地产税收入规模较按上海版本测算的收入规模有明显增加,税率 0.5% 时的收入规模约占当年地方税收收入的 6%,约占当年地方基本公共服务支出的 6%;税率 1.0% 时的收入规模约占当年地方税收收入的 12%,约占当年地方基本公共服务支出的 11%;税率 1.2% 时的收入规模约占当年地方税收收入的 15%,约占当年地方基本公共服务支出的 14%。

表 3.11　按重庆版本估算的全国房地产税税收收入规模（单位:亿元）

年度	税基	税率	全国房地产税 税收收入规模	占当年地方税收 收入的比重	占当年地方基本公共 服务支出的比重
2011	528378.27	0.5%	2641.89	6.43%	7.02%
		1.0%	5283.78	12.85%	14.03%
		1.2%	6340.54	15.42%	16.84%

年度	税基	税率	全国房地产税税收收入规模	占当年地方税收收入的比重	占当年地方基本公共服务支出的比重
2012	574595.89	0.5%	2872.98	6.07%	6.32%
		1.0%	5745.96	12.14%	12.64%
		1.2%	6895.15	14.57%	15.17%
2013	619047.62	0.5%	3095.24	5.74%	6.27%
		1.0%	6190.48	11.49%	12.54%
		1.2%	7428.57	13.78%	15.05%
2014	627830.69	0.5%	3139.15	5.31%	5.79%
		1.0%	6278.31	10.62%	11.57%
		1.2%	7533.97	12.74%	13.89%
2015	684973.54	0.5%	3424.87	5.47%	5.41%
		1.0%	6849.74	10.93%	10.82%
		1.2%	8219.68	13.12%	12.99%
2016	762222.22	0.5%	3811.11	5.89%	5.47%
		1.0%	7622.22	11.78%	10.94%
		1.2%	9146.67	14.14%	13.13%
2017	805714.29	0.5%	4028.57	5.87%	5.31%
		1.0%	8057.14	11.73%	10.63%
		1.2%	9668.57	14.08%	12.75%
2018	905079.37	0.5%	4525.40	5.96%	5.57%
		1.0%	9050.79	11.92%	11.14%
		1.2%	10860.95	14.30%	13.37%
2019	982751.32	0.5%	4913.76	6.38%	5.64%
		1.0%	9827.51	12.77%	11.28%
		1.2%	11793.02	15.32%	13.53%

数据来源:税基数据见表3.10,全国房地产税税收收入规模是税基与税率的乘积,表格中后两列数据根据收入规模占当年地方税收收入(或地方基本公共服务支出)的比重计算得到。

从房地产税改革试点方案在全国推广来看,2011—2019 年,根据适用重庆版本税率计算的全国房地产税税收收入的绝对规模逐年增加,按照相对规模计算的全国房地产税税收收入规模相对上海版本亦有明显增加。重庆版本方案的房地产税尚不能成为地方政府税收收入的重要来源之一,但相较于上海版本,税收收入占当年地方基本公共服务支出的比重明显增加,房地产税可以为地方基本公共服务筹集较多的资金。

3.2.3 房地产税改革方案的税收征管

为了保证房地产税改革试点方案的顺利实施,需要使用各种征管技术和合理设计税收征管流程。上海和重庆两市负责房地产税改革试点方案的税收征管,设计了合理的征管流程并在现有条件下运用各种征管技术使其作用得以充分发挥。

房地产税试点改革方案的实施需要税务部门确切掌握居民家庭的家庭成员数量以及拥有的住房数量、住房坐落位置等信息,获取这些信息需要税务部门与其他政府部门的信息共享,这些其他政府部门包括住房保障部门、房屋管理部门、国土资源部门、公安部门、民政部门以及人力资源社会保障部门等。上海和重庆两市具备并且共享信息的平台以及相应的征管技术。

上海和重庆两市房地产税均主要采用自行申报缴纳税款的方法,这是值得肯定的。上海市在房地产的产权过户环节,通过向纳税人签发《上海市个人住房房产税认定通知书》通知纳税人每年应缴纳税款,并要求纳税人在每年 12 月 31 日前,凭有效身份证明原件向主管税务机关自行申报缴纳税款,按时缴清当年应纳税额。未按时足额缴纳税款的,逾期未缴纳税款从下一年 1 月 1 日起按日加收 0.5‰的滞纳金。若纳税人仍然未缴纳税款,则不允许其再交易,并将该逾期记录记入上海市的联合征信系统。上海市房地产税自行申报者达 80%,2011 年房地产税的征收率达到 90%[①]。重庆市房地产税的纳税期限为每年 10 月 1 日至 31 日,重庆市地税局在 8 月 31 日前将应税住房的坐落位置、计税依据、应税税额以及申报期限等信息,通过直接送达、邮寄以及公告等方式通知纳税人,由纳税人自行申报纳税。未按时足额缴纳税款的,逾期未缴纳税款从滞纳税款

---

① 侯一麟等.房产税在中国:历史、试点与探索[M].北京:科学出版社,2014.

之日起按日加收 0.5‰ 的滞纳金。重庆市地税局除了依法对欠税的纳税人进行定期公告后仍不缴纳税款的,该欠缴信息纳入重庆市的个人征信系统进行管理,书面通知纳税人开户银行或者其他金融机构从其存款中扣缴税款、滞纳金以及罚款,还会将纳税人的欠税信息共享给国土资源部门和房屋管理部门,由国土资源部门和房屋管理部门对欠税住房实施交易限制措施。另外,重庆市地税局还采取了特别征管措施,举全局之力,从上到下实行责任包干制,专户专管,责任到人,全方位开展"保姆式"纳税服务,尽最大努力劝说纳税人按时纳税。重庆市房地产税的征收率 2011 年为 99%,2012 年为 97%①。

　　房地产税改革试点方案高征收率的背后是较高的税收成本。如果从改革试点方案的征税对象扩大到全部存量房甚至是居民全部住房,将来从上海和重庆推广至全国,税务部门还是依赖特别征管措施,那么房地产税的税收征管将会有更多的人力、物力和财力的消耗,征管效率面临严峻考验。房地产税改革试点方案实施过程中,征税成本远远超过纳税成本,税收征管侧重税款征收而尚未更多关注税款缴纳的主体——居民,仅依赖电视、广播、报纸等新闻媒体的宣传力度是不够的,不仅需要建立不动产统一登记平台②,实现税务部门与其他政府部门在同城以及异地之间的信息共享,更需要建立与纳税人之间的良好沟通,提升居民的纳税意识和纳税主动性。税务部门一方面需要优化纳税服务,提高纳税人的纳税便利性,降低纳税人的纳税成本,另一方面地方政府应加强政府治理,从服务于居民公共利益的角度出发,增强居民缴纳税款的获得感。

　　房地产税改革方案实施房地产评估的机构是税务部门,即上海市地税局和重庆市地税局。上海市地税局和重庆市地税局均使用房地产评估技术建立存量住房交易价格比对系统,对各类存量住房进行评估并作为计税参考值计税。对居民存量住房的交易价格明显偏低且无正当理由的,按照计税参考值计税。对居民增量房虽以房地产评估值为改革目标,

---

① 葛静等. 房产税改革试点中的征纳问题——基于重庆市北部新区的调查报告[J]. 涉外税务, 2013,(6):19—22.

② 2018 年 6 月,全国统一的不动产登记信息管理基础平台已经实现全国联网,我国不动产登记体系全面运行。http://www.sohu.com/a/236504658_100084016。

但暂以市场交易价格为计税依据,这种探索式的做法值得肯定。尽快健全我国房地产价值评估系统,建立有一定独立性的专业评估机构定期评估应税住房的价值,作为房地产税的征收依据。

3.2.4 房地产税预期的税制改革

房地产税预期的税制改革至少从以下四个方面考虑:

1. 房地产税的征税对象

房地产税的征税对象是房地产,即对土地和房屋合并课税,这是国际上通行的三种做法之一。将土地和房屋合并征收房地产税主要考虑以下几点:第一,差别化的公共服务提供需要差别化的税收来筹集,土地和房屋的不同的区位和地理位置产生不同的公共服务提供水平,按照受益原则,房地产税会资本化到房地产的价值中,而无法区分资本化为土地和房屋的具体数额,因为土地和房屋的价值不能分割。第二,将土地和房屋合并征税是简化税制的具体体现,这也与我国特殊的土地管理制度有关。在我国,除了集体所有制土地,我国土地的所有权在国家,房地产的持有人同时拥有房屋的所有权和70年的土地使用权,即持有人在购买房地产时的房地产价值中已经包含70年的土地使用权出让金,因此,在设计房地产税收制度时需避免重复征税。具体的做法是,将房地产税与土地出让金合并征收后,房地产税在设计时包括两部分:一部分是为取得土地使用权所需支付的土地出让金,另一部分是为获得公共服务支付的对价。当开征房地产税的同时取消土地出让金,对于在购买住房时房价中已经包含土地出让金的居民,在70年土地使用权到期之前,房地产税只包括为获得公共服务而支付的对价,不含土地租金税;在70年土地使用权期满后按照同时包含公共服务税和土地租金税的房地产税征税。而对于在购买住房时房价中并没有包含土地出让金的居民,房地产税应同时包含公共服务税和土地租金税。

2. 房地产税的税基

在房地产税可选择的税基中,由于市场价值可以清晰、准确地计量所有房地产的价值,市场价值基础被世界上大部分国家尤其是发达国家采用。我国房地产的税基可以采用房地产当年的市场评估价值,即从价计税。这既避免了从量计税与房地产价值脱节不能真实反映房地产的价值且无法实施的现状,又避免了从租计税不符合我国实施商品房制度的这一国情。在使用市场价值作为房地产税的税基时需要注意以下两个问题:

第一,按照市场价值基础征税使得房地产税税额准确反映了其房地产价值占该地区所有房地产市场总价值的份额。事实上,这一份额的经常波动引起的房地产税税额波动使得房地产税税额具有不确定性,即纳税人对于房地产税税额并不能形成固定的预期,这将引起纳税人对房地产税制度不公平的心理感知;

第二,为了保证房地产税的公平性,房地产价值需要经常被重新评估。重新估值带来房地产税税额的波动,如果纳税人的税额有很大程度的增加,纳税人并不会在意重新估值的积极影响,从而削弱重新估值的作用。鉴于上海市房地产税改革试点的税基评估周期取决于再次交易时间、重庆市房地产税改革试点并未涉及税基评估周期,房地产税税基评估周期可先定为 5 年左右,随着税收征管水平的提升,可作相应缩减。

3. 房地产税的税收减免

房地产税的税收要素还需考虑对低收入群体的税收减免,现行的《房产税暂行条例》由于对个人非营业用房产免征房产税,很少涉及与其相关的税收优惠措施。在上海、重庆市的房地产税改革试点方案中,也并未对税收减免作过多的描述,这是因为上海试点方案的征税对象是增量房地产,重庆试点方案的征税对象是增量房地产和存量独栋商品住宅,征税对象并没有包括所有的存量房地产和增量房地产,这容易引发房地产税在存量房和增量房之间的税负转嫁,引起税负不公,因为对于房地产税的感知更侧重于纳税人缴纳的税额和邻近地区纳税人的税额是否相差不大。建议在房地产税改革中,将包括普通住房和高档住房在内的居民住房作为征税对象,同时设定科学的税收优惠措施,满足居民对基本生活保障性住房的需要,可以借鉴重庆试点的按房产套数减免或者上海试点的按免税面积减免方案,采用限制房地产税额占家庭收入的比例、延期纳税等方式保证普通家庭有足够的税款支付能力。

4. 房地产税的税率

房地产税宜采用比例税率,在具体的税率设置上,住宅房地产的税率低于非住宅房地产的税率。对于住宅类房地产,国际上普遍适用的税率在 0.5%—1%左右,上海和重庆改革试点的税率也在 1%左右。由于地区提供公共服务的差异性,有必要设置幅度地区差别比例税率,地方可以在幅度范围内选择满足本地区居民偏好和目标的税率,使纳税人更容易参与到房地产税改革中,地方政府应尝试接受纳税人的监督。设计不同的比例税率,可以有效降低不同地区和家庭的房地产税纳税能力的差异(张平和侯一麟,2016),保证房地产税的公平性。税率差异还可以体现在累进性税率的设计上。按照房地产价值分档设置不同的税率,使得房地产在重新估值时面临更少的阻碍,因为在这样具有累进性的制度中,进行重新估值使得房地产税的税收负担可能变得更小。虽然分档设税率很适合转型经济或者一些对房地产价值及产权信息掌握不全面的发展中国家(McCluskey 等,2002),但仍需要考虑累进税率是否符合我国现阶段的国情。结合我国房地产税实践,在房地产税制度设计的初期,采用体现地区差异的幅度比例税率,随着房地产税改革的推进,结合市场价值基础估值技术的完善和征管手段的改进,地方政府将用该地区的税率作为中间档税率设计累进税率结构。

3.3 小结

在探讨我国房地产税的收入与福利效应之前,我们需要清楚地了解我国房地产税的现有格局与问题。本章首先分析我国房地产税收的现状,明确房地产税是在房地产的保有环节征税,其次阐述我国房地产税现有格局形成的历史渊源和房地产税与分税制的关系,然后测算房地产税改革试点方案的税收收入规模,明确我国房地产税改革试点方案的可取与不足之处,为房地产税的开征以及全国推广提供经验借鉴,最后阐述我国房地产税未来的税制选择和收入预期。总体而言,得到的结论有:

第一,我国现阶段与房地产相关的税费主要分为两个环节,房地产流转环节和保有环节,并且房地产流转环节的税费负担重于房地产保有环节的税费负担。包括城镇土地使用税、房产税、土地增值税、耕地占用税和契税五个税种的我国房地产税收的绝对规模和相对规模均呈逐年增长的态势。房地产保有环节的税收包括城镇土地使用税和房产税,保有环节的税收收入占地方本级财政收入的比重约为 4%。相较而言,国有土地使用权出让收入的绝对规模和相对规模均逐年快速增长,国有土地使用权出让收入占地方本级财政收入的比重超过 50%。房地产保有环节的税费负担较轻且房地产税费过度依赖土地出让收入,是目前我国房地产税费的现状。另外,通过探讨我国房地产税现有格局形成的历史渊源明确房地产税与分税制的关系体现在:房地产税不仅有助于规范地方财政体制还有助于改善省级以下财政关系。

第二,房地产税改革方案对我国税制的优化还需进一步改善。上海版本方案得到的税收收入对我国地方政府财力的影响十分有限,将该方案推广至全国的房地产税税收收入对地方税收收入的作用尚未得到充分发挥;重庆版本的税收收入规模有明显改善,尤其是重庆版本的房地产税能够为地方基本公共服务提供相对较多的资金。另外,房地产税预期的税制改革探讨了房地产税的征税对象、税基、税收优惠和税率四个方面。

总体而言,第 3 章的研究结论为后续章节的研究奠定了基础。首先,第 4 章根据量能原则设计房地产税税率并进行房地产税的收入模拟,试图改变第 3 章得出的我国房地产保有环节税负较轻的现状,同时提出有关房地产税未来的税制选择的具体设计;其次,第 5 章、第 6 章和第 7 章探讨房地产税对包括地区、省际和城市之间税收收入的影响,以佐证第 3 章提出的房地产税的收入预期;最后,在第 3 章对我国房地产税的现状进行描述的基础上,结合微观调查数据,第 8 章探讨房地产税的福利效应,以期为开征房地产税与房地产税立法提出相关政策建议。

4

房地产税的收入模拟

由第 2 章理论基础部分可知,房地产税是居民分享地方公共服务支付的对价,受益性质的房地产税需要同时实现税收的横向公平和纵向公平。房地产税会改变人们的行为,在设计房地产税税收制度时需避免税收扭曲而造成的严重的经济后果。第 3 章分析了我国房地产税的现有格局与问题,进一步地,第 4 章将实证检验房地产税的收入预期,具体包括房地产税的税基与收入模拟。

本章的结构安排如下:首先对房地产税的税基和税率进行设计,其次是房地产税的收入模拟,测算房地产税对地方基本公共服务供给的程度,最后是本章小结。

4.1 房地产税的税基

4.1.1 房地产税可选择的税基

税基是据以计算应纳房地产税税额的依据或者标准,是征税对象在数量方面的具体化。房地产税的税基就是房地产税的征税对象在数量方面的具体化,是决定最终在个人、家庭和企业之间分配的税收负担的价值[1]。世界各国房地产税的税基可以分为三类。第一类是按照市场价值或评估价值计税,世界上大部分国家采用市场价值或评估价值计税,如美

---

[1] 摘自联合国人类发展规划(UN-HABITAT)报告《土地和财产税》,2011.

国、日本、加拿大等国家。第二类是按照租金价值计税,租金价值计税实质是对财产所得征税,目前世界上英国、法国、新加坡以及我国香港地区等按租金价值计征。第三类是按照面积计税,将面积作为税基的国家有毛里求斯、加纳、立陶宛、匈牙利等国家已逐渐由按面积计税转为按照市场价值或者评估价值计税。

按照市场价值或者评估价值计税时,房地产税的税基为土地和建筑物的评估价值,与市场价值很接近,但事实上因受各种因素而影响其准确性,评估价值为市场价值的一定比例。按照租金价值计税是根据财产的年收入计征房地产税,该年收入往往是一个假设的租金或者预期租金。按照面积计税的房地产税税基包括土地价值和对特定土地进行开发产生的价值,不包括房屋价值,其目的是通过降低对改良投资的不良激励以提高土地的有效利用,但这一效用在现实中很难被接受。总体来看,这三类房地产税的税基最突出的差别体现于价值评估。按照市场价值或者评估价值计税对房地产的价值评估更加依赖市场机制,评估因而更具准确性和及时性。完善的市场机制使得评估价值更为接近市场价值,更能体现房地产税的公平性,同时能优化土地资源的配置。专业化的评估队伍的形成对房地产价值评估也会产生积极的作用。随着评估技术的发展和不动产登记基础信息平台的完善,按照市场价值或者评估价值计税将广泛地应用。按照租金价值计税由于采用的是假设或预期的租金,评估的任意性较强,对财产所得征税也违背了对财产征收房地产税的本意。按照面积计税虽然计征简便且易于管理,但是只会产生较窄的税基而无法反映不同土地和房屋的市场价值。

4.1.2　我国房地产税税基的选择

我国现行房产税政策由于主要涉及企业的房产,使用的房地产税的税基分为两种情形,对出租的房产按照租金收入计税,对非出租的房产将房产原值一次性扣除 10%—30% 后的余值作为税基计税。对出租房产按照租金收入计税虽然符合世界上部分发展中国家和转轨国家在价值评估和税收征管技术有限条件下便于征管的做法,但在我国现行税制下,出租房产需要同时征收房产税、增值税以及附加税费,不仅存在重复征税,还使税制变得更加复杂,不利于简化税制的要求。按照租金收入计税并非按照租金价值计税,租金收入往往不能准确反映房地产的市场价值,因为真实市场中房地产的用途不一定是最佳的用途,而且租金收入往往受到房地产调控政策的制约。对非出租房产采用的税基是房产的余值,与房产的市场价值相去甚远,无法反映不同房地产的市场价值,尤其是在市场价值与账面价值相差较大的情形下使得房地产税有失公平,当然也不利于房地产税调节效应的发挥。因此,有必要根据世界典型国家房地产税的征税依据,选择适合我国房地产税的税基。

表 4.1 为世界典型国家房地产税的征税依据。从表 4.1 可以看到,世界发达国家房地产税的税基主要是以市场价值或者评估价值以及租金价值为基础。对于已经进行房地产税改革的国家,按照市场价值或者评估价值以及按照租金价值为基础计税是税基改革的最终落脚点,对于正在进行房地产税改革的国家,按照市场价值或者评估价值以及按照租金价值为基础计税也是税基改革的方向。按照市场价值或者评估价值为基础计税相较于其他两类税基能更好地反映房地产的价值,有利于房地产税的税收公平以及调节效应的发挥。地方政府提供的公共服务提升了房地产价值,按照市场价值或者评估价值为基础计税的房地产税将资本化到房地产价值中,地方政府获得税收收入来源的同时有动力提供更多的公共品,房地产税的受益性质得到了更好的体现。因此,我国应借鉴世界典型国家的主流做法,以市场价值或者评估价值基础作为房地产税的税基。

表 4.1　世界典型国家房地产税的征税依据

	国家	征税依据
OECD 国家	澳大利亚	市场价值或租金价值
	加拿大	市场价值
	德国	市场价值(租金收入/建筑成本);GDR 之前的面积
	日本	评估价值
	英国	住宅市场价值;非住宅租金价值

	国家	征税依据
中东欧	匈牙利	面积或市场价值
	拉脱维亚	市场价值
	波兰	面积
	俄罗斯	地籍价值
	乌克兰	面积、财产价值
	立陶宛	市场价值或重置价值
拉丁美洲	阿根廷	市场价值
	智利	地籍价值
	哥伦比亚	地籍价值
	墨西哥	地籍价值或评估价值
	尼加拉瓜	地籍价值
亚洲	中国	面积、账面原值或租金
	印度	租金价值;有限的土地使用面积和市场价值
	菲律宾	评估价值
	印度尼西亚	评估价值
	泰国	租金价值;评估价值
非洲	几内亚	租金价值
	肯尼亚	土地价值;财产价值
	南非	市场价值
	坦桑尼亚	市场价值(或重置成本,如果市场价值不可得)
	突尼斯	评估价值;租金价值

资料来源:Bird R M, Slack N E. International handbook of land and property taxation [M], Cheltenham, UK: Edward Elgar, 2004.

4.2 房地产税税率测算

在明确房地产税税基的基础上,模拟房地产税税收收入还需要测算房地产税税率。如果房地产税的税基是以市场价值或评估价值为基础,那么房地产税可采用的税率为比例税率。比例税率包含单一比例税率、差别比例税率和累进税率三种形式。其中,单一比例税率的优势在于税制设计简单,便于征管,但与房地产税的地方税特征并不相符。差别比例税率根据对住宅与非住宅房地产的区分,对不同类型房产设置不同的比例税率;还可以根据所在地域范围,对不同地区、不同省(直辖市、自治区)以及不同城市的区分,考虑房地产税额占家庭年收入的比重在一定区间内,对位于不同地域范围的房产设置不同的幅度差别比例税率。累进税率按照房产价值设置若干梯度,房地产税税率随梯度所处级次而增加。

4.2.1 房地产税税率的选择

我国房地产税税率设计可以在借鉴世界主要国家和地区房地产税税率的基础上,设计适用于我国的房地产税税率。表 4.2 为世界主要国家和地区房地产税税率一览表。从表 4.2 可以看出,虽然世界主要国家和地区的房地产税税率有所差别,但是仍然可以归纳为以下四个特点:

表 4.2　世界主要国家和地区房地产税税率表

国家(地区)	房地产税种	税率	其他
美国	财产税	联邦政府不征收财产税,财产税税率由地方政府的市和县自行确定	财产价值评估方法同样由市和县自行确定
加拿大	财产税	各市级政府分别确定,各地独栋别墅的税率范围为 0.61%—1.99%,公寓的税率范围为 0.61%—2.56%,大约为 1%	
英国	市政税	八级累进税率,根据房屋价格的不同区间设置不同的税率,税率分为 A—H 级,地方政府有权对其中一级(D 级)设置地方税率,其他各级税率以 D 级为标准按固定比率变动	税率每年都需要确定
英国	营业房屋税(非家庭财产税)	根据房屋的用途确定税率,以租金为计税依据,最新税率为 47% 左右	税基每 5 年重估一次
德国	房产税	基准税率为 0.35%,加乘一定的市级因素系数	有效税率通常在 1.5%—2.3% 之间

国家（地区）	房地产税种	税率	其他
法国	房屋税	—	—
	房地产税	对建筑物和土地合并征收	—
爱尔兰	地方财产税	两级累进税率，财产价值在100万欧元—200万欧元之间税率为0.18%；财产价值超过200万欧元税率为0.25%	财产价值在50万—100万欧元之间时适用其他税率体系
丹麦	财产税	两级累进税率，财产价值在408602欧元以内的，税率为1%；超过408602欧元的，税率为3%。财产1988.7.1前取得的，适用税率分别为0.5%和0.2%	可税财产价值为下列价值中的最低值：当年1月1日的评估价值；2001.1.1评估价值的105%；2002.1.1的评估价值
	市政不动产税	是种土地税，税率为1.6%—3.4%	具体适用税率由市级政府决定
希腊	国家不动产税	三级累进税率，财产价值在20万欧元以内，税率为0；20万—500万欧元之间，税率为0.2%—1%；超过500万欧元的，税率为2%	不动产为希腊政府所有的财产，税基为当年1月1日由国家税务部门评估的价值
	地方不动产税	税率范围0.025%—0.035%	税基为财产评估价值
芬兰	不动产税	税率范围0.41%—6%	税率由取得该项税收收入的市一级政府制定
挪威	财富税	税率为0.85%	国家和市级层面对不动产征收，税基为超过一定阈值的不动产净财富值。2017年的阈值是148000欧元，2016年为140000欧元
	财产税	税率由市级政府制定，税率范围0.2%—0.7%	在市级层面征收，税基为财产评估价值，即为财产市场价值的20%—50%
俄罗斯	土地税	联邦政府制定的适用农业用地和住宅用地的最高税率为0.3%，其他类用途的土地适用税率最高为1.5%	具体适用税率由土地所在的市级政府制定
俄罗斯	财产税	联邦政府制定的税率范围为0.1%—2.2%	具体适用税率由市一级地方政府制定，最高为2%

国家(地区)	房地产税种	税率	其他
瑞典	不动产税	税率范围0.2%—2.8%,具体适用税率取决于财产的类型和用途:住宅0.75%;居民社团建筑0.3%;商业财产1%;工业财产0.5%	税基为财产评估价值
波兰	不动产税	商业用地0.2欧元每平方米;其他土地0.11欧元;住宅0.17欧元;商业建筑5.13欧元;其他建筑物1.73欧元每平方米	根据财产位置和类型定额征收
匈牙利	建筑税	最高3.6欧元每平方米或者最高税率3.6%	税基为建筑物的市场价值
匈牙利	土地税	最高0.65欧元每平方米或者最高税率3%	对基层政府认定为"市区土地"的土地征收;税基通常为财产市场价值的50%
奥地利	不动产税	在基准联邦税率基础上加乘市级系数,基准联邦税率通常为2%,加乘系数在500%以内	税基为房地产的评估价值,通常低于市场价值
意大利	地方财产税	税率0.4%—0.76%	税基用财产的评估价值或地籍价值进行加乘,加乘多个与财产类型相关的系数。公寓和居民住宅的加乘系数是106
荷兰	不动产税	授权市级政府制定税率,税率适用期限4年,税率范围0.1%—0.3%	税基为财产的价值
荷兰	其他税	税率在不同的市有所不同	包括生态税、能源税、地下水税、垃圾事务税等
保加利亚	不动产税	由市级政府制定,税率范围0.1%—0.45%	由所有者缴纳不动产税,税基为基层税务部门计算的评估价值
拉脱维亚	不动产税	基层政府制定的税率为0.2%—3%,如果基层政府未声明不同税率,使用标准税率1.5%	商业活动的财产税率为1.5%
葡萄牙	财产税	市级政府每年制定税率,乡村财产税率0.8%;城市财产税率0.3%—0.5%	未更新的财产适用税率0.5%—0.8%

国家(地区)	房地产税种	税率	其他
罗马尼亚	财产税	住宅财产税率 0.08%—0.2%；非住宅财产税率 0.2%—1.3%	税基取决于建筑物的分类和财产的价值
	土地税	城市土地 0.01—20 欧元每平方米；其他土地 0.002—0.11 欧元每平方米	对所有者拥有的土地征收
西班牙	净财富税	税率范围 0.2%—2.5%	税基是净财富,即资产减去负债后的余额
	不动产税	市级政府会增加税率,通常城市财产税率 0.4%；乡村财产税率 0.3%	税基是地籍价值,与市场价值有关并每 8 年调整一次
	特别税	税率为不动产地籍价值的 3%	为非居民拥有的不动产
乌克兰	土地税	土地和财产价值的 1%；如果财产价值不能确定,税率为 0.01—0.11 欧元每平方米,加乘 1.2—3 的地区系数	可税价值为日历年度开始的财产价值
	财产税	税率等于 2012.1.1 的最低工资占财产规模的比率	由住宅财产所有者缴纳
爱沙尼亚	土地税	税率由市级政府制定,税率范围 0.1%—2.5%	税基为土地的市场价值
摩洛哥		无房地产税	
白俄罗斯	财产税	个人财产税率 0.1%；企业税率 1%—2%	
瑞士	财富税		在州一级水平征收
	财产税	税率 0.05%—0.3%	税基为财产的价值
塞尔维亚	不动产税	四级累进税率,2015 年的税率为:0.4%、0.6%、1%、2%；2014 年的税率为:0.4%、0.8%、1.5%、3%	商业财产税率为 0.4%
克罗地亚	不动产税	税率为 1.5%	税基为可评估市场价值的 70% 左右
	度假房屋税	税率为 0.65—2 欧元每平方米	
比利时	不动产税	佛兰德地区:2.5%；瓦龙地区:1.25%；布鲁塞尔地区:2.25%	各市级政府可调增 18%—50% 或者更多
	市政税	非居民从不动产获得的收益超过 2500 欧元的税率为 7%	

国家(地区)	房地产税种	税率	其他
塞浦路斯	不可移动财产税	2017.1.1 起已停征	
	不动产税	九级累进税率,税率为 0、0.6%、0.8%、0.9%、1.1%、1.3%、1.5%、1.7%、1.9%	税基为 1980.1.1 财产的估计市场价值
捷克共和国	不动产税	建筑土地 0.07 欧元每平方米;其他土地 0.01 欧元每平方米;建筑物或公寓的税率为 0.07—0.36 欧元每平方米,住宅和农业建筑税率 0.07 欧元每平方米	一些财产类型存在税率加乘,加乘系数为 1—5
土耳其	不动产税	土地税率 0.1%;建筑物 0.2%;建筑场地或建筑目的的闲置土地 0.3%	市级水平的税收
澳大利亚	土地税	新南威尔士采用累进税率,税率为 77 美元、1.6%、2%;维多利亚地区采用累进税率,税率为 0、0.2%、0.5%、0.8%、1.3%、2.25%;澳大利亚省会范围采用累进税率,税率为 0.41%、0.48%、0.61%、1.23%	对所有的不动产征收
新西兰		无房地产税	
立陶宛	土地税	税率范围 0.01%—4%	税基为可税价值,由政府制定的规章确定
	不动产税	税率范围 0.3%—3%;个人不动产税率为 1%	个人不动产税的税基为超过 29 万欧元财产的可税价值,可税价值根据市场价值或者重置价值确定
阿根廷	个人资产税	税率 0.25%	非居民对拥有的除产生利润的城市财产外拥有的财产支付的一种税,财产阈值 2017 年为 32759 美元,2018 年为 36207 美元
	商业净财富税	税率 1%	对非居民拥有的用来获利的城市财产征收
	市政税	乡村税率 1.2%;郊区税率 1.35%;城市财产税率 1.5%	税基为财产市场价值的 80% 以内

续表

国家(地区)	房地产税种	税率	其他
玻利维亚	财产税	四级累进税率,税率为0.35%、0.5%、1%、1.5%	税基为财产的评估地籍价值,由基层税务部门决定
巴西	市政不动产税	税率0.3%—1%	税基为城市财产的评估价值,通常低于市场价值
	联邦乡村财产税	税率0.03%—20%	对城市区域外的财产征税
智利	不动产税	城市税率1.2%;乡村税率1%;住宅财产实行两级累进税率,税率为0.98%、1.143%	税基为财产的地籍价值
哥伦比亚	不动产税	税率范围0.3%—3.3%	税基为财产的地籍价值
墨西哥	财产税	税率0.05%—1.2%	
巴拿马	财产税	四级累进税率,税率为0、1.75%、1.95%、2.1%	
秘鲁	不动产税	三级累进税率,税率为0.2%、0.6%、1%	税基为不动产的地籍价值
	净财富税	税率0.4%	对超过317460美元的企业净资产征收
委内瑞拉	不动产税	每个市级政府设定自己的税率	
中国香港	差饷	税率为土地及建筑物出租市值的5%	
	物业税	税率为净评估价值的15%	税基为土地及建筑物的租金收入
	地租	税率为土地及建筑物出租市值的3%	另外,开发商取得土地时还需一次性缴纳土地出让金
印度	财产税	在德里地区,税率为6%—10%	
印度尼西亚	财产税	四级累进税率,税率为0.01%、0.1%、0.2%、0.3%	税基为财产的评估价值
日本	财产税	税率1.4%	
	城市规划税	税率0.3%	税基为土地或建筑物的评估价值
	营业场所税	每平方米6000元或支付的雇员总报酬的0.25%	对居住人口不少于30万人的城市征收
菲律宾	不动产税	最高税率1%(马尼拉地区);最高税率2%(马尼拉以外)	
	特别教育基金	税率1%	由基层政府征收

国家（地区）	房地产税种	税率	其他
泰国	建筑物与土地税	租金税率12.5%	税基为租金价值
	土地开发税	税率范围0.25%—0.95%	税基为评估价值
肯尼亚	财产税	税率1%	
	土地税	内罗毕税率8%	
突尼斯	不动产税	税率2%	税基为财产的平方米评估价值，每三年评估一次，如果财产价值低于每平方米评估价值，按租金价值计算
坦桑尼亚	财产税	达雷斯萨拉姆地区住宅财产税率0.15%；商业财产税率0.2%	税率取决于财产的位置、规模和用途
加纳	财产税	税率0.5%—3%	税基为财产的评估价值
毛里求斯	住宅财产税	住宅土地税额0.27美元每平方米；公寓税额0.97美元每平方米	—

主要数据来源：https://www.globalpropertyguide.com/faq/guide-taxes。

第一，房地产税的税率有比例税率、累进税率和定额税率三种形式，且比例税率为大多数国家和地区采用。首先，采用比例税率的国家有美国、加拿大、挪威、瑞典、日本等，采用统一比例税率的优点在简化税制便于税收征管的同时体现税收公平。其中，在房地产税的比例税率中，存在单一比例税率、差别比例税率和幅度比例税率之分，且非单一比例税率为大多数国家和地区采用。实行单一比例税率的国家有日本、克罗地亚、阿根廷、肯尼亚等，实行非单一比例税率的国家有美国、加拿大、德国、俄罗斯等。在非单一比例税率中，差别税率较幅度税率更多地采用，采用差别税率的国家有美国、加拿大、德国、芬兰、俄罗斯、瑞典、奥地利、意大利等，差别税率表现为根据财产用途和类型体现的差别税率，如俄罗斯、加拿大、瑞典、罗马尼亚、坦桑尼亚，还有地区差别比例税率，如美国、阿根廷、智利。采用幅度税率的国家有匈牙利、菲律宾；其次，采用累进税率的国家有英国、爱尔兰、塞尔维亚、澳大利亚、巴拿马、印度尼西亚等，且均采用超额累进税率，根据财产值大小设置不同的阈值，每超过一个阈值就采用一个特定的税率,其中以塞浦路斯的累计税率最为复杂,采用九级累进税率,其次为英国,采用八级累进税率,累进税率的优点在于通过增强税制累进性使得拥有高价值房地产的居民承担更多的税收以进一步实现税收的公平;再次,采用定额税率的国家有乌克兰、捷克共和国、波兰、毛里求斯等。最后,还有的国家采用比例税率和定额税率相结合,比如匈牙利、罗马尼亚、乌克兰,采用定额税率的主要原因是征管条件受限。

第二,世界主要国家和地区的税率既有固定税率,又有非固定税率。固定税率是指房地产税的税率一旦经法律法规发布之后就固定不变的税率,固定税率可以是比例税率、累进税率和定额税率,采用固定税率的国家有日本、克罗地亚、阿根廷、突尼斯等。非固定税率是指房地产税的税率即使经法律法规发布也会定期发生变化的税率,非固定税率可以是比例税率、累进税率和定额税率,主要是比例税率和累进税率,采用非固定税率的国家和地区有英国、美国、爱尔兰、塞尔维亚和中国香港地区等。采用非固定税率的主要是英国及英式房地产税国家,这些国家通过以支定收确定房地产税税率,即根据政府定期(一般为一年)的财政支出决策,结合其他税收收入和转移支付收入确定收入缺口,以此作为房地产税税收收入总额从而确定税率。

第三,住宅房地产和非住宅房地产往往呈现出不同的税率,典型的国家有英国、俄罗斯、日本、瑞典、波兰、罗马尼亚、坦桑尼亚、捷克共和国、罗马尼亚等。基于效率的角度考虑,房地产税应对供给弹性小的组成房地产税税基的房地产课以重税,住宅房地产相较于商业房地产来说更不易于移动,住宅房地产税应比商业房地产税更重,表现在税率上就是住宅房地产税的税率应高于商业房地产税税率。虽然有证据表明非住宅房地产税率低于住宅税率[①],但是只有少数的证据存在(Bird, 2003),从世界主要国家和地区的实践来看,住宅房地产税税率低于非住宅房地产税税率。

第四,各国房地产税税率普遍约为 0.2%—1.4%,另外一个显著的特征是大多数发展中国家的房地产税税率尤其是有效税率偏低。在印度

---

① Kitchen H, Enid S. Business Property Taxation, Government and Competitiveness Project, School of Policy Studies, Queen's University, Kingston, Canada, 1993.

尼西亚,房地产税税率虽为累进税率,但最高一级的税率为 0.3%,最低一级税率仅为 0.01%。在土耳其,税率最高为 0.3%,适用于建筑场地或者用于建筑的闲置土地。阿根廷的个人资产税税率仅为 0.25%。另外,由于发展中国家较低的评估率和征管执行率,房地产税的有效税率明显低于名义税率或法定税率。许多国家的低有效税率还可以归结为再评估的落后和财产价值调整的不充分。在菲律宾,虽然名义税率最高为 2%,但有效税率仅为 0.07%[①]。

4.2.2 房地产税税率的测算

房地产税税率是房地产税税制设计的核心要素,在房地产税税基固定的情况下,税率反映了居民家庭承担的税收负担水平。量能负担原则主张可以以纳税人拥有财富的多少作为测度其纳税能力的标准,财富可以用收入、财产和支出等来表示,即纳税人的支付能力以收入、支出或财产等作为测度依据。本书选择收入作为房地产税税率的测算依据,原因有三:一是收入的增加使得纳税人支付能力的提高最为显著,使用收入衡量纳税人的支付能力更有利于实现房地产税税收公平;二是收入的增加也意味着纳税人支出能力增加和获得财产能力的提高;三是纳税人收入数据较支出和财产数据等可获得性强。因此,选择收入指标测算房地产税税率时,纳税人所承受的房地产税税收负担,与其收入水平和实际负担能力相一致,一般而言,收入能力偏高的居民家庭,承担的房地产税负担相对偏高;收入能力偏低的居民家庭,承担的房地产税负担相对偏低。

本书借鉴侯一麟等(2014)对于房地产税税率的表述,根据收入水平及房地产的价值设计房地产税税率。将居民的家庭年收入用 I 表示,房地产税额占家庭年收入的比重用 w 表示,家庭拥有房地产的市场价值用 PH 表示,房地产税税率用 τ 表示,房地产税税率可以用公式表示为:

$$\tau = \frac{I \times w}{PH} \tag{4.1}$$

① Guevara M M, Gracia P J, Espano M C. A Study of the Performance and Cost Effectiveness of the Real Property Tax, Manila, July, 1994.

从公式(4.1)可以看出,房地产税税率不仅取决于房地产市场价值的高低,还取决于家庭房地产税额与房地产价值的相对高低。

本书采用西南财经大学《中国家庭金融调查》(2015)[①]的数据作为基础测算房地产税税率[②]。《中国家庭金融调查》数据的样本量大、追踪性强,被越来越多的研究所采用,有效拓展了住房财富等研究领域(甘犁和冯帅章,2019)。该数据包含详细的居民家庭特征和住房特征,家庭特征包括收入、消费及其他家庭行为信息,住房特征包括房产的市场价值、家庭住房面积、家庭拥有住房数量以及购买时间等。家庭年收入用家庭总收入表示,包括工资性收入、财产性收入、农业经营收入、工商业经营收入、转移性收入和其他收入,其中,工资性收入包括税后货币工资收入、税后奖金、税后补贴或实物收入和第二职业税后收入。调查显示,退休金、社保、贫困补贴等转移支付收入比重从 2010 年的 11.5% 上升至 2012 年的 14.9%[③]。从该数据看到,居民的家庭年收入数据和家庭拥有房地产的市场价值数据包含在内,其中,房地产的市场价值指家庭拥有的所有房地产的市价。另外,本书关注购买住房且拥有房地产全部产权的非农村家庭。

公式(4.1)还涉及房地产税额占家庭年收入的比重这一变量。表4.3 为世界典型国家房地产税额占收入的比重,该比重在 2%—5% 之间。结合我国学者的研究,虞燕燕(2007)将居民的承受能力设为收入的2%—4%,曲卫东和延扬帆(2008)认为北京中等收入家庭该比重为可支配收入的 2.5%—5%,侯一麟等(2014)认为该比重为人均剩余可支配收入的 10%,张平和侯一麟(2016)根据微观调查数据测算认为房地产税额约为家庭年收入的 2.5% 较为合适。基于我国的经济发展和居民税收负担,我国房地产税额占收入的比重以不超过表 4.3 中典型国家的比重为宜,本书建议将房地产税额占家庭年收入的比重设置在 2%—5% 的范围内。

---

① 本书使用《中国家庭金融调查》(2015)而非《中国家庭金融调查》(2017)的主要原因是,根据税率测算公式,本书需要的居民家庭拥有房地产的市场价值应为具体数值,在《中国家庭金融调查》(2017)的数据中居民家庭拥有房地产的市场价值处于区间内而非具体的数值,达不到数据要求,因此本书使用《中国家庭金融调查》(2015)的数据。

② 《中国家庭金融调查》由西南财经大学实施,参见网站 http://chfs.swufe.edu.cn。

③ 摘自《中国家庭金融调查系列报告 2014》。

表 4.3　世界典型国家房地产税额占收入的比重

国家	房地产税额占收入的比重	其他
美国	3.04%	2006—2010 年平均
加拿大	2%—10%	1998 年
英国	3.90%	1999 年
瑞典	最高 5%	2001 年起
日本	2.40%	2002 年

数据来源：美国数据来自 https://files.taxfoundation.org/legacy/docs/proptax_06_10_income.pdf;加拿大数据来自 https://www150.statcan.gc.ca/n1/pub/75-001-x/10305/7796-eng.htm;其他数据来自曲卫东,延扬帆(2008)。

对《中国家庭金融调查》(2015)的数据进行整理及删除缺失值后,得到分布在 29 个省份的 9480 个有效观察值[①]。根据房地产税税率的计算公式,将房地产税额占家庭年收入的比重分为 2%、2.5%、3%、3.5%、4%、4.5%、5%,分别得到表 4.4(以下税率测算时税率测算表中均进行分档)在这 7 档比重下的房地产税税率水平[②]。可以看到,房地产税额占家庭年收入的比重越高,房地产税税率越高。房地产税额占家庭年收入的比重为 2% 时,房地产税税率为 0.26%;房地产税额占家庭年收入的比重为 5% 时,房地产税税率为 0.66%,房地产税税率在 0.26%—0.66% 之间。

表 4.4　房地产税税率测算表(全国)

样本量（户）	不同的房地产税额占家庭年收入的比重时的税率						
	2%	2.50%	3%	3.50%	4%	4.50%	5%
9480	0.26%	0.33%	0.40%	0.46%	0.53%	0.59%	0.66%

鉴于我国各地区税率存在差异化的事实(吕冰洋和张凯强,2018;张平和侯一麟,2019),测算全国不同地区的房地产税税率。将全国分为东

---

① 家庭金融调查的范围未涉及西藏、新疆 2 省,平均每个省份的家庭样本量约为 327 个,相较于《中国家庭金融调查》(2013),样本范围增加了内蒙古、海南和宁夏 3 省(自治区)。

② 具体测算处理过程为,根据居民家庭年收入与其对应权重、居民家庭拥有房地产市场价值与其对应权重,进行加权计算得到家庭年收入和家庭拥有房地产市场价值的加权平均值,根据房地产税税率测算公式计算得到房地产税税率水平,表 4.5 至表 4.8 同。

部、中部和西部①,根据房地产税税率的测算公式,得到表 4.5。如表 4.5
所示,东部地区的税率在 0.23%—0.56% 之间;中部地区的税率在
0.39%—0.98% 之间;西部地区的税率在 0.37%—0.94% 之间。这表
明,在同一房地产税额占家庭年收入比重下,中部地区的房地产税税率水
平要高于东部地区和西部地区,房地产税税率在东、中、西部地区之间呈
现倒 V 型特征。这一结果可能同中部、东部和西部地区的家庭年收入平
均水平与房地产市场价值比值的差异有关。具体而言,东部地区家庭平
均年收入是中部地区的 1.35 倍,东部地区家庭拥有房地产的平均市场价
值是中部地区的 2.34 倍,因而东部地区税率水平偏低于中部地区;西部
地区家庭平均年收入是中部地区的 1.09 倍,西部地区家庭拥有房地产的
平均市场价值仅为中部地区的 1.14 倍,因而西部地区税率水平略低于中
部地区。

表 4.5 房地产税税率测算表(分地区)

地区	样本量(户)	不同的房地产税额占家庭年收入的比重时的税率						
		2%	2.50%	3%	3.50%	4%	4.50%	5%
东部	5964	0.23%	0.28%	0.34%	0.40%	0.45%	0.51%	0.56%
中部	1837	0.39%	0.49%	0.59%	0.69%	0.78%	0.88%	0.98%
西部	1679	0.37%	0.47%	0.56%	0.66%	0.75%	0.84%	0.94%

进一步测算全国不同省(直辖市、自治区)的房地产税税率,结果如表
4.6 所示。结果显示出不同省(直辖市、自治区)的房地产税税率水平存
在较大差异。其中,在房地产税占家庭年收入的不同比重设定下,北京市
的房地产税税率水平最低,税率区间为[0.14%,0.34%];贵州省的房地
产税税率水平最高,税率区间为[0.47%,1.17%]。在同一房地产税额占
家庭年收入比重下,不同省(直辖市、自治区)之间房地产税税率最高值与

---

① 本书按照国家统计局对三大经济地带的区域划分方法,将全国分为东部、中部和西部地区。
其中,东部地区包括北京、天津、河北、辽宁、上海、江苏、浙江、福建、山东、广东和海南 11 个省
(直辖市);中部地区包括山西、吉林、黑龙江、安徽、江西、河南、湖北和湖南 8 个省;西部地区
包括内蒙古、广西、重庆、四川、贵州、云南、西藏、新疆、陕西、甘肃、青海和宁夏 12 个省(自治
区、直辖市)。

最低值之间相差三倍有余。其可能的原因仍然在于不同省(直辖市、自治区)的家庭平均年收入与家庭拥有房地产的平均市场价值的比值具有较为明显的差异,即各省(直辖市、自治区)房地产税税率取决于家庭平均年收入与家庭拥有房地产的平均市场价值的相对高低。再以北京、贵州和湖北为例做具体分析,北京的家庭平均年收入是湖北的 1.45 倍,北京的居民家庭拥有房地产的平均市场价值是湖北的 3.71 倍,因而北京适用的房地产税税率水平低于湖北;贵州的家庭平均年收入是湖北的 1.13 倍,贵州的居民家庭拥有房地产的平均价值仅为湖北的 0.83,因而贵州适用的房地产税税率水平高于湖北。然而,本书结合房地产市场价值数据计算得到的房地产税税额发现,虽然北京和上海的房地产税税率低于甘肃、青海和贵州等欠发达地区,但其人均房地产税额明显高于欠发达地区[1]。

表 4.6　房地产税税率测算表[分省(直辖市、自治区)]

省(直辖市、自治区)	样本量(户)	不同的房地产税额占家庭年收入的比重时的税率						
		2%	2.50%	3%	3.50%	4%	4.50%	5%
北京	396	0.14%	0.17%	0.20%	0.24%	0.27%	0.30%	0.34%
天津	334	0.15%	0.19%	0.23%	0.26%	0.30%	0.34%	0.38%
河北	362	0.23%	0.29%	0.35%	0.40%	0.46%	0.52%	0.58%
山西	160	0.31%	0.39%	0.46%	0.54%	0.62%	0.70%	0.77%
内蒙古	68	0.37%	0.47%	0.56%	0.66%	0.75%	0.84%	0.94%
辽宁	734	0.31%	0.38%	0.46%	0.53%	0.61%	0.69%	0.76%
吉林	312	0.39%	0.49%	0.58%	0.68%	0.78%	0.88%	0.97%
黑龙江	343	0.39%	0.49%	0.59%	0.69%	0.78%	0.88%	0.98%
上海	466	0.17%	0.22%	0.26%	0.30%	0.35%	0.39%	0.44%
江苏	583	0.21%	0.26%	0.31%	0.36%	0.41%	0.46%	0.52%
浙江	649	0.26%	0.33%	0.39%	0.46%	0.52%	0.59%	0.65%
安徽	129	0.45%	0.57%	0.68%	0.79%	0.91%	1.02%	1.13%

---

[1] 表 4.6 中的差异税率仅具体到各省(直辖市、自治区)样本。房地产税更适宜由基层政府征收,根据量能负担原则,不同的基层政府可以采取不同的税率。限于《中国家庭金融调查》的数据,我们以省(直辖市、自治区)为单位进行测算。

省(直辖市、自治区)	样本量（户）	不同的房地产税额占家庭年收入的比重时的税率						
		2%	2.50%	3%	3.50%	4%	4.50%	5%
福建	452	0.22%	0.27%	0.33%	0.38%	0.43%	0.49%	0.54%
江西	97	0.42%	0.52%	0.63%	0.73%	0.84%	0.94%	1.05%
山东	586	0.32%	0.40%	0.48%	0.56%	0.63%	0.71%	0.79%
河南	167	0.43%	0.54%	0.64%	0.75%	0.86%	0.96%	1.07%
湖北	241	0.35%	0.43%	0.52%	0.61%	0.69%	0.78%	0.86%
湖南	388	0.37%	0.47%	0.56%	0.65%	0.75%	0.84%	0.93%
广东	1227	0.23%	0.28%	0.34%	0.40%	0.46%	0.51%	0.57%
广西	123	0.40%	0.49%	0.59%	0.69%	0.79%	0.89%	0.99%
海南	175	0.26%	0.33%	0.39%	0.46%	0.53%	0.59%	0.66%
重庆	370	0.37%	0.46%	0.55%	0.64%	0.73%	0.83%	0.92%
四川	386	0.37%	0.47%	0.56%	0.66%	0.75%	0.84%	0.94%
贵州	109	0.47%	0.59%	0.70%	0.82%	0.94%	1.06%	1.17%
云南	86	0.37%	0.46%	0.55%	0.64%	0.73%	0.83%	0.92%
陕西	256	0.33%	0.41%	0.50%	0.58%	0.66%	0.75%	0.83%
甘肃	105	0.27%	0.34%	0.41%	0.48%	0.55%	0.61%	0.68%
青海	89	0.44%	0.55%	0.67%	0.78%	0.89%	1.00%	1.11%
宁夏	87	0.41%	0.51%	0.61%	0.71%	0.81%	0.91%	1.01%

同样可以测算全国住房拥有量不同的家庭的房地产税税率，如表4.7所示。根据家庭住房拥有量，将家庭分为3组：1套住房、2套住房、3套及以上住房。从全国看，拥有1套住房的家庭房地产税税率在0.29%—0.73%之间，拥有2套住房的家庭房地产税税率在0.23%—0.58%之间，拥有3套及以上住房的家庭房地产税税率在0.21%—0.52%之间。这表明，在同一房地产税额占家庭年收入比重下，全国范围内拥有住房数量越多的家庭，适用的房地产税税率越低。即只拥有1套住房的家庭适用的税率最高，拥有3套及以上住房的家庭适用的税率最低。这一结果可能与家庭年收入水平与房地产市场价值比值的差异有关。另外，样本中拥有1套、2套和3套及以上住房的家庭比重分别约为

83％、14％和3％,拥有1套住房的家庭远远超过拥有2套和3套及以上住房的家庭。

表4.7 房地产税税率测算表(全国不同家庭住房拥有量)

家庭住房拥有量	样本量（户）	不同的房地产税额占家庭年收入的比重时的税率						
		2％	2.50％	3％	3.50％	4％	4.50％	5％
1套	7885	0.29％	0.36％	0.44％	0.51％	0.58％	0.66％	0.73％
2套	1336	0.23％	0.29％	0.35％	0.40％	0.46％	0.52％	0.58％
3套及以上	248	0.21％	0.26％	0.31％	0.36％	0.41％	0.47％	0.52％

进一步测算全国不同地区不同家庭住房拥有量时的房地产税税率。表4.8为东部地区家庭住房拥有量不同时房地产税税率测算表。在东部,拥有1套住房的家庭房地产税税率在0.25％—0.62％之间,拥有2套住房的家庭房地产税税率在0.21％—0.52％之间,拥有3套及以上住房的家庭房地产税税率在0.17％—0.41％之间。这表明,首先,东部地区房地产税税率低于全国平均水平,与未区分住房拥有量样本时得到的结论一致,而且对于住房拥有量为1套、2套和3套及以上的家庭均是如此。这是因为,东部地区家庭平均拥有房地产的市场价值明显高出全国平均水平,同时家庭平均年收入与平均拥有房地产的市场价值的比例明显低于全国平均水平。其次,东部地区范围内住房拥有量越多的家庭,适用的税率越低。这仍然与该地区家庭年收入与家庭拥有房地产市场价值比值的差异有关。此外,同全国一样,拥有1套住房的家庭远远超过拥有2套和3套及以上住房的家庭。东部地区样本中拥有1套、2套和3套及以上住房的家庭比重分别约为81％、15％和4％。

表4.8 房地产税税率测算表(东部地区不同家庭住房拥有量)

家庭住房拥有量	样本量（户）	不同的房地产税额占家庭年收入的比重时的税率						
		2％	2.50％	3％	3.50％	4％	4.50％	5％
1套	4852	0.25％	0.31％	0.37％	0.44％	0.50％	0.56％	0.62％
2套	915	0.21％	0.26％	0.31％	0.36％	0.41％	0.46％	0.52％
3套及以上	191	0.17％	0.21％	0.25％	0.29％	0.33％	0.37％	0.41％

表 4.9 为中部地区不同家庭住房拥有量时房地产税税率测算表。在中部,拥有 1 套住房的家庭房地产税税率在 0.41％—1.04％之间,拥有 2 套住房的家庭房地产税税率在 0.32％—0.81％之间,拥有 3 套及以上住房的家庭房地产税税率在 0.38％—0.95％之间。这表明,第一,中部地区房地产税税率高于全国平均水平,与未区分住房拥有量样本时得到的结论一致,而且对于住房拥有量为 1 套、2 套和 3 套及以上的家庭均是如此。这是由于,中部地区家庭平均年收入低于全国平均水平,家庭平均拥有房地产的市场价值显著低于全国水平使得家庭平均年收入与平均拥有房地产的市场价值的比例显著高于全国水平。第二,中部地区范围内住房拥有量越少的家庭,适用越高的税率;住房拥有量越多的家庭,适用越低的税率。这仍然与该地区家庭年收入与家庭拥有房地产市场价值比值的差异有关。另外,中部地区样本中拥有 1 套、2 套和 3 套及以上住房的家庭比重分别约为 87％、11％和 2％,拥有 1 套住房的家庭远远超过拥有 2 套和 3 套及以上住房的家庭。

表 4.9　房地产税税率测算表(中部地区不同家庭住房拥有量)

家庭住房拥有量	样本量(户)	不同的房地产税额占家庭年收入的比重时的税率						
		2％	2.50％	3％	3.50％	4％	4.50％	5％
1 套	1596	0.41％	0.52％	0.62％	0.73％	0.83％	0.93％	1.04％
2 套	206	0.32％	0.40％	0.48％	0.57％	0.65％	0.73％	0.81％
3 套及以上	35	0.38％	0.47％	0.57％	0.66％	0.76％	0.85％	0.95％

表 4.10 为西部地区不同家庭住房拥有量时房地产税税率测算表。在西部,拥有 1 套住房的家庭房地产税税率在 0.40％—1.01％之间,拥有 2 套住房的家庭房地产税税率在 0.32％—0.80％之间,拥有 3 套及以上住房的家庭房地产税税率在 0.35％—0.87％之间。这表明,一是西部地区房地产税税率高于全国平均水平,与未区分住房拥有量样本时得到的结论一致,而且对于住房拥有量为 1 套、2 套和 3 套及以上的家庭均是如此。二是西部地区范围内住房拥有量越多的家庭,适用较低的税率;住房拥有量越少的家庭,适用较高的税率。这仍然与该地区家庭年收入与家庭拥有房地产市场价值比值的差异有关。此外,西部地区样本中拥有

1套、2套和3套及以上住房的家庭比重分别约为86%、13%和1%[①],拥有1套住房的家庭远远超过拥有2套和3套及以上住房的家庭。

表4.10　房地产税税率测算表(西部地区不同家庭住房拥有量)

家庭住房拥有量	样本量（户）	不同的房地产税额占家庭年收入的比重时的税率						
		2%	2.50%	3%	3.50%	4%	4.50%	5%
1套	1437	0.40%	0.50%	0.60%	0.71%	0.81%	0.91%	1.01%
2套	215	0.32%	0.40%	0.48%	0.56%	0.64%	0.72%	0.80%
3套及以上	22	0.35%	0.44%	0.52%	0.61%	0.70%	0.78%	0.87%

4.3　住宅房地产税税收收入模拟

4.3.1　住宅房地产税税收收入测算公式

根据理论上对房地产税税收制度进行的设计,将住宅房地产税税收收入用 T^{RE} 表示,应税家庭住宅评估价值用 AV 表示,应税家庭住宅免税价值用 EV 表示,房地产税税率为 τ,得到住宅房地产税税收收入的测算表达式:

$$T^{RE} = (AV - EV) \times \tau \qquad (4.2)$$

房地产税的税基为住宅房地产的评估价值,税率采用上文中测算的税率。其中,应税家庭住宅评估价值即为房地产税的税基,同时考虑一定的税收减免。应税家庭住宅评估价值应以房地产的市场价值为基础,并考虑房地产价格的变化。免税价值的计算以设计的税收减免为基础。房地产税税收收入的测算公式还可以具体表示为以建筑面积减免为基础的公式和以房地产价值减免为基础的测算公式。以建筑面积减免为基础的住宅房地产税税收收入 T^{RE} 用公式(4.3)表示为:

$$T^{RE} = (H - H^{E}) \times Q \times P^{*} \times \tau \times r^{c} \qquad (4.3)$$

[①] 西部地区拥有3套及以上住房的家庭数量为22个,样本量偏少,但是这是目前所能获得数据的最优选择。

其中,应税家庭拥有的住房建筑面积用 H 表示,应税家庭的免税面积用 H^E 表示,城镇总人口用 Q 表示,住宅平均价格用 P^* 表示,征收率用 r^c 表示。

城镇住房总建筑面积用 TH 表示,以房地产价值减免为基础的测算公式为:

$$T^{RE} = TH \times [Q \times P^* - EV] \times \tau \times r^c \qquad (4.4)$$

同时,住宅房地产税税收收入还应考虑征收率,征收率往往是在实践中制约房地产税增收的重要因素,本书设定房地产税的征收率在70%—100%之间(刘蓉等,2015)。

在不考虑税收减免时,住宅房地产税税收收入测算公式为:

$$T^{RE} = H \times Q \times P^* \times t \times r^c = TH \times P^* \times \tau \times r^c \qquad (4.5)$$

房地产市场中除了新建商品房和二手商品房,还有政策性住房、安置房、自建(扩建)房、小产权房等,这些住宅的市场价格不同,地理位置上的差异也使得住宅现行市场价格存在差异,住宅平均价格 P^* 采用全部住宅存量房的平均市场价值数据,约为当年新建住宅商品房平均售价的60%的比例进行测算[1]。

4.3.2 无减免时住宅房地产税税收收入的全国模拟

假设开征房地产税的起始年度为2019年[2]。图4.1为根据住宅房地产税税收收入测算公式和表4.4得到的2019年全国房地产税税收收入规模。如图4.1所示,前两列为征收率70%时的税收收入规模,后两列为征收率100%时的税收收入规模。当征收率为70%时,2019年全国住宅房地产税税收收入大约在3424.50至8692.56亿元之间;当征收率为100%时,全国住宅房地产税税收收入的最小值约为4892.14亿元,最大值约12418.52亿元。

---

[1] 何杨. 中国房地产税改革[M]. 北京:中国税务出版社,2017.

[2] 选择2019年作为起始年度的原因在于,本书的收入预测不仅包括全国、还包括地区、省(直辖市、自治区)和城市,基于数据的可获得性和全文起始年度的统一性,将2019年作为房地产税开征起始年度。因此,除第4章外,第5章、第6章和第7章在测算税收收入时,房地产税开征起始年度均为2019年。

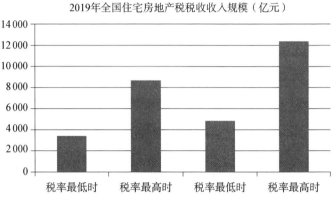

图 4.1 全国住宅房地产税税收收入规模(2019 年)

4.3.3 无减免时住宅房地产税税收收入对基本公共服务的贡献

无减免时住宅房地产税税收收入用于基本公共服务就是衡量房地产税能够为地方基本公共服务筹集的资金数量。因此,衡量无减免时住宅房地产税税收收入用于基本公共服务就是住宅房地产税税收收入对地方基本公共服务支出的贡献。

如果将房地产税税收收入全部用于地方教育支出、住房保障支出、社会保障和就业支出、卫生健康以及文化体育支出等基本公共服务支出[①],在现有的地方政府对这些项目的支付不变的情况下,房地产税税收收入会明显改变地方政府的支出结构。房地产税占地方基本公共服务支出的比重如图 4.2 和图 4.3 所示,其中,图 4.2 为征收率 70% 时的比重,图 4.3 为征收率 100% 时的比重。考虑到征收房地产税初期的居民预期和税收征管,以住宅房地产税税收收入和不同的征收率为基础计算房地产税税收收入分别对于基本公共服务支出的比重,所需的地方教育支出、住房保障支出、社会保障和就业支出、卫生健康支出以及文化体育支出数据来自《中国统计年鉴》(2020)[②]。结果显示,将房地产税税收收入全部用

---

① 基本公共服务体系参见《国家基本公共服务体系"十二五"规划》。

② 这里的基本公共服务支出数据是地方支出省级合计数。另外,根据数据的可得性,地方卫生健康支出数据来自统计年鉴中"医疗卫生和计划生育支出"项的数据,文化体育支出数据来自统计年鉴中"文化旅游体育与传媒支出"项数据。

于地方基本公共服务支出在一定程度上提高了地方基本公共服务的供给数量;将房地产税税收收入分别专门用于特定的基本公共服务支出时,将明显提高特定基本公共服务的供给数量。

具体地,如果将房地产税税收收入全部用于地方基本公共服务支出,全国范围的地方基本公共服务支出在征收率为70%时最小增加3.93%,最大增加9.98%;在征收率为100%时最小增加5.61%,最大增加14.25%。房地产税税收收入可以较大幅度改变地方基本公共服务的支出结构,提高地方基本公共服务的供给数量,改善地方基本公共服务提供的质量。

如果将房地产税税收收入全部用于地方教育支出,全国范围的地方教育支出在征收率为70%时最小增加10.39%,最大增加26.37%;在征收率为100%时最小增加14.84%,最大增加37.68%。房地产税税收收入占地方教育支出的比重超过9%,在现有地方教育支出金额不变的情况下,房地产税税收收入能为地方教育支出增加超过10%的教育支出资金,最好的情况下房地产税税收收入占地方教育支出的比重增加超过30%。房地产税税收收入可以较大幅度改变地方教育支出结构,改善地方教育公共服务的质量。

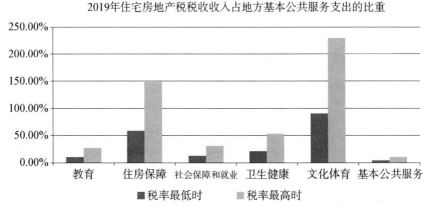

图 4.2 征收率 70%时住宅房地产税税收收入占地方公共服务支出的比重(2019 年)

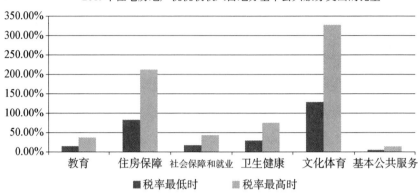

图4.3　征收率100%时住宅房地产税税收收入占地方公共服务支出的比重(2019年)

如果将房地产税税收收入全部用于地方住房保障支出,地方住房保障支出在征收率为70%时最小增加58.65%,最大增加148.87%;在征收率为100%时最小增加83.78%,最大增加212.67%。房地产税税收收入在很大程度上提高地方住房保障质量,从而提高居民居住质量和生活质量。其中,房地产税税收收入采用最高税率征收时,房地产税税收收入占住房保障支出的比重超过100%,这意味着房地产税税收收入能够完全为其提供用于住房保障支出的资金,对于保障性住房的建设以及房地产市场的完善都会产生非常积极的作用。在现有住房保障支出不变的基础上,房地产税税收收入将使地方用于住房保障支出的资金增加大约一倍,将会大大改善地方的住房保障质量。

如果将房地产税税收收入全部用于地方社会保障和就业支出,全国范围的社会保障和就业支出在征收率为70%时最小增加12.17%,最大增加30.88%;在征收率为100%时最小增加17.38%,最大增加44.12%。房地产税税收收入能较好地改善各省(直辖市、自治区)的社会保障和就业支出,房地产税税收收入能为社会保障和就业多提供超过12%的资金。在现有地方社会保障和就业支出金额不变的情况下,房地产税税收收入能为地方教育支出增加超过12%的教育支出资金,最好的情况下房地产税税收收入占地方社会保障和就业支出的比重超过40%。

如果将房地产税税收收入全部用于地方医疗卫生和计划生育支出,

全国范围内的地方医疗卫生和计划生育支出在征收率为 70％时最小增加 20.86％,最大增加 52.95％;在征收率为 100％时最小增加 29.8％,最大增加 75.64％。房地产税税收收入能较大幅度增加地方用于公共安全的资金投入。房地产税税收收入占地方该项基本公共服务支出的比重超过 20％,意味着在现有资金投入不变的情况下,房地产税税收收入使得地方医疗卫生和计划生育支出资金增加超过 20％。

如果将房地产税税收收入全部用于地方文化体育支出,全国范围内的房地产税税收收入占地方文化体育支出的比重在征收率为 70％时最小增加 90.66％,最大增加 230.13％;在征收率为 100％时最小增加 129.51％,最大增加 328.75％。能相当大程度地改善地方文化体育支出。在采用高税率的情况下,房地产税税收收入能完全为地方文化体育支出提供所需资金,能多提供超过 2.2 倍的资金用于文化体育项目,能很好地改善该项目的资金投入。

因此,将房地产税税收收入由地方政府支配并运用于地方基本公共服务支出,能较好地增加地方基本公共服务支出尤其是地方特定基本公共服务支出,使房地产税与供应不足的地方公共品相联系,如教育、住房保障、社会保障和就业、公共安全以及科学技术。房地产税税收收入用于地方居民关心的地方公共品投入,使房地产税真正成为居民分享地方公共品所需支付的对价。我国各省(直辖市、自治区)居民享受公共服务的需求千差万别,将房地产税税收收入用于地方基本公共服务支出,有针对性地提高各省(直辖市、自治区)居民享有的公共服务收益,同时地方居民在对房地产税税收收入的使用上具有更多的知情权和监督权,使地方政府与居民的距离更近。

4.4　小结

在上一章我国房地产税的现有格局与问题的基础上,本章探讨我国房地产税的税基选择和收入模拟。一方面是我国房地产税的税基选择和税率测算,通过比较世界各国房地产税的税基和税率,结合我国现行的房产税,进行我国房地产税税基的选择和税率的测算,另一方面在明确房地产税税率的基础上，阐述房地产税的收入模拟。总体来说，得到的结论有：

第一，关于房地产税的税基和税率。借鉴世界上多数国家的做法，将市场价值或评估价值基础作为房地产税的税基。采用比例税率形式设计房地产税的税率，考虑居民对房地产税的承受能力，根据《中国家庭金融调查》(2015)数据进行测算，得到全国房地产税税率为 0.26%—0.66% 之间。考虑到我国地区房地产税税率存在的差异，将我国划分东部、中部和西部，得到的东部地区房地产税税率为 0.23%—0.56%；中部地区为 0.39%—0.88%；西部地区为 0.37%—0.94%。考虑全国各省(直辖市、自治区)税率的差异，测算得到全国各省(直辖市、自治区)的幅度税率。考虑居民家庭住房拥有量不同，测算得到拥有 1 套住房的居民家庭适用的房地产税税率为 0.29%—0.73%；拥有 2 套住房的居民家庭适用的房地产税税率为 0.23%—0.58%；拥有 3 套及以上住房的居民家庭税率为 0.21%—0.52%，进而得到东部、中部和西部地区不同住房拥有量的家庭分别适用的房地产税税率。

第二，我国房地产税税收收入的全国模拟。假设将 2019 年作为开征房地产税的起始年度，一方面，对 2019 年度全国住宅房地产税税收收入进行模拟，表明房地产税将为地方基本公共服务提供稳定资金；另一方面，如果将住宅房地产税税收收入全部用于地方教育支出、住房保障支出、社会保障和就业支出、公共安全支出和科学技术支出五项基本公共服务支出，发现在不改变地方政府对上述项目支出的情况下，房地产税将明显增加用于提供地方基本公共服务的资金。

5

不同地区的房地产税税收收入模拟与预测

　　第 4 章对房地产税税率的测算表明,全国各地区的房地产税税率不尽一致。既然房地产税是地方政府筹集公共服务所需资金的重要来源,那么房地产税对地区间税收收入的影响如何,房地产税为不同地区带来的税收收入是否存在地区差异? 在第 4 章房地产税的税基选择与收入模拟的基础上,第 5 章探讨房地产税对不同地区税收收入的影响。

　　本章的结构安排如下:首先界定房地产税对不同地区税收收入的影响,其次阐述房地产税对不同地区税收收入影响采用的评估思路,进而实证检验房地产税对不同地区税收收入的影响,最后是本章小结。

5.1　房地产税对不同地区税收收入影响的界定

　　房地产税对地区间税收收入的影响就是阐述房地产税为各个地区带来的税收收入的变化,具体指地区房地产税相关税收收入与地区房地产相关税收收入的差额。其中,房地产税相关税收收入是开征房地产税后有关的房地产税费,房地产相关税收收入是开征房地产税前的有关税费[①]。研究房地产税对地区间税收收入的影响包括房地产税对东部、中

---

① 这里的房地产税相关税收收入和房地产相关税收收入包括税费,不仅是因为在房地产税费中土地出让金的规模庞大,还因为我国在征收房地产税时,需要厘清房地产税与土地出让金之间的关系。房地产税相关税收收入和房地产相关税收收入的概念同样适用于第 6 章和第 7 章。

部和西部地区税收收入的影响[1]。

5.2 房地产税对不同地区税收收入影响采用的评估思路

一方面,对地区而言,开征房地产税体现为房地产税税收收入的实现,这是房地产税对地区税收收入影响的其中一部分。房地产税对地区税收收入的影响体现为征收房地产税带来的税收收入的增加。房地产税税收收入具体指住宅房地产税税收收入[2]。如果将地区房地产税税收收入用 T_R 来表示,地区住宅房地产税税收收入用 T_R^{RE} 表示,地区房地产税税收收入用公式表示为:

$$T_R = T_R^{RE} \tag{5.1}$$

另一方面,开征房地产税表现为对土地出让金中作为预征的房地产税部分的替代。这是因为我国目前的地区土地出让收入包含两个部分:一是预征的房地产税部分,即由于公共支出而带来的土地增值部分;二是国家出让土地使用权时收取的除预征的房地产税以外的部分,即非预征的房地产税部分,包括国家出让一定期限土地使用权收取的常规地租部分和开发商基于土地升值预期而愿意支付的溢价部分,并假设地区预征的房地产税可以在非预征的房地产税部分的基础上计算得到。假设不考虑房地产税的时间价值,地区出让土地使用权时收取的非预征的房地产税用 F_R^N 表示,土地出让年限用 n 表示,预征的房地产税用 T_R^{PR} 表示,可以得到:

$$T_R^{PR} = F_R^N \times t_R \times n \tag{5.2}$$

---

[1] 本书中涉及的房地产税相关税收收入、房地产相关税收收入以及房地产税对税收收入的影响等表述,借鉴了胡洪曙(2011)的表述。

[2] 事实上,房地产税不仅包括住宅房地产税,还包括非住宅房地产税,即工商业房地产税。在我国现行法律制度中的房产税,从征税范围、征税对象等税收要素来看,可以视为工商业房地产税。未考虑工商业房地产税的原因在于,这里研究房地产税征收带来的税收收入的变化,而非税收收入本身。

将地区土地出让收入用 F_R 表示,地区土地出让收入包括非预征的房地产税部分和预征的房地产税部分两部分之和,用公式表示为:

$$F_R = F_R^N + T_R^{PR} \qquad (5.3)$$

可以得到预征的房地产税在地区土地出让收入的比重 w^{PR}。

开征房地产税后,预征的房地产税应从地区土地出让收入中予以扣除,即该房地产在已使用年限内包含的房地产税无需扣除,在剩余的土地使用年限内包含的房地产税应予扣除,应予扣除的金额为开征房地产税之前的历年全部的土地出让收入之和与预征的房地产税在地区土地出让收入中所占比重的乘积,进而得到每年应予扣除的金额。将地区历年全部的土地出让收入之和用 F_R^S 表示,地区应予扣除的预征房地产税部分用 TS_R^{PR} 表示,根据预征的房地产税占土地出让收入的比重,得到地区应予扣除的预征房地产税,用公式表示为:

$$TS_R^{PR} = F_R^S \times w^{PR} \qquad (5.4)$$

开征房地产税的同时,土地出让金继续征收。这意味着在相当长一段时间内,房地产税与土地出让金并行征收。在房地产税与土地出让金并行征收期间,对于房地产税开征之前的房地产,不仅需要按照房地产税的要求计算房地产税,还需要对该房地产已经缴纳的土地出让金中的预征房地产税部分进行扣除;对于房地产税开征之后新的房地产,遵循房地产税的要求计算房地产税。因此,除了房地产税税收收入,房地产税相关税收收入还包括土地出让收入中的非预征的房地产税部分 F_R^N,同时扣除每年应予扣除的预征房地产税,将地区每年应予扣除的预征房地产税金额用 T_R^{EPR} 表示,地区房地产税相关税收收入用 R_R^R 表示,用公式表示为[①]:

$$R_R^R = T_R^{RE} + F_R^N - T_R^{EPR} \qquad (5.5)$$

房地产税尚未开征时,将房地产相关税收收入用 R_R^E 表示,地区房地

---

① 房地产税相关税收收入和房地产相关税收收入均为考虑与房地产有关的其他税种(城镇土地使用税、耕地占用税、土地增值税等),原因在于:在房地产税开征前后,其他税种并未发生变化。

产相关税收收入应为地区土地出让收入 F_R，用公式表示为：

$$R_R^E = F_R \qquad (5.6)$$

因此，房地产税对地区税收收入的影响应为房地产税开征前税收收入的变化，房地产税相关税收收入与房地产相关税收收入的差额，即 R_R^R 与 R_R^E 的差额。房地产税对地区税收收入的影响 R_R 用公式表示为[①]：

$$R_R = R_R^R - R_R^E = T_R^{RE} + F_R^N - T_R^{EPR} - F_R \qquad (5.7)$$

5.3　房地产税对地区税收收入的影响模拟

5.3.1　地区住宅房地产税税收收入模拟

根据第 4 章 3.1 节住宅房地产税税收收入表达式，测算幅度税率且征收率为 70%—100% 时的全国各地区住宅房地产税税收收入。住宅房地产税税收收入的影响因素除了住宅价值下降率、税率和征收率，还包括城镇总人口、存量房价格和人均住宅建筑面积。各地区城镇总人口是各地区所包括省（直辖市、自治区）的城镇总人口分别与相应省（直辖市、自治区）城镇化人口比重乘积的加总。各地区存量房价格是在住宅商品房销售平均价格的基础上得到的，假设地区存量房价格为地区住宅商品房销售平均价格的 60%，地区住宅商品房销售平均价格为各地区所包括省（直辖市、自治区）的住宅商品房销售平均价格的中位数，地区人均住宅建筑面积为各地区所包括的可获得数据的省（直辖市、自治区）人均住宅建筑面积的中位数。城镇总人口、人均住宅建筑面积和住宅商品房平均销售价格所需数据均来自《中国统计年鉴》（2020），人均住房建筑面积数据主要来自各省（直辖市、自治区）统计年鉴（2020）。

假设房地产税开征起始年度为 2019 年[②]。图 5.1 为征收率分别采用

---

① 如果房地产税与土地出让金并行征收一段时间以后，土地出让金不再继续征收，而预征的房地产税部分也已抵扣完毕，此时房地产税对税收收入的影响仅包括住宅房地产税税收收入。

② 参见注释 28。

70％和100％时适用地区房地产税幅度税率得到的 2019 年各地区关于住宅房地产税税收收入的最小值和最大值，其中，前两组为征收率70％时的税收收入，后两组是征收率为 100％时的税收收入。对全国所有地区来说，无论是提高地区房地产税税率，还是提高征收率，均可以增加地区住宅房地产税税收收入，且提高税率相对于提高征收率而言使地区能够增加更多的收入。住宅房地产税税收收入最高的是东部地区，其收入约为中部地区住宅房地产税税收收入的 2 倍，西部地区的 3 倍。这表明：城镇总人口和存量房价格是地区住宅房地产税税收收入的重要影响因素。东部地区较多的城镇总人口和较高的存量房价格使东部地区获得较多的税收收入；中、西部地区较少的城镇总人口和较低的存量房价格使其获得较少的税收收入，且西部地区税收收入更少。

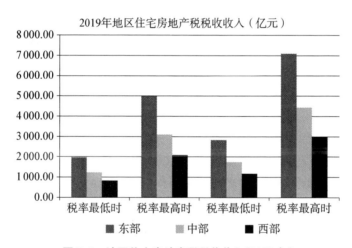

图 5.1　地区住宅房地产税税收收入 (2019 年)

如果将各地区住宅房地产税税收收入全部用于地区基本公共服务，假设现有的中央和省级转移支付对基本公共服务的支付不变，地区基本公共服务支出为地区所包括省市的地方基本公共服务支出的总和。图 5.2 为地区住宅房地产税税收收入占基本公共服务支出的比重，所需基本公共服务支出数据来自《中国统计年鉴》(2020)，其中，前两组是征收率为 70％时的比重，后两组是征收率为 100％时的比重。结果显示，第一，住宅房地产税税收收入将有效增加地区基本公共服务投入，从而改善地区公共服务的质量。尤其是当各地区适用幅度税率的最高税率且征收率为 100% 时,住宅房地产税税收收入使全国各地区基本公共服务支出平均增加 16.41%。第二,将住宅房地产税税收收入全部用于地区基本公共服务使得东部地区和中部地区基本公共服务支出增加基本一致,且明显高于西部地区。这是因为东部地区虽然拥有较高的住宅房地产税税收收入,但是基本公共服务支出也较高,在支出的增加投入上并无优势。第三,房地产税明显扩大了东、中部地区与西部地区间基本公共服务供给差距,西部地区住宅房地产税税收收入所占比重较东、中部地区明显偏低。

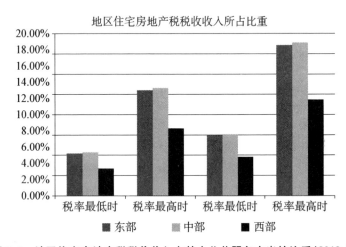

图 5.2　地区住宅房地产税税收收入占基本公共服务支出的比重(2019 年)

5.3.2　地区土地出让金中预征房地产税的测算

假设土地出让收入主要来自出让住宅用地收入,土地平均出让年限设定为 60 年。假设不考虑房地产税的时间价值,土地出让年限用 n 表示,地区预征的房地产税 T_R^{PR} 可以用公式表示为:

$$T_R^{\mathrm{PR}} = F_R^{\mathrm{N}} \times t_{\mathrm{R}} \times n = 60 \times F_R^{N} \times t_{\mathrm{R}} \tag{5.8}$$

结合公式(5.3)得到各地区预征的房地产税占土地出让收入中的比重,将各地区 1999 年以来的土地出让收入之和乘以上述比重得到各地区应予扣除的预征房地产税[①]，其中，地区土地出让收入为地区所包括省（直辖市、自治区）土地出让收入的加总。假设应予扣除的预征房地产税需要在 2019—2038 年 20 年间抵扣完毕且每年的抵扣额相等，进而可以得到各地区在不同税率时每年应予抵扣的预征房地产税。各地区预征的房地产税占取得的土地出让收入的比重以及每年应予抵扣的房地产税额如表 5.1 所示。结果显示，在地区样本房地产税税率采用幅度税率的情况下，随着地区房地产税税率的提高，预征的房地产税占土地出让金的比重增加，因而每年应予抵扣的房地产税也增加。根据房地产税相关税收收入的计算公式，地区房地产税相关税收收入随地区房地产税税率的提高而下降。从不同地区来看，东部地区预征的房地产税占土地出让金的比重明显低于中部和西部地区，每年应予抵扣的房地产税明显高于中部和西部地区。

表 5.1　地区预征的房地产税占土地出让金的比重及每年应予抵扣的房地产税

	税率	0.23%	0.28%	0.34%	0.40%	0.45%	0.51%	0.56%
东部	占土地出让金的比重	12%	14%	17%	19%	21%	23%	25%
	税额（亿元）	1542.55	1872.33	2183.54	2477.71	2756.20	3020.23	3270.90
	税率	0.39%	0.49%	0.59%	0.69%	0.78%	0.88%	0.98%
中部	占土地出让金的比重	19%	23%	26%	29%	32%	35%	37%
	税额（亿元）	788.66	941.04	1080.18	1207.73	1325.09	1433.42	1533.73
	税率	0.37%	0.47%	0.56%	0.66%	0.75%	0.84%	0.94%
西部	占土地出让金的比重	18%	22%	25%	28%	31%	34%	36%
	税额（亿元）	605.26	723.37	831.55	931.00	1022.73	1107.61	1186.39

数据来源：所需土地出让金数据来自《中国国土资源年鉴》(2000—2020)。

---

① 土地出让金制度正式实施是在 20 世纪 80 年代中后期，从这一时期到 1999 年的土地出让金收入较少，需要予以抵扣的土地出让金中性质属于房地产税的部分相应也较少。因此，本书的土地出让金从 1999 年开始计算。在未来期间的抵扣中，只计算 1999—2019 年间土地出让金中的预征房地产税部分。

5.3.3 房地产税对地区税收收入的短期影响

房地产税开征后,各地区房地产税相关税收收入不仅包括住宅房地产税税收收入,还应加上当年取得的土地出让收入中收取的非预征房地产税部分,同时减去当年应予抵扣的房地产税。在地区房地产税税率采用幅度税率的前提下,地区住宅房地产税税收收入、土地出让收入中非预征房地产税部分和应抵扣的房地产税额均不唯一。图 5.3 为各地区分别采用幅度税率中的最低税率和最高税率,以及征收率为 70% 和 100% 时的房地产税相关税收收入,其中,前两组为征收率 70% 时的房地产税相关税收收入,后两组为征收率 100% 时的房地产税相关税收收入。结果发现,提高征收率且地区房地产税税率不变时的房地产税相关税收收入增加,这是因为提高征收率使得住宅房地产税税收收入增加进而增加了房地产税相关税收收入;提高地区房地产税税率且征收率不变时的房地产税相关税收收入减少,这是因为提高房地产税税率虽然使得地区住宅房地产税税收收入增加,但同时意味着土地出让金中的非预征房地产税减少以及应予抵扣的房地产税增加。2019 年地区房地产税相关税收收入中,东部地区较高,其次是中部,最后是西部。东部地区不仅拥有显著高于中部和西部地区的住宅房地产税税收收入,还拥有显著高于中部和

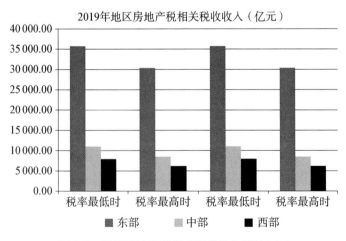

图 5.3 地区房地产税相关税收收入(2019 年)

西部地区的土地出让收入。因此,东部地区房地产税相关税收收入明显高于中部和西部;中部地区的住宅房地产税税收收入和土地出让收入高于西部地区,房地产税相关税收收入高于西部。

进一步测算房地产税对地区税收收入的影响如图5.4所示。将图5.3得到的地区房地产税相关税收收入与未开征房地产税时的房地产相关税收收入即2019年地区房产税与土地出让收入之和相比较,即为房地产税开征起始年度房地产税对地区税收收入的影响。图5.4所列为地区分别采用幅度税率中的最低税率和最高税率,征收率分别为70%和100%时在2019年房地产税对地区税收收入的影响,其中,前两组为征收率70%时房地产税对地区税收收入的影响,后两组为征收率100%时房地产税对地区税收收入的影响。结果表明,各地区在房地产税开征起始年度的房地产税相关税收收入均小于房地产相关税收收入,即房地产税对地区税收收入的影响均为负。在房地产税开征起始年度,房地产税对地区税收收入并不能产生正向影响。其中,东部地区产生的税收收入缺口较大,其次是中部,最后是西部。这表明在房地产税开征起始年度虽然可以取得较多的住宅房地产税税收收入,但是相对于金额庞大的地区土地出让收入来说,房地产税在短期内并不足以代替土地出让收入而成为地区税收收入的重要来源。

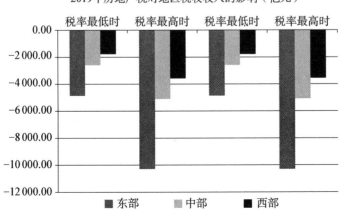

图5.4　房地产税对地区税收收入的影响(2019年)

5.4 房地产税对不同地区税收收入的影响预测

5.4.1 评价房地产税对地区税收收入影响涉及的因素

进而考察房地产税开征对不同地区税税收收入的长期影响。其中，影响地区住宅房地产税税收收入涉及的因素有地区城镇总人口、人均住宅建筑面积和存量房价格，房地产税对地区税收收入的长期影响需涉及的因素有土地出让金。对于地区城镇总人口，结合巴曙松和杨现领(2020)对我国城镇化进程预测的研究，假设未来期间各地区城镇总人口呈匀加速方式增长，即年增长率为2％；对于人均住宅建筑面积，假设地区人均住房建筑面积增长20％需要20年，按照匀加速方式增长的各地区人均住房建筑面积年增长率为1％[①]；对于存量房价格，假设存量房价格为地区住宅商品房销售平均价格的60％。

5.4.2 土地出让金和住宅商品房销售价格的相互作用机制

自1994年分税制改革以来，中央政府上收财权，地方政府仍然承担分税制改革前的支出门类。地方政府财力不足以支撑其所承担的支出责任，财力与支出责任不匹配使地方政府收支平衡出现严重缺口，承受巨大的财政压力。为了弥补财力与支出责任不对等造成的财政缺口，地方政府开始寻求预算约束外的收入。作为预算外收入的土地出让收入成为地方政府增加财政收入的一项重要渠道，首先，分税制改革后，土地出让收入全部归地方所有，即土地出让收入资金完全归属地方所有。即使是在2015年新《预算法》实施之后，虽然实行全口径预算管理，但土地出让收入仍归属地方政府所有；其次，土地出让收入一次性征收，征收相对简便高效而所受监管力度相对较小。同时，房地产业一直是国民经济的支柱行业，地方政府通过房地产业拉动经济增长，不仅直接促进经济增长，带

---

① 任泽平认为我国住房存量至少存在20％的发展空间，详见网址 http://www.sohu.com/a/276771152_467568，本书假设我国人均住房面积增长20％。需要注意的是，假设人均住房面积增长与开征房地产税前保持一致的做法，可能会高估住宅房地产税税收收入。这一方面是由于经济的影响，另一方面由于征收房地产税本身也会对人均住房面积增长产生影响。

动建筑、金融和服务等产业链上相关行业的发展,还可以增加与房地产相关的税费收入以弥补财政缺口。因此,地方政府在出现财政缺口的情况下,有促进房地产市场繁荣和推高房价的动机,其实现路径体现为可以通过新闻媒体引导居民形成对房地产市场的乐观预期,提供激励机制提高居民的购房需求等。

地方政府通过强制低成本的征地制度和政府垄断的国有土地有偿出让制度,使我国在土地资源禀赋比其他经济体更为稀缺的制约下依靠土地推动地方的工业化和城市化(刘守英等,2020),具体表现为以远低于市场价格的价格提供土地用于工业化,通过工业化推动地方经济增长使商住用地价值增值的同时,以高价提供商住用地获取土地出让收入,地方政府将获得的土地出让收入进一步用于基础设施投资和发展地方工业,一方面提升城市化水平,另一方面带动地方经济增长。城市化水平的提高和地方经济增长,大量人口流入城镇,产生大量的住房需求,从而推高房价;土地的限量供应加剧了住房供给与需求之间的矛盾,地方政府通过"限量供应,提高价格"的方式,进一步推高了房价。房价上涨增长了居民对房地产市场的乐观预期,产生大量的投资性住房需求,地方政府增加土地供应的规模,提供更多商住用地从而获取更多的土地出让收入。地方政府从土地出让中获得的收入,并没有用于提供地方基本公共服务,而是投入到地方的基础设施投资中,以招商引资拉动经济增长。地区间竞争和官员锦标赛共同导致了地方政府在基础设施投资和招商引资方面的竞争,这种竞争使土地出让收入并没有用于弥补财政缺口,反而使得地方政府产生较多的财政支出,在财政收入基本不变的情形下,形成较大的财政缺口。

如上所述,土地出让金不仅与财政缺口存在相互作用机制,还与住宅商品房销售价格存在相互作用机制。财政缺口、土地出让金和住宅商品房销售价格三者的相互作用机制如图5.5所示。

5.4.3 评价土地出让金和住宅商品房销售价格之间相互关系采用的方法

本书采用向量自回归模型(VAR)来分析包含土地出让金和住宅商

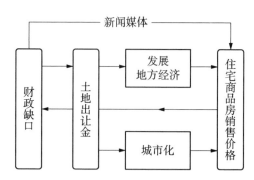

图 5.5　财政缺口、土地出让金和住宅商品房销售价格的相互作用机制

品房销售价格在内的变量之间的相互关系。VAR 模型将系统中的每一个内生变量,都作为系统中所有内生变量的滞后值的函数构造模型,从而形成多元时间序列组成的"向量"自回归模型。由图 5.1 看到,该系统中的内生变量包括财政缺口、土地出让金和住宅商品房销售价格。构建的 VAR 模型为:

$$y_t = \Phi_1 y_{t-1} + \Phi_2 y_{t-2} + \cdots\cdots + \Phi_p y_{t-p} + \varepsilon_t \tag{5.13}$$

其中,y_t 是 k 维内生变量,p 是滞后阶数,$t=1,2,\cdots,T,T$ 是样本个数。$k \times k$ 维矩阵 $\Phi_1 \cdots\cdots \Phi_p$ 是待估计的系数矩阵,ε_t 是 k 维扰动向量。

VAR 模型要求每一个变量都是平稳序列,如果原始时间序列非平稳,采取的做法是:第一,可以对其进行一阶差分得到平稳序列;第二,如果多个单位根变量之间由于某种经济力量而存在长期均衡关系,仍然可以使用原时间序列进行回归,即如果多个单位根序列拥有共同的随机趋势,可以对这些变量作线性组合以消去该随机趋势,此时可以用到的模型是向量误差修正模型(VEC)。使用 VEC 模型的充分条件是变量之间存在协整关系,可以认为 VEC 模型是含有协整约束的 VAR 模型,用于具有协整关系的非平稳时间序列。

1. 变量、数据与描述性统计

本书选用的变量为地方财政缺口、土地出让金和住宅商品房销售价格,其中,定义地方财政缺口为地方预算内支出与预算内收入差额的绝对值,土地出让金为地方各年获得的土地出让收入金额,住宅商品房销售价格为地方年度住宅商品房销售平均价格。本书采用 1999—2019 年各地方数据①,其中,2007 年以后的财政缺口数据来自 2008—2020 年《中国统计年鉴》、2007 年之前数据来自 2000—2007 年各省市统计年鉴;土地出让金数据来自 2000—2020 年《中国国土资源年鉴》;住宅商品房销售价格数据来自 2000—2020 年《中国统计年鉴》。为了消除价格因素的影响,本书根据 1999—2019 年的消费者价格指数将其换算为 1999 年的不变价格数据。为了消除异方差,本书对所有数据进行了对数化处理。表 5.2 报告了东部、中部和西部各变量的描述性统计结果。

表 5.2 东、中和西部地区各变量描述性统计

地区	变量	均值	标准差	最小值	最大值	观察值个数
东部	财政缺口	26.9587	0.8807	25.5580	28.2953	21
	土地出让金	27.1955	1.2281	24.4751	28.5977	21
	住宅商品房销售价格	8.3356	0.5567	7.4697	9.1168	21
中部	财政缺口	27.1246	0.9691	25.3725	28.3797	21
	土地出让金	25.7889	1.6308	21.9866	27.5096	21
	住宅商品房销售价格	7.6991	0.4827	6.9310	8.4459	21
西部	财政缺口	27.2983	0.9916	25.4572	28.5736	21
	土地出让金	25.6399	1.5153	22.3900	27.1789	21
	住宅商品房销售价格	7.6708	0.4201	7.0352	8.2811	21

2. 模型的建立和检验

在建立 VAR 模型时,还需要确定变量的滞后阶数;对于 VEC 模型,同样需要确定该系统对应的 VAR 表示法的滞后阶数。滞后阶数的选择方法有三种:第一,根据信息准则判断。信息准则包括 FPE 准则、AIC 准则、HQIC 准则和 SBIC 准则,各信息准则的值为最小时对应的滞后阶数,主要适用于各信息准则对应的滞后阶数基本一致时,而各信息准则确定

---

① 国发[1998]23 号文件宣告了福利分房制度的终结和新的住房制度的开始,将住宅商品房销售价格数据的起始年度设置为 1999 年;土地出让金数据的起始年度亦为 1999 年;与住宅商品房销售价格和土地出让金数据保持一致,财政缺口数据的起始年度亦为 1999 年。

的滞后阶数不一致时无法判断;第二,检验最后一阶系数的显著性;第三,检验模型的残差是否为白噪声,即是否存在自相关。如果存在自相关,表明可能需要增加滞后阶数,如果不存在自相关,表明当前滞后阶数为该模型应选择的滞后阶数。在完成模型估计后,进而需要检验模型的性质与假设。VAR 模型的检验包括对于系统包含方程的各阶系数的联合显著性进行的 Wald 检验、残差自相关检验、平稳性检验和残差正态分布检验。VEC 模型的检验包括残差自相关检验、平稳性检验和残差正态分布检验。VAR 模型和 VEC 模型均需对残差进行自相关检验,因此,模型滞后阶数的确定主要采用检验模型残差是否自相关的方法。

对于东、中和西部而言,建立的模型如表 5.3 所示[①]。

表 5.3　东、中和西部地区适用的模型

地区	模型	所用序列	滞后阶数	秩
东部	VAR	原序列	1	—
中部	VAR	原序列	1	—
西部	VEC	原序列	4	1

对西部地区变量之间的协整关系进行检验,结果如表 5.4 所示。

表 5.4　西部地区变量协整关系检验

变量组	特征根迹	5%临界值	至多存在的协整关系个数
财政缺口、土地出让金和商品房销售价格	14.5466	18.17	1
变量组	最大特征值	5%临界值	至多存在的协整关系个数
财政缺口、土地出让金和商品房销售价格	11.2344	16.87	1

估计模型后,对模型进行检验。首先,对东部和中部地区模型进行

---

① 在表 5.8 中,东、中部地区适用模型的滞后阶数根据对模型进行的检验判断,西部地区适用模型的滞后阶数根据信息准则判断。另外,考虑到样本容量较小,在对东部和中部地区适用的 VAR 模型进行估计时,同时进行了小样本自由度调整。

Wald 检验。Wald 检验结果发现,无论是东部,还是中部,作为三个方程整体的 1 阶系数均高度显著,检验结果拒绝方程的各阶系数的联合显著性"不显著"的原假设。其次,对模型进行残差自相关检验。检验结果显示,各地区均接受残差"无自相关"的原假设,即扰动项为白噪声。进而检验系统是否稳定,结果分别如图 5.6、5.7 和 5.8 所示。图中显示,对东部和中部而言,所有的特征值均在单位圆之内;对西部地区,除 VEC 模型本身假设的单位根外,伴随矩阵所有特征值均在单位圆之内,表明系统均通过平稳性检验。最后检验模型的残差是否符合正态分布,检验的 p 值如表 5.5 所示。结果显示,p 值均大于 0.05,检验结果在 5% 的显著性水平上接受这三个变量的扰动项服从正态分布的原假设。

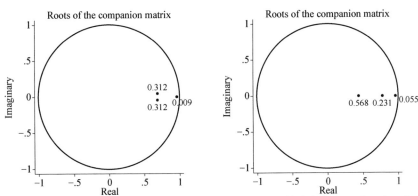

图 5.6 系统稳定性判别图(东部)   图 5.7 系统稳定性判别图(中部)

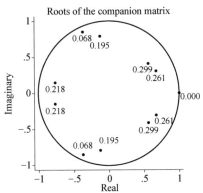

图 5.8 系统稳定性判别图(西部)

表5.5 各地区模型残差正态分布检验的 p 值

地区	检验方程	JB 检验	Skewness 检验	Kurtosis 检验
东部	财政缺口原序列	0.35391	0.24303	0.39796
	土地出让金原序列	0.32326	0.79238	0.13897
	住宅商品房销售价格原序列	0.26263	0.58301	0.12348
	整体	0.31992	0.62948	0.15264
中部	财政缺口原序列	0.52209	0.77548	0.26966
	土地出让金原序列	0.34693	0.41288	0.22905
	住宅商品房销售价格原序列	0.39728	0.99328	0.17423
	整体	0.51051	0.86093	0.21127
西部	财政缺口差分序列	0.67537	0.88616	0.40285
	土地出让金差分序列	0.68469	0.46543	0.63542
	住宅商品房销售价格差分序列	0.64324	0.39011	0.70446
	整体	0.87676	0.71574	0.78469

5.4.4 房地产税对各地区税收收入的影响预测

从图5.5看到,在土地出让金和住宅商品房销售价格的相互作用机制中,土地出让金通过地方经济发展和城市化作用于住宅商品房销售价格,然而,地方经济发展和城市化的这两种作用渠道并不可持续。第一,地方政府通过低价出让工业用地招商引资的项目往往是通过该项目中的厂房建设等固定资产投资带来的短期经济增长,而不是给地方带来的工业产值增加。地方政府间的引资竞争激励其进一步压低土地出让价格,降低企业准入,给予劳动密集型、产能过剩的企业更多机会,这些企业挤占了土地资源,并对资本密集型和技术密集型等具有高附加值的企业形成挤出效应,不利于地方经济长期增长。同时,在我国经济由中高速增长阶段转为高质量发展阶段、生产要素成本上升压力下,上述企业产值下滑,地方工业总产值增加值增长并不乐观。第二,地方政府高度依赖土地的城市化不可持续。土地资源具有稀缺性,地方政府取得土地出让金所依赖的土地规模是有限的。近年来随着政府土地出让成本的大幅上升,由土地出让带来的净收益处于下降趋势，土地出让的低成本城市化时代已不再。地方政府为了保证基础设施投资的需要，通过土地出让行为发展而来的土地融资行为导致地方政府债务高企，同时积累了大量的金融风险。债务融资规模上升到一定程度后，债务偿还限制了地方政府固定资产投资的规模，进而阻碍城市化的进程和经济增长。因此，地方政府的土地出让行为通过经济增长和城市化作用于住宅商品房销售价格变得不可持续。

在当前地方政府财力缺口依然存在的情况下，短期内难以改变通过土地出让行为发展经济和城市化的模式。基于此，本书将房地产税对不同地区税收收入的影响预测从时间上分为两个阶段。第一个阶段，2020—2021 年[①]，运用 VAR 模型或 VEC 模型可以得到各地区土地出让金和住宅商品房销售价格的预测值[②]，结合其他影响因素分析房地产税对不同地区税收收入的长期影响；第二个阶段，2022—2038 年，在预测房地产税对地区税收收入的影响时，分别预测土地出让金和住宅商品房销售价格。对土地出让金而言，结合本书第 3.1.1 小节中关于土地出让收入不具有可持续性的分析，本书假设土地出让金在 2021 年基础上逐年减少直至为零，即自 2021 年至 2038 年每年减少 6%，且同样的假设适用于第 6 章和第 7 章。对住宅商品房销售价格而言，参考未来期间 GDP 的变化，以世界银行预测 2022 年中国实际 GDP 增长率 5.1% 为依据[③]，假设住宅商品房销售价格年增长率为 5.1%[④]，同样，该假设适用于第 6 章和

---

① 2021 年 6 月 4 日，财政部发布《关于将国有土地使用权出让收入、矿产资源专项收入、海域使用金、无居民海岛使用金四项政府非税收入划转税务部门征收有关问题的通知》，明确自 2021 年 7 月 1 日起，在河北、内蒙古、上海等七地开展征管职责划转试点，自 2022 年 1 月 1 日起全面实施征管划转工作。

② 其中，计算 2022 年以后期间的预测值时，假设 2022 年以后年度的消费者价格指数与 2021 年相同。

③ 摘自 2021 年世界银行报告《China Ecnomic Update：Rebalancing Act —— From Recovery to High-Quality Growth》。

④ 以 GDP 增长预测商品房价格增长的合理性在于，房地产业是我国国民经济的支柱产业。这不仅是因为房地产业能带动上下游相关产业的发展，同时提供充分的就业机会，还因为房地产是国家财富的重要组成部分，房地产行业创造的固定资产在固定资产总值中占据的比例较高，房地产业是财政收入的重要来源。房地产业增长是 GDP 增长的重要构成。因此，本书以 GDP 增长预测商品房价格增长。

第 7 章。

图 5.9、图 5.10、图 5.11 和图 5.12 分别为采用各地区幅度税率的最低税率且征收率为 70％、各地区幅度税率的最低税率且征收率为 100％、

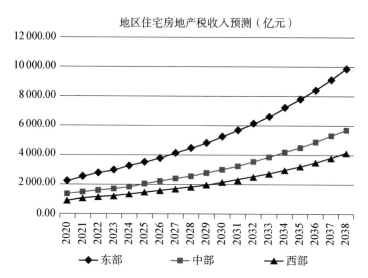

图 5.9　税率最低且征收率为 70％时住宅房地产税税收收入（2020—2038 年）

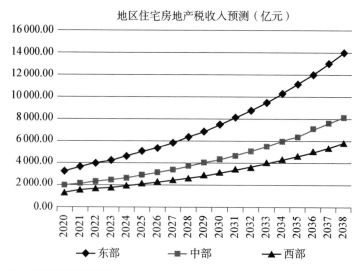

图 5.10　税率最低且征收率为 100％时住宅房地产税税收收入（2020—2038 年）

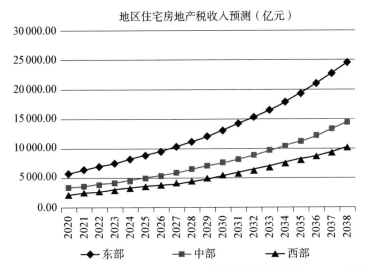

图 5.11　税率最高且征收率为 70% 时住宅房地产税税收收入（2020—2038 年）

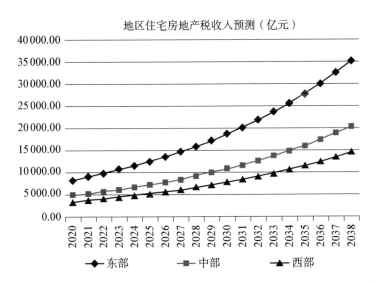

图 5.12　税率最高且征收率为 100% 时住宅房地产税税收收入（2020—2038 年）

各地区幅度税率的最高税率且征收率为 70% 和各地区幅度税率的最高税率且征收率为 100% 时 2020—2038 年的住宅房地产税税收预测收入。第一，从时间维度上看，2020—2038 年各地区住宅房地产税税收收入均呈增长趋势,其中,收入增长较多的地区是东部,其次是中部,最后是西部,尤其是当房地产税税率最高且征收率为100%时,东部地区住宅房地产税税收收入增长额是中部的2倍,约为西部的2.5倍,且房地产税税率相对于征收率在各地区获得税收收入时更为敏感;第二,从地区维度上看,住宅房地产税预测收入较多的地区是东部,中部地区次之,最后是西部,且东部地区显著超过中部和西部地区。总体而言,住宅房地产税税收收入将成为全国各地区一项持续稳定的收入来源。

在图5.9、图5.10、图5.11和图5.12对地区住宅房地产税税收收入进行预测的基础上,预测未来期间该收入占地区基本公共服务支出的比重。假设2020年—2038年各地区基本公共服务支出呈匀加速增长且年增长率为8%[①],图5.13、图5.14、图5.15和图5.16是预测收入占预测支出项目的比重。

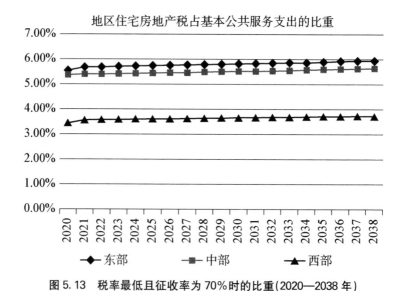

图5.13 税率最低且征收率为70%时的比重(2020—2038年)

---

① 此处的假设与第6章和第7章的假设一致。根据《国家基本公共服务标准(2021年版)》,结合《"十四五"公共服务规划》中的"十四五"社会发展与公共服务主要指标发现,各项基本公共服务支出均有所增长。

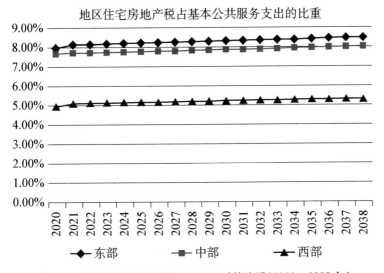

图5.14 税率最低且征收率为100%时的比重(2020—2038年)

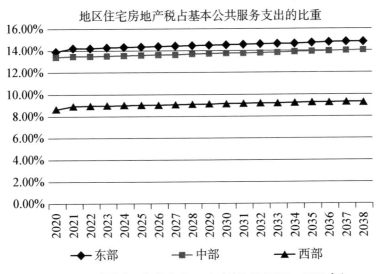

图5.15 税率最高且征收率为70%时的比重(2020—2038年)

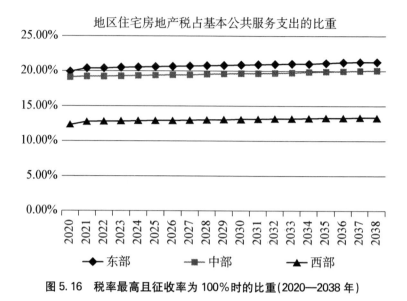

图 5.16　税率最高且征收率为 100％时的比重(2020—2038 年)

从上图可以看出,2020—2038 年间,地区住宅房地产税税收收入占基本公共服务支出的比重较高的是东部,中部次之,西部最低。具体表现在:第一,提高房地产税税率或征收率均能够提高各地区住宅房地产税税收收入占基本公共服务支出的比重。第二,随着房地产税税率的提高或征收率的提高,地区间住宅房地产税税收收入占基本公共服务支出的比重越来越呈现较为明显的差异。该比重的地区差异体现在当提高房地产税税率而征收率不变时,东部由约 6％增加至 14％,中部由约 5％增加至 13％,西部由约 3％增加至 9％,进一步提高征收率时,东部由 14％增加至 21％,中部由 13％增加至约 20％,西部由 9％扩大为 13％。这表明,从长期来看,假设现有的中央和省级转移支付对基本公共服务的支付不变并且现有的公共服务支出可控的情况下,地区住宅房地产税税收收入尤其是东部地区住宅房地产税税收收入能够有效增加各地区基本公共服务支出,进而改善公共服务质量;征收房地产税较为明显地扩大了地区间基本公共服务供给的数量差异。

将根据模型估计结果预测的各地区土地出让收入,乘以非预征房地产税部分占土地出让收入的比重,测算开征房地产税后地方政府的土地出让收入,加上根据图 5.9、图 5.10、图 5.11 和图 5.12 在 2020—2038 年间的地区住宅房地产税税收收入,减去表 5.1 所示的在 2020—2038 年每年应抵扣的预征房地产税,得到各地区未来各年的房地产税相关税收收入。将该收入与未开征房地产税时各年税收收入即土地出让收入相比较,可以测算房地产税开征后对不同地区税收收入的长期影响,图 5.17 为房地产税对地区税收收入的影响为正所需时间,其中,前两组是征收率为 70% 时所需时间,后两组是征收率为 100% 时所需时间。

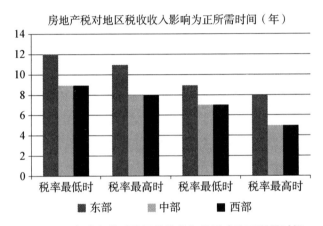

图 5.17　房地产税对地区税收收入的影响为正所需时间

　　如图所示,在 2020—2038 年房地产税与土地出让收入并行期间内,对全国各地区来说,房地产税对地区税收收入的影响均可以为正,并且需要经历一定的时间,这个时间最多需要 12 年,最少需要 5 年。具体地,第一,从不同地区来看,提高房地产税税率和征收率均有可能获得更多的房地产税相关税收收入,缩短房地产税对地区税收收入的影响为正所需的时间。具体地,不论是提高征收率,提高地区房地产税税率,还是提高征收率的同时提高地区房地产税税率,均能够缩短房地产税对上述地区税收收入的影响为正所需的时间。第二,在全国各地区中,东部地区所需时间较长,中部和西部地区所需时间较短。东部地区所需时间较长的原因可能在于东部地区庞大的土地出让金规模。

5.5 小结

在第 4 章房地产税的税基选择与收入模拟的基础上,本章探讨房地产税对不同地区税收收入的影响。将全国分为东部、中部和西部三个地区,研究房地产税对东、中和西部税收收入的影响。根据房地产税对不同地区税收收入影响的评估方法,分别从短期和长期对各地区住宅房地产税税收收入进行模拟与预测,从房地产税开征起始年度到房地产税与土地出让收入并行截止期间,比较各地区住宅房地产税税收收入,进而阐述房地产税对不同地区税收收入的影响。总体而言,得到的结论有:

第一,有关地区住宅房地产税税收收入。在地区房地产税税率适用幅度税率且征收率在一定区间范围时的地区住宅房地产税税收收入中,东部地区明显高于中部和西部地区。住宅房地产税税收收入能够有效增加地区对于地区基本公共服务的投入,东部地区明显高于中、西部地区。对地区住宅房地产税税收收入进行预测发现住宅房地产税税收收入将成为全国各地区一项持续稳定的收入来源。在未来期间,征收房地产税将会在一定程度上扩大地区间的基本公共服务供给差异。

第二,房地产税对地区税收收入的影响。在房地产税开征起始年度,房地产税对各地区税收收入的影响均为负。对全国各地区来说,在2020—2038 年房地产税与土地出让收入并行期间内,房地产税对各地区税收收入的影响均可以为正,但是需要经历一定的时间,且东部地区所需的时间最长。从不同地区来看,提高地区房地产税税率和征收率均有可能获得更多的房地产税相关税收收入,从而缩短房地产税对地区税收收入的影响为正所需的时间。

6

省际之间房地产税税收收入的模拟与预测

由第4章对房地产税税率的测算可以知道,在全国各地的房地产税税率不尽一致。既然房地产税是地方政府筹集公共服务所需资金的重要来源,那么房地产税对全国各省市税收收入的影响如何,房地产税为不同省市带来的税收收入是否存在差异? 在第5章分析房地产税对地区之间税收收入影响的基础上,第6章探讨房地产税对省际之间税收收入的影响。

本章的结构安排如下:首先界定房地产税对省际之间税收收入的影响,其次阐述房地产税对省际之间税收收入影响采用的评估方法,再次实证检验房地产税对省际之间税收收入的影响,最后是本章小结。

6.1 房地产税对省际之间税收收入影响的界定

房地产税对省际之间税收收入的影响就是分析房地产税能为各个省(直辖市、自治区)带来的税收收入的变化。将房地产税开征后的省(直辖市、自治区)房地产税相关税收收入与未开征房地产税时的省(直辖市、自治区)房地产相关税收收入进行比较,以此衡量房地产税对省际之间税收收入的影响。

6.2 房地产税对省际之间税收收入影响采用的评估思路

一方面,对各省(直辖市、自治区)而言,开征房地产税体现为房地产税税收收入的实现,这是房地产税对地区税收收入影响的一部分。房地产税对省(直辖市、自治区)税收收入的影响体现为征收房地产税带来的税收收入的增加。房地产税税收收入具体指住宅房地产税税收收入。如果将省(直辖市、自治区)房地产税税收收入用 T_P 来表示,省(直辖市、自治区)住宅房地产税税收收入用 T_P^{RE} 表示,省(直辖市、自治区)房地产税税收收入用公式表示为:

$$T_P = T_R^{RE} \qquad (6.1)$$

另一方面,开征房地产税表现为对土地出让金中作为预征的房地产税部分的替代。我国目前的土地出让收入包含两个部分:一是预征的房地产税部分,这部分是指由于公共支出而带来的土地增值;二是国家出让土地使用权时收取的除预征的房地产税以外的部分,即非预征的房地产税部分,这部分包括国家出让一定期限的土地使用权而收取的常规地租和开发商基于土地的增值预期而愿意支付的土地溢价,本书假设各省(直辖市、自治区)预征的房地产税可以在非预征的房地产税部分的基础上计算得到。假设不考虑房地产税的时间价值,省(直辖市、自治区)出让土地使用权时收取的非预征的房地产税用 F_P^N 表示,土地出让年限用 ε 表示,预征的房地产税用 T_P^{PR} 表示,可以得到:

$$T_R^{PR} = F_P^N \times t_R \times n \qquad (6.2)$$

将省(直辖市、自治区)土地出让收入用 F_P 表示,省(直辖市、自治区)土地出让收入包括非预征的房地产税部分和预征的房地产税部分两部分之和,用公式表示为:

$$F_P = F_P^N + T_P^{PR} \qquad (6.3)$$

可以得到预征的房地产税在各省(直辖市、自治区)土地出让收入的比重 w^{PP}。

开征房地产税后,预征的房地产税应从省(直辖市、自治区)土地出让收入中予以扣除,即该房地产在已使用年限内包含的房地产税无需扣除,在剩余的土地使用年限内包含的房地产税应予扣除,应予扣除的金额为开征房地产税之前的历年全部的土地出让收入之和与预征的房地产税在省(直辖市、自治区)土地出让收入中所占比重的乘积,进而得到每年应予扣除的金额。将省(直辖市、自治区)历年全部的土地出让收入之和用 F_P^S 表示,应予扣除的预征房地产税部分用 TS_P^{PR} 表示,根据预征的房地产税占土地出让收入的比重,得到地区应予扣除的预征房地产税,用公式表示为:

$$TS_P^{PR} = F_P^S \times w^{PP} \tag{6.4}$$

开征房地产税的同时,土地出让金继续征收。这表明在相当长一段时间内,房地产税与土地出让金并行征收。在房地产税与土地出让金并行征收期间,对于房地产税开征之前的房地产,不仅需要按照房地产税的要求计算房地产税,还需要对该房地产已经缴纳的土地出让金中的预征房地产税部分进行扣除;对于房地产税开征之后新的房地产,遵循房地产税的要求计算房地产税。因此,除了住宅房地产税税收收入,省(直辖市、自治区)房地产税相关税收收入还包括土地出让收入中的非预征的房地产税部分 F_P^N,同时扣除每年应予扣除的预征房地产税,将省(直辖市、自治区)每年应予扣除的预征房地产税金额用 T_P^{EPR} 表示,省(直辖市、自治区)房地产税相关税收收入用 R_P^R 表示,用公式表示为[1]:

$$R_P^R = T_P^{RE} + F_P^N - T_P^{EPR} \tag{6.5}$$

房地产税尚未开征时,将省(直辖市、自治区)房地产相关税收收入用 R_P^E 表示,房地产相关税收收入应为省(直辖市、自治区)土地出让收入 F_P,用公式表示为:

$$R_P^E = F_P \tag{6.6}$$

因此,房地产税对不同省(直辖市、自治区)税收收入的影响应为房地产税开征前税收收入的变化,省(直辖市、自治区)房地产税相关税收收入与房地产相关税收收入的差额,即 R_P^R 与 R_P^E 的差额。房地产税对各省(直辖市、自治区)税收收入的影响 R_P 用公式表示为[2]:

---

[1] 房地产税相关税收收入和房地产相关税收收入均未考虑与房地产有关的其他税种(城镇土地使用税、耕地占用税、土地增值税等),原因在于:在房地产税开征前后,其他税种并未发生变化。

[2] 如果各省(直辖市、自治区)房地产税与土地出让金并行征收一段时间以后,土地出让金不再继续征收,而预征的房地产税部分也已抵扣完毕,此时房地产税对税收收入的影响仅包括住宅房地产税税收收入。

$$R_P = R_P^R - R_P^E = T_P^{RE} + F_P^N - T_P^{EPR} - F_P \tag{6.7}$$

6.3 房地产税对省(直辖市、自治区)税收收入的短期影响

6.3.1 省际住宅房地产税税收收入模拟

根据住宅房地产税税收收入表达式,测算幅度税率且征收率为70%—100%时的全国各省(直辖市、自治区)住宅房地产税税收收入。图6.1和图6.2为征收率分别采用70%和100%时适用各省(直辖市、自治区)房地产税幅度税率得到的各省(直辖市、自治区)关于住宅房地产税税收收入的最小值和最大值[①]。结果显示,提高地区房地产税税率和提高征收率均可以增加各省(直辖市、自治区)住宅房地产税税收收入,且提高税率相对于提高征收率而言能增加更多税收收入。从不同省(直辖市、自治区)来看,住宅房地产税税收收入较高的省份是广东,较低的省(自治区)是青海和宁夏,广东住宅房地产税税收收入约是青海和宁夏的30倍。城镇总人口和存量房价格是影响住宅房地产税税收收入的重要因素。较多的城镇总人口和较高的存量房价格获得较多的税收收入;较少的城镇总人口和较低的存量房价格获得较少的税收收入。

如果将各省(直辖市、自治区)住宅房地产税税收收入全部用于地方基本公共服务,假设现有的中央和省级转移支付对基本公共服务的支付不变。图6.3和图6.4为住宅房地产税税收收入占基本公共服务支出的比重,所需基本公共服务支出数据来自《中国统计年鉴》(2020),其中,图6.3是征收率为70%时的比重,图6.4是征收率为100%时的比重。结果显示,第一,住宅房地产税税收收入将有效增加各省(直辖市、自治区)的

---

① 在计算住宅房地产税税收收入时,所需的城镇总人口数据来自《中国统计年鉴》(2020),存量房平均价格根据《中国统计年鉴》(2020)各省市住宅商品房平均销售价格数据计算得到,对于人均住房建筑面积数据,四川省数据根据《四川省统计年鉴》(2020)中城镇人均自有住房面积除以人均自有住房面积占人均建筑面积的比率计算得到,广东省数据来自《广东省统计年鉴》(2019),青海省数据为城镇人均自有住房面积,上海市数据来自《2019年上海市国民经济和社会发展统计公报》。

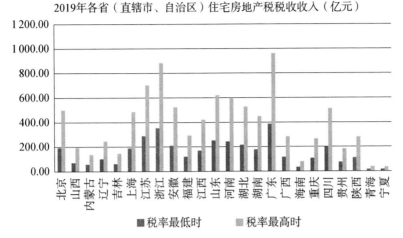

图 6.1 征收率 70% 时省（直辖市、自治区）住宅房地产税税收收入（2019 年）

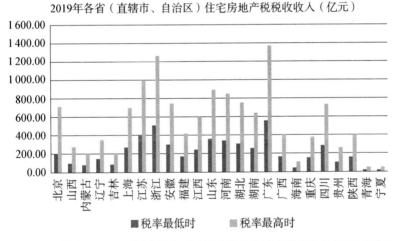

图 6.2 征收率 100% 时省（直辖市、自治区）住宅房地产税税收收入（2019 年）

基本公共服务投入，从而改善地方公共服务的质量。尤其是当各地区适用幅度税率的最高税率且征收率为 100% 时，住宅房地产税税收收入使全国各省（直辖市、自治区）基本公共服务支出平均增加 16.9%。第二，将住宅房地产税税收收入全部用于地方基本公共服务使得各省（直辖市、自治区）基本公共服务支出增加不一致，基本公共服务支出增加较多的省（直辖市、自治区）是浙江，较少的是宁夏。这表明拥有较高的住宅房地产税税收收入的省份,基本公共服务支出也较高,因而在支出的增加投入上并无明显优势;拥有较低税收收入的省份,基本公共服务支出也较低,在支出的增加投入上亦无明显劣势。第三,房地产税明显扩大了省际之间的基本公共服务供给差距,这体现在提高房地产税税率和征收率均扩大了省际之间的供给差距,且提高房地产税税率扩大省际之间供给差距表现得更为明显。

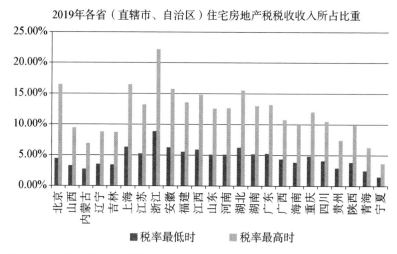

图 6.3 征收率为 70% 时住宅房地产税税收收入占教育支出的比重(2019 年)

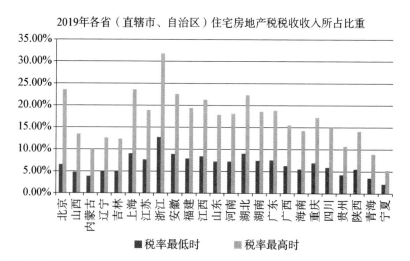

图 6.4 征收率为 100% 时住宅房地产税税收收入占教育支出的比重(2019 年)

6.3.2   各省（直辖市、自治区）土地出让金中预征房地产税的测算

假设各省（直辖市、自治区）土地出让收入主要来自出让住宅用地收入，与第 5 章一致，土地平均出让年限设定为 60 年。假设不考虑房地产税的时间价值，土地出让年限用 n 表示，各省（直辖市、自治区）预征的房地产税 T_P^{PR} 用公式表示为：

$$T_P^{PR} = F_P^N \times t_P \times n = 60 \times F_P^N \times t_P \tag{6.8}$$

结合各省（直辖市、自治区）房地产税幅度税率，得到不同税率时各省（直辖市、自治区）预征的房地产税占取得的土地出让收入的比重，将各省（直辖市、自治区）1999 年以来的土地出让收入之和乘以上述比重得到各地区应予扣除的预征房地产税[①]。假设应予扣除的预征房地产税需要在 2019—2038 年 20 年间抵扣完毕且每年的抵扣额相等，进而可以得到各省（直辖市、自治区）在不同税率时每年应予抵扣的预征房地产税。各省（直辖市、自治区）预征的房地产税占取得的土地出让收入的比重以及每年应予抵扣的房地产税额，如表 6.1 所示。结果显示，各省（直辖市、自治区）房地产税税率提高使预征的房地产税占土地出让金的比重增加，因而每年应予抵扣的房地产税也增加。根据房地产税相关税收收入计算公式，各省（直辖市、自治区）房地产税相关税收收入随省级样本房地产税税率的提高而降低。从不同省（直辖市、自治区）来看，北京和上海预征的房地产税占土地出让金的比重较低，每年应予抵扣的房地产税税额较高，贵州、安徽和青海等省（直辖市、自治区）预征的房地产税占土地出让金的比重较高，每年应予抵扣的房地产税税额较低。

---

① 土地出让金制度正式实施是在 20 世纪 80 年代中后期，从这一时期到 1999 年的土地出让金收入较少，需要予以抵扣的土地出让金中性质属于房地产税的部分相应也较少。因此，本书的土地出让金从 1999 年开始计算。在未来期间的抵扣中，只计算 1999—2019 年间土地出让金中的预征房地产税部分。

表6.1　各省(直辖市、自治区)每年应予抵扣的房地产税

北京	税率	0.14%	0.17%	0.20%	0.24%	0.27%	0.30%	0.34%
	占土地出让金的比重	7%	9%	11%	12%	14%	15%	17%
	税额(亿元)	65.77	80.70	95.09	108.97	122.37	135.30	147.80
山西	税率	0.31%	0.39%	0.46%	0.54%	0.62%	0.70%	0.77%
	占土地出让金的比重	16%	19%	22%	25%	27%	29%	32%
	税额(亿元)	34.10	41.01	47.43	53.40	58.96	64.16	69.03
内蒙古	税率	0.37%	0.47%	0.56%	0.66%	0.75%	0.84%	0.94%
	占土地出让金的比重	18%	22%	25%	28%	31%	34%	36%
	税额(亿元)	38.55	46.08	52.97	59.31	65.15	70.56	75.58
辽宁	税率	0.31%	0.38%	0.46%	0.53%	0.61%	0.69%	0.76%
	占土地出让金的比重	15%	19%	22%	24%	27%	29%	31%
	税额(亿元)	121.36	146.05	168.95	190.27	210.16	228.75	246.18
吉林	税率	0.39%	0.49%	0.58%	0.68%	0.78%	0.88%	0.97%
	占土地出让金的比重	19%	23%	26%	29%	32%	34%	37%
	税额(亿元)	38.30	45.72	52.49	58.70	64.42	69.70	74.59
上海	税率	0.17%	0.22%	0.26%	0.30%	0.35%	0.39%	0.44%
	占土地出让金的比重	9%	12%	14%	15%	17%	19%	21%
	税额(亿元)	70.39	85.95	100.81	115.02	128.61	141.63	154.11
江苏	税率	0.21%	0.26%	0.31%	0.36%	0.41%	0.46%	0.52%
	占土地出让金的比重	11%	13%	16%	18%	20%	22%	24%
	税额(亿元)	309.84	376.92	440.49	500.83	558.17	612.74	664.73
浙江	税率	0.26%	0.33%	0.39%	0.46%	0.52%	0.59%	0.65%
	占土地出让金的比重	14%	16%	19%	22%	24%	26%	28%
	税额(亿元)	291.11	351.98	408.98	462.48	512.79	560.18	604.91
安徽	税率	0.45%	0.57%	0.68%	0.79%	0.91%	1.02%	1.13%
	占土地出让金的比重	21%	25%	29%	32%	35%	38%	40%
	税额(亿元)	202.56	240.37	274.52	305.53	333.82	359.71	383.52
福建	税率	0.22%	0.27%	0.33%	0.38%	0.43%	0.49%	0.54%
	占土地出让金的比重	12%	14%	16%	19%	21%	23%	25%
	税额(亿元)	87.21	105.95	123.67	140.45	156.37	171.48	185.84

江西	税率	0.42%	0.52%	0.63%	0.73%	0.84%	0.94%	1.05%
	占土地出让金的比重	20%	24%	27%	31%	34%	36%	39%
	税额(亿元)	109.58	130.41	149.34	166.61	182.44	196.99	210.42
山东	税率	0.32%	0.40%	0.48%	0.56%	0.63%	0.71%	0.79%
	占土地出让金的比重	16%	19%	22%	25%	28%	30%	32%
	税额(亿元)	252.93	304.01	351.30	395.21	436.09	474.25	509.95
河南	税率	0.43%	0.54%	0.64%	0.75%	0.86%	0.96%	1.07%
	占土地出让金的比重	20%	24%	28%	31%	34%	37%	39%
	税额(亿元)	149.21	177.44	203.05	226.38	247.74	267.35	285.43
湖北	税率	0.35%	0.43%	0.52%	0.61%	0.69%	0.78%	0.86%
	占土地出让金的比重	17%	21%	24%	27%	29%	32%	34%
	税额(亿元)	126.91	152.10	175.29	196.72	216.58	235.04	252.23
湖南	税率	0.37%	0.47%	0.56%	0.65%	0.75%	0.84%	0.93%
	占土地出让金的比重	18%	22%	25%	28%	31%	34%	36%
	税额(亿元)	94.69	113.19	130.13	145.70	160.08	173.38	185.72
广东	税率	0.23%	0.28%	0.34%	0.40%	0.46%	0.51%	0.57%
	占土地出让金的比重	12%	15%	17%	19%	21%	24%	25%
	税额(亿元)	187.64	227.71	265.50	301.22	335.01	367.05	397.45
广西	税率	0.40%	0.49%	0.59%	0.69%	0.79%	0.89%	0.99%
	占土地出让金的比重	19%	23%	26%	29%	32%	35%	37%
	税额(亿元)	61.49	73.35	84.17	94.08	103.20	111.61	119.40
海南	税率	0.26%	0.33%	0.39%	0.46%	0.53%	0.59%	0.66%
	占土地出让金的比重	14%	16%	19%	22%	24%	26%	28%
	税额(亿元)	14.53	17.56	20.40	23.07	25.57	27.93	30.16
重庆	税率	0.37%	0.46%	0.55%	0.64%	0.73%	0.83%	0.92%
	占土地出让金的比重	18%	22%	25%	28%	31%	33%	35%
	税额(亿元)	119.59	143.03	164.54	184.33	202.62	219.56	235.29
四川	税率	0.37%	0.47%	0.56%	0.66%	0.75%	0.84%	0.94%
	占土地出让金的比重	18%	22%	25%	28%	31%	34%	36%
	税额(亿元)	163.89	195.88	225.18	252.12	276.97	299.96	321.30

贵州	税率	0.47%	0.59%	0.70%	0.82%	0.94%	1.06%	1.17%
	占土地出让金的比重	22%	26%	30%	33%	36%	39%	41%
	税额(亿元)	57.42	68.05	77.62	86.28	94.17	101.38	107.99
陕西	税率	0.33%	0.41%	0.50%	0.58%	0.66%	0.75%	0.83%
	占土地出让金的比重	17%	20%	23%	26%	28%	31%	33%
	税额(亿元)	44.62	53.55	61.80	69.44	76.54	83.15	89.32
甘肃	税率	0.27%	0.34%	0.41%	0.48%	0.55%	0.61%	0.68%
	占土地出让金的比重	14%	17%	20%	22%	25%	27%	29%
	税额(亿元)	14.02	16.93	19.65	22.20	24.59	26.83	28.95
青海	税率	0.44%	0.55%	0.67%	0.78%	0.89%	1.00%	1.11%
	占土地出让金的比重	21%	25%	29%	32%	35%	37%	40%
	税额(亿元)	5.92	7.03	8.04	8.95	9.79	10.55	11.26
宁夏	税率	0.41%	0.51%	0.61%	0.71%	0.81%	0.91%	1.01%
	占土地出让金的比重	20%	23%	27%	30%	33%	35%	38%
	税额(亿元)	10.73	12.79	14.66	16.38	17.95	19.40	20.74

数据来源:土地出让金数据主要来自《中国国土资源年鉴》(2000—2020)。

6.3.3 房地产税对省(直辖市、自治区)税收收入的短期影响

房地产税开征后,各省(直辖市、自治区)房地产税相关税收收入不仅包括住宅房地产税税收收入,还应加上当年取得的土地出让收入中收取的非预征房地产税部分,同时减去当年应予抵扣的房地产税。住宅房地产税税收收入、土地出让收入中的非预征房地产税部分和应予抵扣的房地产税的取值均不唯一。图6.5和图6.6为各省(直辖市、自治区)分别采用房地产税幅度税率中税率最低时与税率最高时,征收率分别为70%和100%时2019年各省(直辖市、自治区)房地产税相关税收收入。结果显示,第一,房地产税税率相同时各省(直辖市、自治区)适用的征收率越高,住宅房地产税税收收入越高,房地产税相关税收收入也越高。但是在征收率相同而房地产税税率不同时税率越高,房地产税相关税收收入并非越高,这是因为税率越高时住宅房地产税税收收入越高,同时土地出让

收入中非预征房地产税部分越低,应予抵扣的房地产税越高,使得房地产税相关税收收入的大小变得不确定。第二,房地产税相关税收收入体现出明显的省际差异,可以获得较多房地产税相关税收收入的是浙江和江苏,获得较少房地产税相关税收收入的是青海和宁夏。

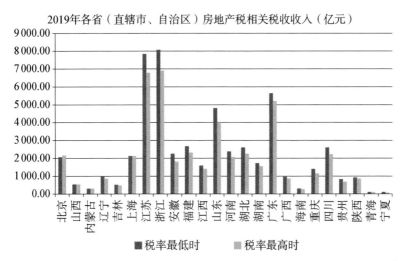

图 6.5 征收率为 70% 时省(直辖市、自治区)房地产税相关税收收入(2019 年)

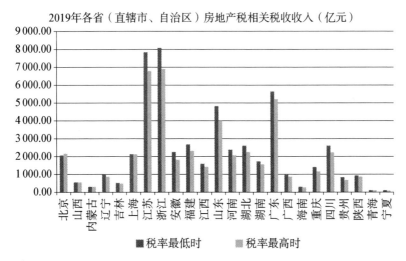

图 6.6 征收率为 100% 时省(直辖市、自治区)房地产税相关税收收入(2019 年)

在测算各省(直辖市、自治区)房地产税相关税收收入的基础上,进而测算 2019 年房地产税对各省（直辖市、自治区）税收收入的影响。未开征房地产税时的房地产相关税收收入包括土地出让金，因此，房地产税对各省市财政收入的影响等于各省（直辖市、自治区）房地产税相关税收收入与各省（直辖市、自治区）房产税和土地出让金的差额，差额为正说明房地产税对各省（直辖市、自治区）税收收入的影响为正，即开征房地产税产生了盈余，否则说明开征房地产税并未产生盈余。图 6.7 和图 6.8 所列为

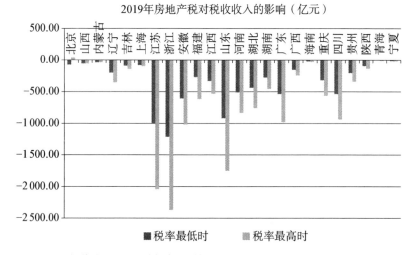

图 6.7　征收率 70% 时对各省（直辖市、自治区）税收收入的影响（2019 年）

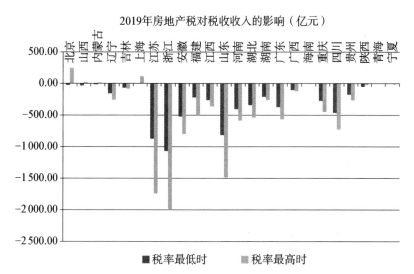

图 6.8　征收率 100% 时对各省（直辖市、自治区）税收收入的影响（2019 年）

各省(直辖市、自治区)分别采用房地产税幅度税率中税率最低时与税率最高时,征收率分别为70%和100%时在2019年房地产税对各省(直辖市、自治区)税收收入的影响。2019年,除北京和上海等少数省(直辖市、自治区)以外,其他省(直辖市、自治区)开征房地产税后房地产税对其税收收入的影响均为负,这表明对大部分省(直辖市、自治区)在房地产税开征起始年度并未产生盈余,房地产税在短期内并不足以代替土地出让收入而成为大部分省(直辖市、自治区)税收收入的重要来源。

6.4　房地产税对不同省(直辖市、自治区)税收收入的影响预测

6.4.1　评价房地产税对税收收入影响涉及的因素

进而对房地产税开征对不同省(直辖市、自治区)税收收入的影响进行预测。其中,影响各省(直辖市、自治区)住宅房地产税税收收入涉及的因素有各省(直辖市、自治区)城镇总人口、人均住宅建筑面积和存量房价格,房地产税对各省(直辖市、自治区)税收收入的长期影响需涉及的因素有土地出让金。对于城镇总人口,结合巴曙松和杨现领(2020)对我国城镇化进程预测的研究,假设未来期间各省(直辖市、自治区)城镇总人口呈匀加速方式增长,即年增长率为2%;对于人均住宅建筑面积,与全国人均住房建筑面积的增长趋势相同,假设各省(直辖市、自治区)人均住房建筑面积增长20%需要20年,按照匀加速方式增长的各省(直辖市、自治区)人均住房建筑面积年增长率为1%;对于存量房价格,假设存量房价格为各省(直辖市、自治区)住宅商品房销售平均价格的60%。

6.4.2　评价土地出让金和住宅商品房销售价格之间相互关系采用的方法

本书采用向量自回归模型(VAR)来分析包含土地出让金和住宅商品房销售价格在内的变量之间的相互关系。VAR模型要求每一个变量都是平稳序列,如果原始时间序列非平稳,采取的做法是:第一,可以对其

进行一阶差分得到平稳序列;第二,如果多个单位根变量之间由于某种经济力量而存在长期均衡关系,仍然可以使用原时间序列进行回归,即如果多个单位根序列拥有共同的随机趋势,可以对这些变量作线性组合以消去该随机趋势,此时可以用到的模型是向量误差修正模型(VEC)。使用VEC模型的充分条件是变量之间存在协整关系,可以认为VEC模型是含有协整约束的VAR模型,用于具有协整关系的非平稳时间序列。

1. 变量、数据与描述性统计

本书选用的变量为各省(直辖市、自治区)财政缺口、土地出让金和住宅商品房销售价格,其中,定义财政缺口为各省(直辖市、自治区)预算内支出与预算内收入差额的绝对值,土地出让金为各省(直辖市、自治区)各年获得的土地出让收入金额,住宅商品房销售价格为各省(直辖市、自治区)年度住宅商品房销售平均价格。本书采用 1999—2019 年各省(直辖市、自治区)数据①,其中,2007 年以后的财政缺口数据来自 2008—2020 年《中国统计年鉴》、2007 年之前数据来自 2000—2007 年各省市统计年鉴;土地出让金数据来自 2000—2020 年《中国国土资源年鉴》;住宅商品房销售价格数据来自 2000—2020 年《中国统计年鉴》。为了消除价格因素的影响,本书根据 1999—2019 年的消费者价格指数将其换算为 1999 年的不变价格数据。为了消除异方差,本书对所有数据进行了对数化处理。附录表 1 报告了各省(直辖市、自治区)各变量的描述性统计结果。

2. 模型的建立和检验

对于各省(直辖市、自治区)而言,建立的模型如表 6.2 所示。

表 6.2 各省(直辖市、自治区)适用的模型

省份	模型	所用序列	滞后阶数	秩
北京	VAR	差分序列	1	—
山西	VAR	原序列	1	—
内蒙古	VAR	原序列	1	—

---

① 国发[1998]23 号文件宣告了福利分房制度的终结和新的住房制度的开始,将住宅商品房销售价格数据的起始年度设置为 1999 年;土地出让金数据的起始年度亦为 1999 年;与住宅商品房销售价格和土地出让金数据保持一致,财政缺口数据的起始年度亦为 1999 年。

续表

省份	模型	所用序列	滞后阶数	秩
辽宁	VEC	原序列	4	1
吉林	VEC	原序列	2	1
上海	VEC	原序列	3	1
江苏	VEC	原序列	4	1
浙江	VAR	原序列	1	—
安徽	VAR	原序列	1	—
福建	VAR	原序列	1	—
江西	VAR	原序列	1	—
山东	VAR	原序列	1	—
河南	VAR	原序列	1	—
湖北	VEC	原序列	2	2
湖南	VAR	原序列	1	—
广东	VAR	差分序列	1	—
广西	VEC	原序列	1	1
海南	VEC	原序列	1	2
重庆	VAR	原序列	1	—
四川	VAR	差分序列	1	—
贵州	VAR	原序列	2	—
陕西	VAR	原序列	1	—
青海	VEC	原序列	4	1
宁夏	VAR	原序列	1	—

对涉及 VEC 模型的变量之间的协整关系进行检验,结果如表 6.3 所示。

表 6.3　各省(直辖市、自治区)变量协整关系检验

	变量组	特征根迹	5%临界值	至多存在的协整关系个数
辽宁	财政缺口、土地出让金和商品房销售价格	17.1664	18.17	1

	变量组	最大特征值	5%临界值	至多存在的协整关系个数
	财政缺口、土地出让金和商品房销售价格	14.3154	16.87	1
吉林	变量组	特征根迹	5%临界值	至多存在的协整关系个数
	财政缺口、土地出让金和商品房销售价格	14.4383	15.41	1
上海	变量组	特征根迹	5%临界值	至多存在的协整关系个数
	财政缺口、土地出让金和商品房销售价格	14.9055	15.41	1
江苏	变量组	特征根迹	5%临界值	至多存在的协整关系个数
	财政缺口、土地出让金和商品房销售价格	16.4483	18.17	1
	变量组	最大特征值	5%临界值	至多存在的协整关系个数
	财政缺口、土地出让金和商品房销售价格	10.8712	16.87	1
湖北	变量组	特征根迹	5%临界值	至多存在的协整关系个数
	财政缺口、土地出让金和商品房销售价格	2.1004	3.76	2
广西	变量组	特征根迹	5%临界值	至多存在的协整关系个数
	财政缺口、土地出让金和商品房销售价格	13.3701	18.17	1
	变量组	特征根迹	5%临界值	至多存在的协整关系个数
	财政缺口、土地出让金和商品房销售价格	10.7509	16.87	1
海南	变量组	特征根迹	5%临界值	至多存在的协整关系个数
	财政缺口、土地出让金和商品房销售价格	3.4401	3.74	2
	变量组	特征根迹	5%临界值	至多存在的协整关系个数
	财政缺口、土地出让金和商品房销售价格	3.4401	3.74	2

	变量组	特征根迹	5%临界值	至多存在的协整关系个数
青海	财政缺口、土地出让金和商品房销售价格	18.1379	18.17	1
	变量组	特征根迹	5%临界值	至多存在的协整关系个数
	财政缺口、土地出让金和商品房销售价格	13.6573	16.87	1

估计模型后,对模型进行检验。首先,对适用 VAR 模型的各省(直辖市、自治区)模型进行 Wald 检验。Wald 检验结果发现,作为三个方程整体的 1 阶系数均高度显著,检验结果拒绝方程的各阶系数的联合显著性"不显著"的原假设。其次,对模型进行残差自相关检验。检验结果显示,各省(直辖市、自治区)均接受残差"无自相关"的原假设,即扰动项为白噪声。进而检验系统是否稳定,结果如附录图1—图24所示。图中显示,对适用 VAR 模型的省(直辖市、自治区)而言,所有的特征值均在单位圆之内;对适用 VEC 模型的省(直辖市、自治区),除 VEC 模型本身假设的单位根外,伴随矩阵所有特征值均在单位圆之内,表明系统均通过平稳性检验。最后检验模型的残差是否符合正态分布,检验的 p 值如附录表2所示。结果显示,p 值均大于 0.05,检验结果均在 5% 的显著性水平上接受这三个变量的扰动项服从正态分布的原假设。

6.4.3 房地产税对各省(直辖市、自治区)税收收入的影响预测

本书将房地产税对不同省(直辖市、自治区)税收收入的影响进行预测从时间上分为两个阶段。第一个阶段,2020—2021 年[①],运用 VAR 模型或 VEC 模型可以得到各省(直辖市、自治区)土地出让金和住宅商品房

---

① 2021 年 6 月 4 日,财政部发布《关于将国有土地使用权出让收入、矿产资源专项收入、海域使用金、无居民海岛使用金四项政府非税收入划转税务部门征收有关问题的通知》,明确自 2021 年 7 月 1 日起,在河北、内蒙古、上海等七地开展征管职责划转试点,自 2022 年 1 月 1 日起全面实施征管划转工作。

销售价格的预测值[①]，结合其他影响因素分析房地产税对不同省（直辖市、自治区）税收收入的长期影响；第二个阶段，2022—2038 年，在预测房地产税对各省（直辖市、自治区）税收收入的影响时，分别预测土地出让金和住宅商品房销售价格。对土地出让金而言，在 2021 年基础上逐年减少直至为零，即每年减少 6％。对住宅商品房销售价格而言，参考未来期间GDP 的变化，以世界银行预测 2022 年中国实际 GDP 增长率 5.1％为依据[②]，假设住宅商品房销售价格年增长率为 5.1％。

图 6.9、图 6.10、图 6.11 和图 6.12 分别为采用各省（直辖市、自治区）幅度税率的最低税率且征收率为 70％、各省（直辖市、自治区）幅度税率的最低税率且征收率为 100％、各省（直辖市、自治区）幅度税率的最高税率且征收率为 70％和各省（直辖市、自治区）幅度税率的最高税率且征收率为 100％时，各省（直辖市、自治区）2020—2038 年的住宅房地产税税

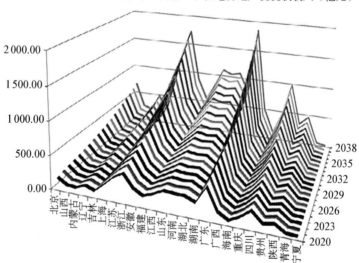

2020—2038年省（直辖市、自治区）住宅房地产税税收收入（亿元）

图6.9　税率最低且征收率为70％时住宅房地产税税收收入（2020—2038 年）

[①] 其中，计算 2022 年以后期间的预测值时，假设 2022 年以后年度的消费者价格指数与 2021 年相同。

[②] 摘自 2021 年世界银行报告《China Ecnomic Update：Rebalancing Act —— From Recovery to High-Quality Growth》。

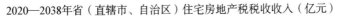

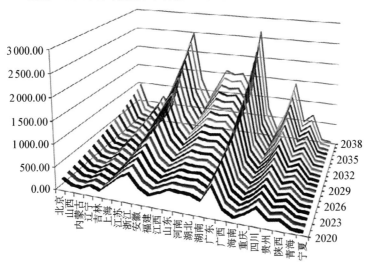

图 6.10 税率最低且征收率为 100% 时住宅房地产税税收收入（2020—2038 年）

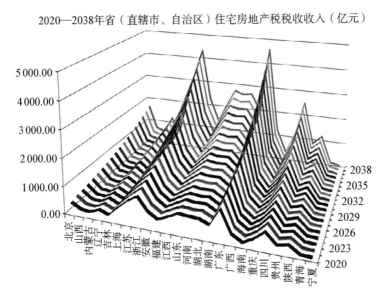

图 6.11 税率最高且征收率为 70% 时住宅房地产税税收收入（2020—2038 年）

2020—2038年省（直辖市、自治区）住宅房地产税税收收入（亿元）

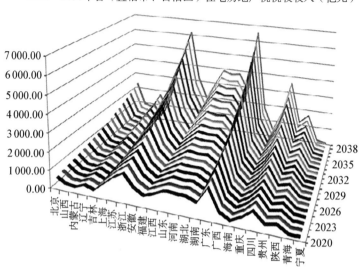

图 6.12　税率最高且征收率为 100% 时住宅房地产税税收收入 (2020—2038 年)

收预测收入。第一，从时间维度上看，2020—2038 年各省（直辖市、自治区）住宅房地产税税收收入均呈增长趋势，其中，收入增长较多的是广东和浙江，较少的是宁夏，尤其是当房地产税税率最高且征收率为 100%时，广东省住宅房地产税税收收入增长额是宁夏的 40.56 倍。提高房地产税税率和提高征收率均能够获得较多的房地产税税收收入，房地产税税率相对于征收率在各省（直辖市、自治区）获得税收收入时更为敏感；第二，从省际维度上看，住宅房地产税预测收入较多的是广东和浙江，较少的是宁夏，即使是宁夏回族自治区，也能持续地获得房地产税税收收入。总体而言，住宅房地产税税收收入将成为全国各省（直辖市、自治区）一项持续稳定的收入来源。

在图 6.9、图 6.10、图 6.11 和图 6.12 对各省（直辖市、自治区）住宅房地产税税收收入进行预测的基础上，预测未来期间该收入占地方基本公共服务支出的比重。假设 2020 年—2038 年各地基本公共服务支出呈匀加速增长且年增长率为 8%，图 6.13、图 6.14、图 6.15 和图 6.16 是预测收入占预测支出项目的比重。

省（直辖市、自治区）住宅房地产税税收收入所占比重

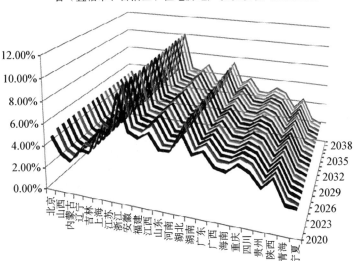

图 6.13 税率最低且征收率为 70％时的比重（2020—2038 年）

省（直辖市、自治区）住宅房地产税税收收入所占比重

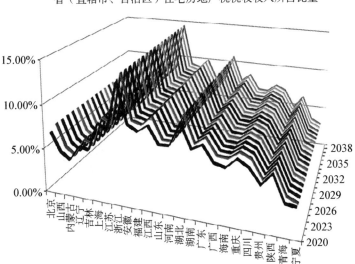

图 6.14 税率最低且征收率为 100％时的比重（2020—2038 年）

省（直辖市、自治区）住宅房地产税税收收入所占比重

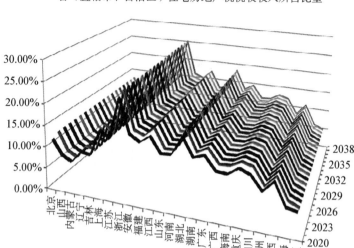

图 6.15　税率最高且征收率为 70% 时的比重（2020—2038 年）

省（直辖市、自治区）住宅房地产税税收收入所占比重

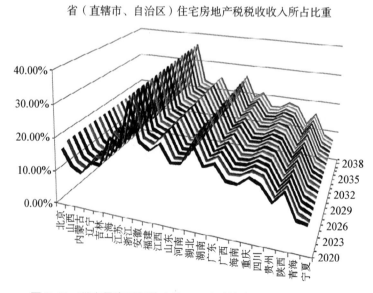

图 6.16　税率最高且征收率为 100% 时的比重（2020—2038 年）

从上图可以看出,2020—2038年间,省际之间住宅房地产税税收收入占基本公共服务支出的比重并不一致。具体表现在:第一,在税率最低且征收率为70％时,该比重范围是1％—10％,比重较高的是浙江,较低的是青海和宁夏。提高房地产税税率或征收率均能够提高各省(直辖市、自治区)住宅房地产税税收收入占基本公共服务支出的比重。第二,随着房地产税税率的提高或征收率的提高,省际之间住宅房地产税税收收入占基本公共服务支出的比重越来越呈现较为明显的差异。该比重的省际差异体现在当提高房地产税税率而征收率不变时,浙江由10％增加至25％,青海和宁夏由约2％增加至约6％;进而提高征收率时,浙江由25％增加至36％,青海和宁夏由约6％增加至约8％。这表明,从长期来看,假设现有的中央和省级转移支付对基本公共服务的支付不变并且现有的公共服务支出可控的情况下,省(直辖市、自治区)住宅房地产税税收收入能够有效增加各地基本公共服务支出,进而改善公共服务质量;征收房地产税较为明显地扩大了省级层面基本公共服务供给的数量差异。

将根据模型估计结果预测的各地区土地出让收入,乘以非预征房地产税部分占土地出让收入的比重,测算开征房地产税后地方政府的土地出让收入,加上根据图6.9、图6.10、图6.11和图6.12在2020—2038年间各省(直辖市、自治区)住宅房地产税税收收入,减去表6.1所示的在2020—2038年每年应抵扣的预征房地产税,得到各省(直辖市、自治区)未来各年的房地产税相关税收收入。将该收入与未开征房地产税时各年税收收入即土地出让收入相比较,可以测算房地产税开征后对不同省(直辖市、自治区)税收收入的长期影响,图6.17和图6.18为房地产税对各省(直辖市、自治区)税收收入的影响为正所需的时间。

如图6.17和图6.18所示,对所有样本省(直辖市、自治区)来说,在房地产税与土地出让金并行的20年期间内,房地产税对各省(直辖市、自治区)税收收入的影响均可以为正,只是税收收入产生盈余所需要的时间不尽一致,这个时间需要1—15年。房地产税对省(直辖市、自治区)税收收入的影响为正所需时间较短的是北京、上海、内蒙古和青海等省(直辖市、自治区),所需时间较长的是辽宁、贵州和宁夏等省(直辖市、自治区)。具体地,第一,从不同省(直辖市、自治区)来看,提高房地产税税率和征收

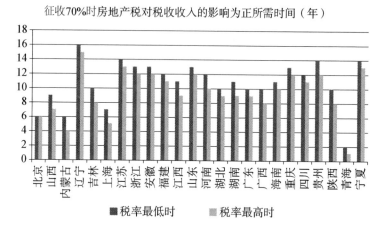

图6.17 征收率70%时对省(直辖市、自治区)税收收入的影响为正所需时间

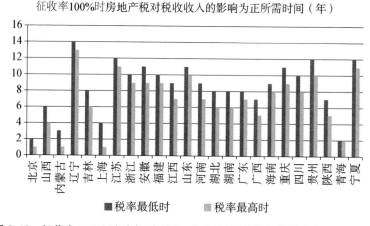

图6.18 征收率100%时对省(直辖市、自治区)税收收入的影响为正所需时间

率均有可能获得更多的房地产税相关税收收入,缩短房地产税对税收收入的影响为正所需的时间。对于北京和青海而言,提高征收率以缩短房地产税对税收收入的影响为正所需的时间;对于其他省(直辖市、自治区)而言,提高税率和征收率均可以缩短时间。第二,缩短房地产税对省(直辖市、自治区)税收收入的影响为正所需时间不仅取决于住宅房地产税税收收入,还取决于土地出让金的规模。图6.9—图6.12表明广东和浙江获得较多的住宅房地产税税收收入,但房地产税对税收收入的影响为正所需时间并非较短;宁夏预计获得较少的住宅房地产税税收收入,但房地产税对税收收入的影响为正所需的时间并非最长。

6.5　小结

在第 5 章房地产税对不同地区税收收入的影响的基础上,本章探讨房地产税对省(直辖市、自治区)之间税收收入的影响。根据房地产税对省际税收收入影响的评估方法,首先是各省(直辖市、自治区)住宅房地产税税收收入的模拟与预测,比较各省(直辖市、自治区)从房地产税开征起始年度到房地产税与土地出让收入并行截止期间的住宅房地产税税收收入,进而阐述房地产税对不同省(直辖市、自治区)税收收入的影响。总体而言,得到的结论有:

第一,有关省(直辖市、自治区)住宅房地产税税收收入。在省(直辖市、自治区)房地产税税率适用幅度税率且征收率在一定区间范围内时,各省(直辖市、自治区)住宅房地产税税收收入表现出明显差异,其中以广东和浙江等东部省市获得的收入较多,这主要是由于上述省市拥有较多的城镇总人口和较高的存量房价格。房地产税对省(直辖市、自治区)基本公共服务的贡献体现为住宅房地产税税收收入占相应省(直辖市、自治区)基本公共服务支出的比重,在短期内,获得较多住宅房地产税税收收入的省(直辖市、自治区)在对应比重上并无明显优势。未来期间各省(直辖市、自治区)住宅房地产税税收收入均呈增长趋势,只是增长的快慢程度以及增加的绝对额不尽一致。未来期间住宅房地产税对地方基本公共服务贡献较多的主要集中在浙江等东部省市,贡献较少的主要集中在青海和宁夏等西部省市。

第二,房地产税对不同省(直辖市、自治区)之间税收收入的影响。短期内房地产税对全国大多数省(直辖市、自治区)税收收入的影响为负。从长期来看,房地产税对各省(直辖市、自治区)税收收入的影响均可以为正,只是所需要的时间在省际之间出现明显差异。房地产税对省(直辖市、自治区)税收收入的影响为正所需时间较短的是北京、上海、内蒙古和青海等省(直辖市、自治区),所需时间较长的是辽宁、贵州和宁夏等省(直辖市、自治区)。各省(直辖市、自治区)选择的房地产税税率越高,征收率越高,越容易获得更多的房地产税相关税收收入,从而可能缩短各省(直辖市、自治区)税收收入产生盈余所需的时间。

7

城市之间房地产税税收收入的模拟与预测

由第 4 章对房地产税税率的测算可以知道,全国各地的房地产税税率不尽一致。既然房地产税是地方政府筹集公共服务所需资金的重要来源,那么房地产税对城市间税收收入的影响如何,房地产税为不同城市带来的税收收入是否存在差异? 在第 4 章房地产税的税基选择与收入模拟的基础上,第 7 章探讨房地产税对不同城市税收收入的影响。

本章的结构安排如下:首先界定房地产税对不同城市税收收入的影响,其次阐述房地产税对不同城市税收收入影响采用的评估方法,进而实证检验房地产税对不同城市税收收入的影响,最后是本章小结。

7.1 房地产税对城市之间税收收入影响的界定

房地产税对不同城市税收收入的影响就是分析房地产税能为各个城市带来的税收收入。研究房地产税对城市税收收入的影响就是比较房地产税开征前后房地产税带来的样本城市税收收入的变化。房地产税开征后的城市相关税收收入称为城市房地产税相关税收收入,用 R_C^R 表示,房地产税开征前与房地产相关的税收收入称为城市房地产相关税收收入,用 R_C^E 表示,房地产税对城市税收收入的影响 R_C 就是城市房地产税相关税收收入与房地产相关税收收入的差额,用公式表示为:

$$R_C = R_C^R - R_C^E \qquad (7.1)$$

7.2　房地产税对城市之间税收收入影响的评估思路

7.2.1　房地产税对城市之间税收收入影响的评估思路

一方面,对样本城市而言,开征房地产税体现为房地产税税收收入的实现,这是房地产税对城市税收收入影响的一部分。房地产税对城市税收收入的影响体现为征收房地产税带来的税收收入的增加。房地产税税收收入具体指住宅房地产税税收收入。如果将城市房地产税税收收入用 T_C 来表示,城市住宅房地产税税收收入用 T_C^{RE} 表示,城市房地产税税收收入用公式表示为:

$$T_C = T_C^{RE} \tag{7.2}$$

另一方面,开征房地产税表现为对土地出让金中作为预征的房地产税部分的替代。我国目前的城市土地出让收入包含两个部分:一是预征的房地产税部分;二是国家出让土地使用权时收取的除预征的房地产税以外的部分,即非预征的房地产税部分[①],并假设各城市预征的房地产税可以在非预征的房地产税部分的基础上计算得到。假设不考虑房地产税的时间价值,城市出让土地使用权时收取的非预征的房地产税用 F_C^N 表示,土地出让年限用 ε 表示,预征的房地产税用 T_C^{PR} 表示,可以得到:

$$T_C^{PR} = F_C^N \times t_C \times n \tag{7.3}$$

将城市土地出让收入用 F_C 表示,城市土地出让收入包括非预征的房地产税部分和预征的房地产税部分两部分之和,用公式表示为:

$$F_C = F_C^N + T_C^{PR} \tag{7.4}$$

可以得到预征的房地产税在城市土地出让收入的比重 w^{PC}。

开征房地产税后,预征的房地产税应从城市土地出让收入中予以扣除,即该房地产在已使用年限内包含的房地产税无需扣除,在剩余的土地

[①] 参见第 6.2.1 小节对于土地出让收入所包括内容的说明。

使用年限内包含的房地产税应予扣除,应予扣除的金额为开征房地产税之前的历年全部的土地出让收入之和与预征的房地产税在城市土地出让收入中所占比重的乘积,进而得到每年应予扣除的金额。将城市历年全部的土地出让收入之和用 F_C^S 表示,应予扣除的预征房地产税部分用 TS_C^{PR} 表示,根据预征的房地产税占土地出让收入的比重,得到各城市应予扣除的预征房地产税,用公式表示为:

$$TS_C^{PR} = F_C^S \times w^{PR} \tag{7.5}$$

开征房地产税的同时,土地出让金继续征收。这意味着在相当长一段时间内,房地产税与土地出让金并行征收。在房地产税与土地出让金并行征收期间,对于房地产税开征之前的房地产,不仅需要按照房地产税的要求计算房地产税,还需要对该房地产已经缴纳的土地出让金中的预征房地产税部分进行扣除;对于房地产税开征之后新的房地产,遵循房地产税的要求计算房地产税。因此,除了房地产税税收收入,房地产税相关税收收入还包括土地出让收入中的非预征的房地产税部分 F_C^N,同时扣除每年应予扣除的预征房地产税,将城市每年应予扣除的预征房地产税金额用 T_C^{EPR} 表示,城市房地产税相关税收收入用 R_C^R 表示,用公式表示为[1]:

$$R_C^R = T_C^{RE} + F_C^N - T_C^{EPR} \tag{7.6}$$

房地产税尚未开征时,将城市房地产相关税收收入用 R_C^E 表示,房地产相关税收收入应为城市土地出让收入 F_C,用公式表示为:

$$R_C^E = F_C \tag{7.7}$$

因此,房地产税对城市税收收入的影响应为房地产税开征前税收收入的变化,房地产税相关税收收入与房地产相关税收收入的差额,即 R_C^R

---

[1] 房地产税相关税收收入和房地产相关税收收入均为考虑与房地产有关的其他税种(城镇土地使用税、耕地占用税、土地增值税等),原因在于:在房地产税开征前后,其他税种并未发生变化。

与 R_C^E 的差额。房地产税对城市税收收入的影响 R_C 用公式表示为[①]:

$$R_C = R_C^R - R_C^E = T_C^{RE} + F_C^N - T_C^{EPR} - F_C \qquad (7.8)$$

7.2.2 住宅房地产税税收收入的影响因素

从房地产税对城市税收收入的影响看到,住宅房地产税税收收入是开征房地产税后影响城市财政收入的重要组成部分,同时,测算住宅房地产税税收收入不仅需要测算开征当年的收入,还需要测算在可预见未来的住宅房地产税税收收入。因此,探讨住宅房地产税税收收入的影响因素有助于通过这些影响因素判断住宅房地产税税收收入的变化趋势。从第 4 章第 4.3 节住宅房地产税税收收入的测算公式可以看出,影响城市住宅房地产税税收收入的因素包括:城市的城镇总人口、城市人均住房建筑面积、城市住宅平均价格、城市税率、征收率和税收减免。其中,城镇总人口与我国的城镇化进程密切相关。预计未来期间我国的城镇化水平将进一步提高,放开放宽落户条件将带动人口向部分城市流入从而加快城镇化发展进程。

具体地,就全国不同规模的城市来看,从城区常住人口 100 万以下的中小城市和小城镇已陆续取消落户限制,城区常住人口 100 万以上 300 万以下的 Ⅱ 型大城市全面取消落户限制,城区常住人口 300 万以上 500 万以下的 Ⅰ 型大城市全面放开放宽落户条件,超大特大城市调整完善落户积分政策,大幅增加落户规模[②],到全面取消城区常住人口 300 万以下的城市落户限制[③],这说明除了城市常住人口超过 1000 万的超大城市,城区常住人口在 500 万至 1000 万之间的特大城市,城区常住人口在 300

[①] 如果城市房地产税与土地出让金并行征收一段时间以后,土地出让金不再继续征收,而预征的房地产税部分也已抵扣完毕,此时房地产税对税收收入的影响仅包括住宅房地产税税收收入。

[②] 摘自国家发展和改革委员会《2019 年新型城镇化建设重点任务》,详见网址:http://www.ndrc.gov.cn/zcfb/zcfbtz/201904/t20190408_932843.html。

[③] 摘自中共中央办公厅、国务院办公厅印发的《关于促进劳动力和人才社会性流动体制机制改革的意见》,网址:http://m.news.cctv.com/2019/12/25/ARTIpklvlAXrLAkS9G87RyfI191225.shtml。

万到 500 万之间的Ⅰ型大城市将全面放宽落户条件,而城区常住人口在 300 万以下城市实现无门槛落户。《中国城市建设统计年鉴 2017》的数据显示,如图 7.1 所示,2017 年城区常住人口超过 1000 万的超大城市有北京、上海、广州和深圳,尤其是上海,城区常住人口超过了 2000 万,为 2418.33 万人。城区常住人口在 500 万至 1000 万之间的有天津、南京、武汉、广州、重庆等城市;城区常住人口在 300 万至 500 万之间有合肥、苏州、大连、长春、哈尔滨、青岛、济南、昆明和西安等城市。城区常住人口在 300 万以下的典型城市有无锡、芜湖、徐州和以上未涉及的其余省会城市和其他Ⅱ型大城市。

> 城区常住人口1000万以上城市
>
> 北京、上海、深圳、广州
>
> 城区常住人口500万-1000万城市
>
> 天津、南京、成都、重庆、武汉、杭州、郑州、长沙、沈阳、东莞
>
> 城区常住人口300万-500万城市
>
> 合肥、苏州、哈尔滨、大连、长春、济南、青岛、宁波、南宁、厦门、昆明、西安、太原
>
> 城区常住人口300万以下城市
>
> 石家庄、呼和浩特、无锡、芜湖、徐州、福州、南昌、海口、贵阳、兰州、西宁、银川、乌鲁木齐、珠海、汕头、大同等

图 7.1 按照城区常住人口划分的我国城市

目前,我国除了北京、上海等超大城市存在典型的人口控制目标,很多城市没有典型的人口控制目标并且正在放宽或者已经放宽了落户条件①。因此,全面取消城区常住人口 300 万以下城市的落户限制将促进农村人口逐渐向城镇转移,提高该类城市的城镇化率;全面放宽城区常住

---

① 例如,武汉在新修订的《武汉市积分入户管理办法(2019 年版)》中取消年度落户数量限制,申请人达到分数线即可落户。网址:http://fgw.wuhan.gov.cn/portal/article/index/id/12745/cid/11.html。

人口 300 万—500 万城市落户条件将使得人口向大城市流入而提高大城市的城镇化率。《中国统计年鉴》(2019)的数据显示,2018 年全国各省市人口城镇化率在 47.52%—88.1% 之间,未来期间我国的城镇化体现出明显的地域差异且增加的城镇总人口会分布在不同的城市之间。

影响城市住宅房地产税税收收入的因素除了城镇总人口和住宅平均价格,还有城市人均住房建筑面积、城市住宅价值下降率、城市税率、征收率和税收减免。征收率仍在 70%—100% 之间。虽然《中国家庭金融调查》(2015)以城市为变量对调查数据进行了分类,但并未涉及具体的城市名称而不能以城市为单位测算其适用的城市税率。根据公式(4.1),房地产税税率表示为家庭年收入占房地产价值的比重与房地产税额占家庭年收入的比重的乘积。在房地产税额占家庭年收入的比重一定的情况下,房地产税税率与家庭年收入占房地产价值的比重正相关。因此,用城市人均剩余可支配收入代替家庭年收入,用人均住房建筑面积与商品房平均销售价格的乘积代替房地产价值就可以得到用人均数据测算的城市税率(侯一麟等,2014)。住宅价值下降率根据第 4 章住宅价值下降率的测算公式得到。在房地产税税率、住宅价值下降率和征收率不变的情况下,房地产税税收收入与人均住房建筑面积、城镇总人口以及存量房平均价格正相关,当不考虑房地产税的税收减免时,房地产税税收收入的增加或减少取决于人均住房建筑面积的变化、城镇总人口的变化以及存量房平均价格变化三个因素的共同作用。

7.3　房地产税对城市税收收入的短期影响

7.3.1　城市住宅房地产税税收收入模拟

1. 城市住宅房地产税税率的测算

用人均数据测算税率时的人均剩余可支配收入是指人均可支配收入扣除人均必要消费性支出的差额,人均必要消费性支出是包括食品、衣着、交通和医疗保健等在内的必要的人均生活支出。结合年鉴数据,用人均消费性支出替代人均必要消费性支出时取 10%—15% 作为房地产税额占人均剩余可支配收入的比重①。根据上文所述,将城市人均可支配收入用 I^P 表示,人均消费性支出用 C^P 表示,房地产税额占人均剩余可支配收入的比重用 ω_c 表示,人均建筑面积为 H^C,商品房平均销售价格为 P^C,城市住宅房地产税税率用公式表示为:

$$t_c = \frac{(I^P - C^P) \times \omega_c}{H^C \times P^C} \quad (7.9)$$

为了保持城市间数据的一致性以及城市房地产税税率的可比性,根据年鉴数据,上述公式中的人均可支配收入、人均消费性支出、人均建筑面积使用市级层面的数据,并且为城镇居民而非全体居民的相关数据。如果市级数据不可得时用城市所在省份的省级数据作为替代,所需的数据主要来自各城市所在省份的统计年鉴。住宅商品房平均销售价格是指当前城市的住宅商品房平均销售价格,数据均来自《中国统计年鉴》(2019)。鉴于现实数据的可获得性,结合我国对城市按照城区常住人口进行的划分,本书按照不同类型城区常住人口选取的代表性城市共25个并将其分为四类,其中,选取的超大城市有北京、上海、广州和深圳,选取的特大城市有南京、重庆、杭州、成都、武汉和郑州6个城市,选取的大城市有合肥、宁波、西安、厦门、太原、济南、青岛和南宁8个城市,选取的中小城市有海口、福州、南昌、贵阳、西宁、呼和浩特和兰州7个城市。把上述数据以及房地产税额占人均剩余可支配收入的比重10%—15%代入(7.9)得到2018年城市住宅房地产税税率,如表7.1所示②。

---

① 考虑到各城市所在省市的统计年鉴在人均消费支出中并未列出关于食品、衣着、医疗保健和交通等支出项目的明细支出,将房地产税额占人均剩余可支配收入的比重上浮一定幅度,鉴于《中国统计年鉴》(2020)中2019年上述四项支出占人均消费支出的比重约为50%,结合侯一麟等(2014)将房地产税额占人均剩余可支配收入比重取值为10%的研究,可以取房地产税额占人均剩余可支配收入的比重为10%—15%。与侯一麟等(2014)不同的是,为了体现房地产税的地方税特点,此处使用的数据是以市级数据为主而非省级数据。

② 测算表7.2的城市住宅房地产税税率在没有特别说明的情况下采用的是市级数据且为城镇数据。海口、贵阳、南宁和西安的人均消费性支出采用全省城镇居民的数据而可能高估城市税率。除广州、深圳、重庆、南京、福州、宁波、海口、合肥和成都外,其他城市的人均建筑面积均采用全省的人均建筑面积数据因而可能低估城市税率。另外,北京、上海和重庆在第6章时已计算房地产税对税收收入的影响,因此,表7.1中测算的城市房地产税税率并未包括在内。

　　在房地产税额占人均剩余可支配收入的比重一定的情况下,城市住宅房地产税税率与人均剩余可支配收入正相关,与人均住房建筑面积和住宅商品房平均销售价格负相关。表7.1测算的结果显示,首先,房地产税税率在城市之间体现明显的差异,税率较高的城市是南宁和贵阳,税率较低的城市是厦门,南宁和贵阳的房地产税税率为厦门税率的3倍之多。其次,从不同类型的城市来看,房地产税税率在大中小城市之间呈现倒V型特征。超大城市的税率平均为0.20%—0.30%,特大城市的税率平均为0.33%—0.49%,大城市的税率平均为0.37%—0.55%,中小城市的税率平均为0.36%—0.54%。其中,超大城市的平均税率较低的主要原因是该类城市的商品房平均销售价格的均值较高,超大城市虽然拥有较高的平均人均剩余可支配收入和较小的人均建筑面积均值,但同时商品房平均销售价格的均值更大。最后,从不同地区来看,东部城市税率平均为0.29%—0.44%,中部城市税率平均为0.35%—0.53%,西部城市税率平均为0.41%—0.61%,房地产税税率西部地区城市最高,其次是中部地区城市,东部地区城市最低。

表 7.1　城市住宅房地产税税率(2018 年)

税率	房地产税额占人均剩余可支配收入的比重					
	10%	11%	12%	13%	14%	15%
广州	0.24%	0.27%	0.29%	0.32%	0.34%	0.36%
深圳	0.15%	0.17%	0.18%	0.20%	0.22%	0.23%
南京	0.36%	0.40%	0.44%	0.47%	0.51%	0.54%
杭州	0.17%	0.19%	0.21%	0.22%	0.24%	0.26%
成都	0.38%	0.41%	0.45%	0.49%	0.53%	0.56%
武汉	0.28%	0.30%	0.33%	0.36%	0.39%	0.41%
郑州	0.39%	0.43%	0.47%	0.50%	0.54%	0.58%
合肥	0.36%	0.40%	0.44%	0.47%	0.51%	0.55%
宁波	0.36%	0.39%	0.43%	0.46%	0.50%	0.53%
西安	0.41%	0.45%	0.49%	0.53%	0.57%	0.61%
厦门	0.14%	0.15%	0.17%	0.18%	0.20%	0.21%

税率	房地产税额占人均剩余可支配收入的比重					
	10%	11%	12%	13%	14%	15%
太原	0.39%	0.43%	0.47%	0.51%	0.55%	0.59%
济南	0.42%	0.46%	0.50%	0.55%	0.59%	0.63%
青岛	0.38%	0.42%	0.46%	0.50%	0.53%	0.57%
南宁	0.45%	0.50%	0.54%	0.59%	0.63%	0.68%
海口	0.29%	0.31%	0.34%	0.37%	0.40%	0.43%
福州	0.21%	0.23%	0.25%	0.27%	0.29%	0.31%
南昌	0.33%	0.37%	0.40%	0.43%	0.47%	0.50%
贵阳	0.45%	0.49%	0.54%	0.58%	0.63%	0.67%
西宁	0.33%	0.36%	0.39%	0.43%	0.46%	0.49%
呼和浩特	0.52%	0.58%	0.63%	0.68%	0.73%	0.79%
兰州	0.38%	0.41%	0.45%	0.49%	0.53%	0.56%

数据来源:除武汉、厦门、太原和南宁外,其他城市人均建筑面积数据来自各城市统计年鉴(2020),兰州人均剩余可支配收入数据来自《兰州统计年鉴》(2020),其他城市人均建筑面积、人均剩余可支配收入数据来自城市所在省市的省市统计年鉴(2020),商品房平均价格数据来自《中国统计年鉴》(2020)。

2. 城市住宅房地产税税收收入

假设存量房平均价格按照当年城市商品房平均销售价格的60%计算,在不考虑税收减免时计算2019年城市住宅房地产税税收收入。图7.2和图7.3显示了各城市在征收率分别为70%和100%时,住宅房地产税税收收入的最小值和最大值[1]。其中,税收收入最小值根据表7.1第一列税率计算,税收收入最大值根据表7.1第六列税率计算得到,各城市住宅房地产税税收收入介于最小值和最大值之间。结果发现,第一,住宅房地产税税收收入在城市间有所不同,收入较高的城市是上海和北京,收入较低的城市是海口和西宁。第二,住宅房地产税税收收入在不同类型城市间也体现出明显差异,超大城市的住宅房地产税税收收入均值较高,

---

[1] 图7.2和图7.3测算所需主要数据来自各城市统计年鉴(2020),武汉、厦门、太原和南宁的人均住房建筑面积采用的各城市所在省(自治区)城镇人均住房建筑面积数据来自所在省(自治区)统计年鉴(2020)。

特大城市的收入均值次之,大城市的收入均值低于特大城市,中小城市的收入均值较低。第三,从不同地区来看,东部地区城市收入均值明显高于中部和西部地区城市收入均值。城镇总人口和存量房价格是住宅房地产税税收收入产生城市差异的重要因素,较多的城镇总人口和较高的存量房价格获得较多的税收收入;较少的城镇总人口和较低的存量房价格获得较少的税收收入。

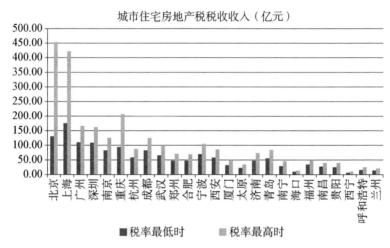

图 7.2 征收率为 70% 时城市住宅房地产税税收收入(2019 年)

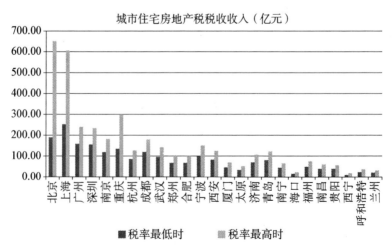

图 7.3 征收率为 100% 时城市住宅房地产税税收收入(2019 年)

如果将各城市住宅房地产税税收收入全部用于地方基本公共服务,假设现有的中央和省级转移支付对地方基本公共服务的支付不变。图7.4 和图 7.5 为城市住宅房地产税税收收入占基本公共服务支出的比重[1],其中,图 7.4 是征收率为 70％时的比重,图 7.5 是征收率为 100％时的比重。结果显示,第一,住宅房地产税税收收入将有效增加各城市的基本公共服务投入,从而改善地方公共服务的质量。尤其是当各地区适用幅度税率的最高税率且征收率为 100％时,住宅房地产税税收收入使全国各城市基本公共服务支出平均增加 20.67％。第二,将住宅房地产税税收收入全部用于地方基本公共服务使各城市基本公共服务支出增加不一致,基本公共服务支出增加较多的城市是南京、宁波和合肥,较少的是兰州、西宁、上海和北京。这表明拥有较高的住宅房地产税税收收入的城市,基本公共服务支出也较高,因而在支出的增加投入上并无明显优势;拥有较低税收收入的城市,基本公共服务支出也较低,在支出的增加投入上亦无明显劣势。第三,房地产税明显扩大了城市之间的基本公共服务供给差距,这体现在提高房地产税税率和征收率均扩大了城市之间的供给差距,城市之间基本公共服务供给差距对房地产税税率更为敏感。

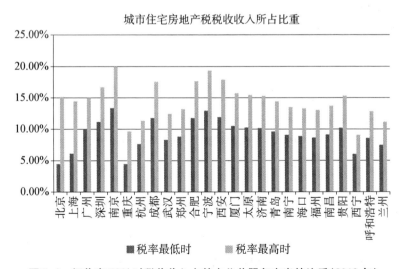

图 7.4 征收率 70％时税收收入占基本公共服务支出的比重(2019 年)

---

[1] 城市基本公共服务支出数据主要来自各城市统计年鉴(2020)。

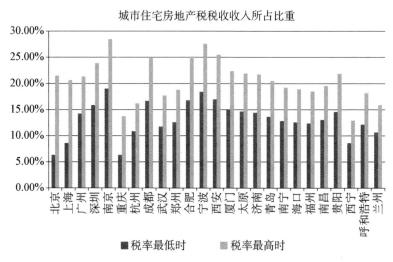

图 7.5 征收率 100% 时税收收入占基本公共服务支出的比重(2019 年)

7.3.2 各城市土地出让金中预征房地产税的测算

假设各城市土地出让收入主要来自出让住宅用地收入,土地平均出让年限设定为 60 年。假设不考虑房地产税的时间价值,土地出让年限用 n 表示,各城市预征的房地产税 T_C^{PR} 用公式表示为:

$$T_C^{PR} = F_C^N \times t_C \times n = 60 \times F_C^N \times t_C \qquad (7.10)$$

结合各城市房地产税幅度税率,得到不同税率时各城市预征的房地产税占取得的土地出让收入中的比重,将各城市 1999 年以来的土地出让收入之和乘以上述比重得到各城市应予扣除的预征房地产税。假设应予扣除的预征房地产税需要在 2019—2038 年 20 年间抵扣完毕且每年的抵扣额相等,进而可以得到各城市在不同税率时每年应予抵扣的预征房地产税。各城市每年应予抵扣的房地产税额如表 7.2 所示。结果发现,各城市房地产税税率提高使预征的房地产税占土地出让金的比重增加,因而每年应予抵扣的房地产税也增加。根据房地产税相关税收收入计算公式,城市房地产税相关税收收入随城市房地产税税率的提高而降低。从不同城市来看,成都、青岛和南昌等城市每年应予抵扣的房地产税税额较高,深圳、海口和兰州等城市每年应予抵扣的房地产税税额较低。

表 7.2　城市每年应予抵扣的房地产税(2018 年—2037 年)

广州	税率	0.24%	0.26%	0.29%	0.31%	0.33%	0.36%
	税额(亿元)	11.02	11.97	12.90	13.81	14.69	15.56
深圳	税率	0.14%	0.15%	0.17%	0.18%	0.20%	0.21%
	税额(亿元)	3.70	4.04	4.37	4.70	5.02	5.34
南京	税率	0.33%	0.36%	0.39%	0.42%	0.46%	0.49%
	税额(亿元)	39.06	42.27	45.38	48.40	51.32	54.15
杭州	税率	0.18%	0.19%	0.21%	0.23%	0.25%	0.27%
	税额(亿元)	44.71	48.72	52.64	56.50	60.28	64.00
成都	税率	0.41%	0.45%	0.49%	0.53%	0.57%	0.61%
	税额(亿元)	136.75	147.52	157.89	167.87	177.48	186.75
武汉	税率	0.18%	0.20%	0.22%	0.24%	0.26%	0.27%
	税额(亿元)	31.68	34.51	37.28	40.00	42.66	45.28
沈阳	税率	0.44%	0.48%	0.52%	0.57%	0.61%	0.65%
	税额(亿元)	52.80	56.90	60.84	64.62	68.26	71.76
郑州	税率	0.38%	0.42%	0.46%	0.50%	0.54%	0.58%
	税额(亿元)	45.57	49.20	52.71	56.09	59.35	62.51
合肥	税率	0.35%	0.39%	0.42%	0.46%	0.49%	0.53%
	税额(亿元)	32.23	34.85	37.38	39.83	42.19	44.48
宁波	税率	0.31%	0.34%	0.37%	0.41%	0.44%	0.47%
	税额(亿元)	22.35	24.20	26.00	27.74	29.43	31.07
西安	税率	0.44%	0.48%	0.53%	0.57%	0.62%	0.66%
	税额(亿元)	57.43	61.88	66.15	70.26	74.21	78.01
厦门	税率	0.13%	0.15%	0.16%	0.17%	0.19%	0.20%
	税额(亿元)	19.70	21.51	23.30	25.06	26.79	28.50
太原	税率	0.37%	0.41%	0.45%	0.49%	0.52%	0.56%
	税额(亿元)	57.73	62.37	66.84	71.15	75.32	79.34
济南	税率	0.38%	0.42%	0.46%	0.50%	0.54%	0.58%
	税额(亿元)	70.12	75.71	81.10	86.30	91.33	96.17

续表

青岛	税率	0.39%	0.43%	0.47%	0.51%	0.55%	0.59%
	税额（亿元）	77.59	83.75	89.68	95.39	100.91	106.23
大连	税率	0.38%	0.42%	0.46%	0.50%	0.53%	0.57%
	税额（亿元）	48.70	52.59	56.34	59.96	63.45	66.83
南宁	税率	0.53%	0.58%	0.64%	0.69%	0.74%	0.80%
	税额（亿元）	27.64	29.69	31.64	33.51	35.29	37.00
海口	税率	0.20%	0.22%	0.24%	0.26%	0.28%	0.30%
	税额（亿元）	3.08	3.36	3.62	3.88	4.14	4.39
福州	税率	0.20%	0.22%	0.24%	0.26%	0.28%	0.30%
	税额（亿元）	70.02	76.22	82.29	88.24	94.06	99.77
南昌	税率	0.37%	0.41%	0.44%	0.48%	0.52%	0.55%
	税额（亿元）	75.47	81.54	87.40	93.05	98.51	103.80
贵阳	税率	0.20%	0.23%	0.25%	0.27%	0.29%	0.31%
	税额（亿元）	9.41	10.24	11.05	11.85	12.62	13.38
西宁	税率	0.33%	0.37%	0.40%	0.44%	0.47%	0.50%
	税额（亿元）	22.92	24.80	26.62	28.38	30.08	31.73
呼和浩特	税率	0.48%	0.53%	0.58%	0.63%	0.68%	0.73%
	税额（亿元）	9.56	10.28	10.98	11.64	12.28	12.89
兰州	税率	0.30%	0.33%	0.36%	0.39%	0.42%	0.45%
	税额（亿元）	3.46	3.74	4.03	4.30	4.56	4.82

7.3.3　房地产税对城市税收收入的短期影响

房地产税开征后，各城市房地产税相关税收收入不仅包括住宅房地产税税收收入，还应加上当年取得的土地出让收入中收取的非预征房地产税部分，同时减去当年应予抵扣的房地产税。住宅房地产税税收收入、土地出让收入中的非预征房地产税部分和应予抵扣的房地产税的取值均不唯一。图 7.6 和图 7.7 为各城市分别采用房地产税幅度税率中税率最低时与税率最高时，征收率分别为 70% 和 100% 时 2019 年各城市房地产税相关税收收入。结果显示，第一，房地产税税率相同时各城市适用的征收率越高,住宅房地产税税收收入越高,房地产税相关税收收入也越高。但是在征收率相同而房地产税税率不同时税率越高,房地产税相关税收收入并非越高,这是因为税率越高时住宅房地产税税收收入越高,同时土地出让收入中非预征房地产税部分越低,应予抵扣的房地产税越高,使得房地产税相关税收收入的大小变得不确定。第二,房地产税相关税收收

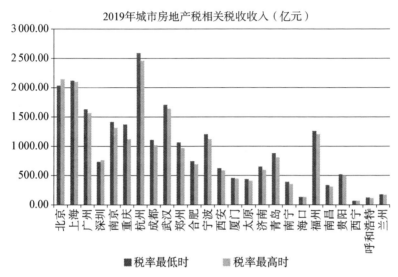

图 7.6　征收率为 70% 时城市房地产税相关税收收入(2019 年)

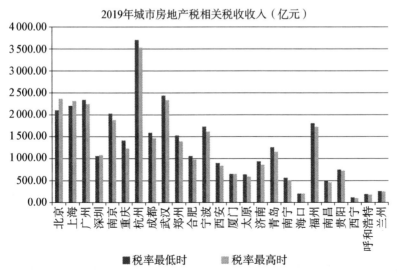

图 7.7　征收率为 100% 时城市房地产税相关税收收入(2019 年)

入体现出明显的城际差异,可以获得较多房地产税相关税收收入的是杭州,获得较少房地产税相关税收收入的是西宁。

在测算各城市房地产税相关税收收入的基础上,进而测算 2019 年房地产税对各城市税收收入的影响。未开征房地产税时的房地产相关税收收入包括房产税和土地出让金,因此,房地产税对各城市税收收入的影响等于各城市房地产税相关税收收入与各城市土地出让金的差额,差额为正说明房地产税对各城市税收收入的影响为正,即开征房地产税产生了盈余,否则说明开征房地产税并未产生盈余。图 7.8 和图 7.9 所列为各城市采用房地产税幅度税率中税率最低时与税率最高时,征收率分别为70% 和 100% 时在 2019 年房地产税对各城市税收收入的影响。2019 年,当征收率为 70% 时,除深圳以外,其他城市开征房地产税后房地产税对其税收收入的影响均为负;当征收率为 100% 时,房地产税对大部分城市税收收入的影响均为正。这表明对大部分城市在房地产税开征起始年度是否产生盈余,取决于房地产税税制要素的设计,如果征收率过低,房地产税在短期内并不足以代替土地出让收入而成为大部分城市税收收入的重要来源。

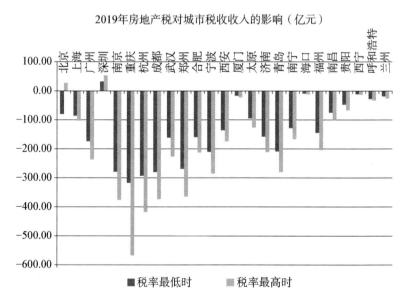

图 7.8　征收率为 70% 时房地产税对各城市税收收入的影响(2019 年)

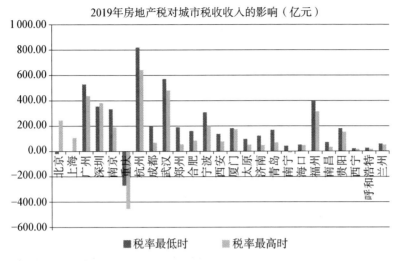

2019年房地产税对城市税收收入的影响（亿元）

图7.9 征收率为100%时房地产税对各城市税收收入的影响(2019年)

7.4 房地产税对不同城市税收收入的影响预测

7.4.1 评价房地产税对税收收入影响涉及的因素

进而对房地产税开征对不同城市税税收收入的影响进行预测。其中,影响各城市住宅房地产税税收收入涉及的因素有各城市城镇总人口、人均住宅建筑面积和存量房价格,房地产税对各城市税收收入的长期影响需涉及的因素有土地出让金。对于城镇总人口,结合巴曙松和杨现领(2020)对我国城镇化进程预测的研究,假设未来期间各城市城镇总人口呈匀加速方式增长,即年增长率为2%;对于人均住宅建筑面积,与全国人均住房建筑面积的增长趋势相同,假设各城市人均住房建筑面积增长20%需要20年,按照匀加速方式增长的各城市人均住房建筑面积年增长率为1%;对于存量房价格,假设存量房价格为各城市住宅商品房销售平均价格的60%。

7.4.2 评价土地出让金和住宅商品房销售价格之间相互关系采用的方法

本书采用向量自回归模型(VAR)来分析包含土地出让金和住宅商

品房销售价格在内的变量之间的相互关系。VAR 模型要求每一个变量都是平稳序列,如果原始时间序列非平稳,采取的做法是:第一,可以对其进行一阶差分得到平稳序列;第二,如果多个单位根变量之间由于某种经济力量而存在长期均衡关系,仍然可以使用原时间序列进行回归,即如果多个单位根序列拥有共同的随机趋势,可以对这些变量作线性组合以消去该随机趋势,此时可以用到的模型是向量误差修正模型(VEC)。使用 VEC 模型的充分条件是变量之间存在协整关系,可以认为 VEC 模型是含有协整约束的 VAR 模型,用于具有协整关系的非平稳时间序列。

1. 变量、数据与描述性统计

本书选用的变量为各城市财政缺口、土地出让金和住宅商品房销售价格,其中,定义财政缺口为各城市预算内支出与预算内收入差额的绝对值,土地出让金为各城市各年获得的土地出让收入金额,住宅商品房销售价格为各城市年度住宅商品房销售平均价格。本书采用 1999—2019 年各城市数据,其中,财政缺口数据来自 2000—2020 年各城市统计年鉴;土地出让金数据来自 2000—2020 年《中国国土资源年鉴》;住宅商品房销售价格数据来自 2000—2020 年《中国统计年鉴》。为了消除价格因素的影响,本书根据 1999—2019 年的消费者价格指数将其换算为 1999 年的不变价格数据。为了消除异方差,本书对所有数据进行了对数化处理。附录表 3 报告了各城市各变量的描述性统计结果。

2. 模型的建立和检验

对于各城市而言,建立的模型如表 7.3 所示。

表 7.3　各城市适用的模型

城市	模型	所用序列	滞后阶数	秩
广州	VAR	差分序列	1	—
深圳	VEC	原序列	4	1
南京	VAR	原序列	1	—
杭州	VAR	原序列	1	—
成都	VAR	原序列	1	—
武汉	VAR	原序列	1	—

城 市	模型	所用序列	滞后阶数	秩
郑州	VAR	原序列	1	—
合肥	VEC	原序列	3	1
宁波	VAR	原序列	1	—
西安	VEC	原序列	1	2
厦门	VAR	差分序列	1	—
太原	VAR	原序列	1	—
济南	VAR	差分序列	1	—
青岛	VAR	原序列	1	—
南宁	VEC	原序列	4	1
海口	VAR	原序列	1	—
福州	VAR	原序列	1	—
南昌	VAR	差分序列	2	—
贵阳	VEC	原序列	3	1
西宁	VAR	差分序列	1	—
呼和浩特	VAR	原序列	1	—
兰州	VEC	原序列	3	2

对涉及 VEC 模型的变量之间的协整关系进行检验,结果如表 7.4 所示。

表 7.4 各城市变量协整关系检验

	变量组	特征根迹	5%临界值	至多存在的协整关系个数
深圳	财政缺口、土地出让金和商品房销售价格	17.9288	18.17	1
	变量组	最大特征值	5%临界值	至多存在的协整关系个数
	财政缺口、土地出让金和商品房销售价格	12.3963	16.87	1
合肥	变量组	特征根迹	5%临界值	至多存在的协整关系个数
	财政缺口、土地出让金和商品房销售价格	7.7739	15.41	1

	变量组	特征根迹	5%临界值	至多存在的协整关系个数
西安	财政缺口、土地出让金和商品房销售价格	1.2236	3.76	2
南宁	变量组	特征根迹	5%临界值	至多存在的协整关系个数
	财政缺口、土地出让金和商品房销售价格	17.3382	18.17	1
	变量组	最大特征值	5%临界值	至多存在的协整关系个数
	财政缺口、土地出让金和商品房销售价格	15.3762	16.87	1
贵阳	变量组	特征根迹	5%临界值	至多存在的协整关系个数
	财政缺口、土地出让金和商品房销售价格	9.8349	15.41	1
兰州	变量组	特征根迹	5%临界值	至多存在的协整关系个数
	财政缺口、土地出让金和商品房销售价格	0.3877	3.74	1
	变量组	特征根迹	5%临界值	至多存在的协整关系个数
	财政缺口、土地出让金和商品房销售价格	0.3877	3.74	1

估计模型后,对模型进行检验。首先,对适用 VAR 模型的各城市模型进行 Wald 检验。Wald 检验结果发现,作为三个方程整体的 1 阶系数均高度显著,检验结果拒绝方程的各阶系数的联合显著性"不显著"的原假设。其次,对模型进行残差自相关检验。检验结果显示,各城市均接受残差"无自相关"的原假设,即扰动项为白噪声。进而检验系统是否稳定,结果如附录图 25—图 46 所示。图中显示,对适用 VAR 模型的城市而言,所有的特征值均在单位圆之内;对适用 VEC 模型的城市,除 VEC 模型本身假设的单位根外,伴随矩阵所有特征值均在单位圆之内,表明系统均通过平稳性检验。最后检验模型的残差是否符合正态分布,检验的 p 值如附录表 4 所示。结果显示,p 值均大于 0.05,检验结果均在 5% 的显著性水平上接受这三个变量的扰动项服从正态分布的原假设。

7.4.3　房地产税对各城市税收收入的影响预测

本书将房地产税对不同城市税收收入的影响进行预测从时间上分为两个阶段。第一,2020—2021年①,运用VAR模型或VEC模型可以得到各城市土地出让金和住宅商品房销售价格的预测值②,结合其他影响因素分析房地产税对不同城市税收收入的长期影响;第二,2022—2038年,在预测房地产税对各城市税收收入的影响时,分别预测土地出让金和住宅商品房销售价格。对土地出让金而言,在2021年基础上逐年减少直至为零,即每年减少6%。对住宅商品房销售价格而言,参考未来期间GDP的变化,以世界银行预测2022年中国实际GDP增长率5.1%为依据③,假设住宅商品房销售价格年增长率为5.1%。

图7.10、图7.11、图7.12和图7.13分别为采用各城市幅度税率的最低税率且征收率为70%、各城市幅度税率的最低税率且征收率为100%、各城市幅度税率的最高税率且征收率为70%和各城市幅度税率的最高税率且征收率为100%时,各城市2020—2038年的住宅房地产税收预测收入。第一,从时间维度上看,2020—2038年各城市住宅房地产税税收收入均呈增长趋势,其中,收入增长较多的是北京和上海,较少的是海口和西宁,尤其是当房地产税税率最高且征收率为100%时,上海市住宅房地产税税收收入增长额是海口的34.81倍,西宁的35.28倍。提高房地产税税率和提高征收率均能够获得较多的房地产税税收收入,房地产税税率相对于征收率在各城市获得税收收入时更为敏感;第二,从城际维度上看,住宅房地产税预测收入较多的是北京和上海,较少的是西宁和海口,即使是西宁和海口,也能持续地获得房地产税税收收入。总体

---

① 2021年6月4日,财政部发布《关于将国有土地使用权出让收入、矿产资源专项收入、海域使用金、无居民海岛使用金四项政府非税收入划转税务部门征收有关问题的通知》,明确自2021年7月1日起,在河北、内蒙古、上海等七地开展征管职责划转试点,自2022年1月1日起全面实施征管划转工作。

② 其中,计算2022年以后期间的预测值时,假设2022年以后年度的消费者价格指数与2021年相同。

③ 摘自2021年世界银行报告《China Ecnomic Update:Rebalancing Act —— From Recovery to High-Quality Growth》。

而言,住宅房地产税税收收入将成为全国各城市一项持续稳定的收入来源。

2020—2038年城市住宅房地产税税收收入（亿元）

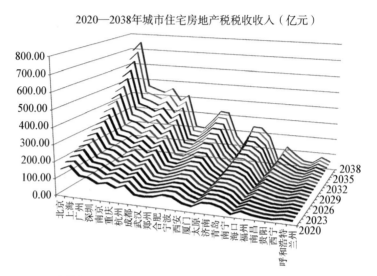

图 7.10　税率最低且征收率为 70% 时住宅房地产税税收收入（2020—2038 年）

2020—2038年城市住宅房地产税税收收入（亿元）

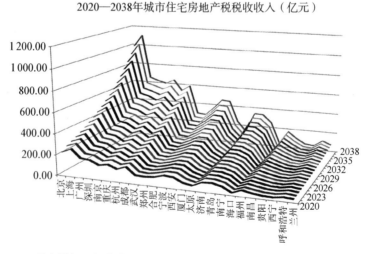

图 7.11　税率最低且征收率为 100% 时住宅房地产税税收收入（2020—2038 年）

2020—2038年城市住宅房地产税税收收入（亿元）

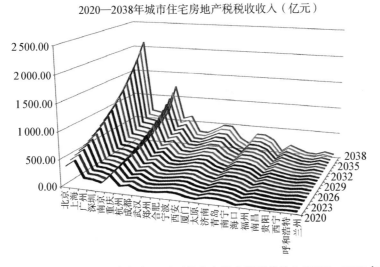

图 7.12　税率最高且征收率为 70％时住宅房地产税税收收入（2020—2038 年）

2020—2038年城市住宅房地产税税收收入（亿元）

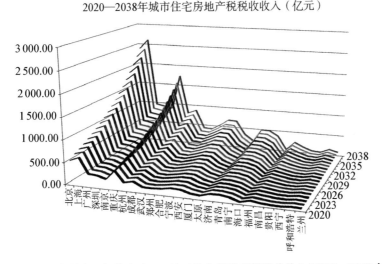

图 7.13　税率最高且征收率为 100％时住宅房地产税税收收入（2020—2038 年）

在图 7.10、图 7.11、图 7.12 和图 7.13 对各城市住宅房地产税税收收入进行预测的基础上，预测未来期间该收入占地方基本公共服务支出的比重。假设 2020 年—2038 年各地基本公共服务支出呈匀加速增长且年增长率为 8％，图 7.14、图 7.15、图 7.16 和图 7.17 是预测收入占预测支出项目的比重。

城市住宅房地产税税收收入所占比重

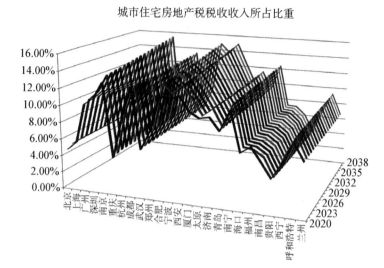

图 7.14　税率最低且征收率为 70% 时的比重（2020—2038 年）

城市住宅房地产税税收收入所占比重

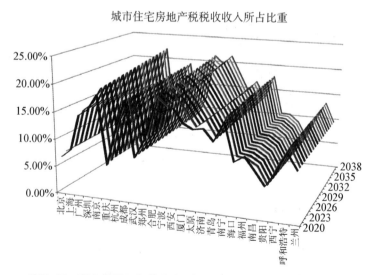

图 7.15　税率最低且征收率为 100% 时的比重（2020—2038 年）

城市住宅房地产税税收收入所占比重

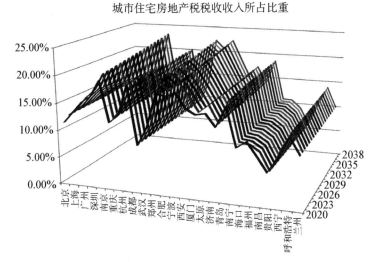

图 7.16 税率最高且征收率为 70% 时的比重(2020—2038 年)

城市住宅房地产税税收收入所占比重

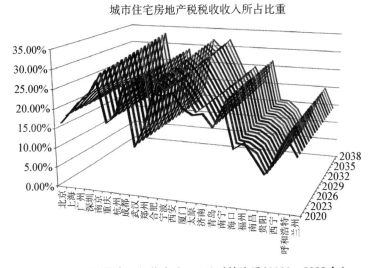

图 7.17 税率最高且征收率为 100% 时的比重(2020—2038 年)

从上图可以看出,2020—2038 年间,城市之间住宅房地产税税收收入占基本公共服务支出的比重并不一致。具体表现在:第一,在税率最低且征收率为 70% 时,该比重范围是 4.02%—13.03%,比重较高的是南京和成都,较低的是重庆和贵阳。提高房地产税税率或征收率均能够提高城市住宅房地产税税收收入占基本公共服务支出的比重。第二,随着房地产税税率的提高或征收率的提高,城市之间住宅房地产税税收收入占基本公共服务支出的比重越来越呈现较为明显的差异。该比重的城际差异体现在:当提高房地产税税率而征收率不变时,南京由 15％增加至23％,贵阳由约 4％增加至约 6％;进而提高征收率时,南京由 23％增加至33％,贵阳由约 6％增加至约 8％。这表明,从长期来看,假设现有的中央和省级转移支付对基本公共服务的支付不变并且现有的公共服务支出可控的情况下,城市住宅房地产税税收收入能够有效增加各地区基本公共服务支出,从而改善公共服务质量;征收房地产税较为明显地扩大了城际基本公共服务供给的数量差异。

将根据模型估计结果预测的各地区土地出让收入,乘以非预征房地产税部分占土地出让收入的比重,测算开征房地产税后地方政府的土地出让收入,加上根据图 7.10、图 7.11、图 7.12 和图 7.13 在 2020—2038年间各城市住宅房地产税税收收入,减去表 7.2 所示的在 2020—2038 年每年应抵扣的预征房地产税,得到各城市未来各年的房地产税相关税收收入。将该收入与未开征房地产税时各年税收收入即土地出让收入相比较,可以测算房地产税开征后对不同城市税收收入的长期影响,图 7.18和图 7.19 为房地产税对各城市税收收入的影响为正所需的时间。

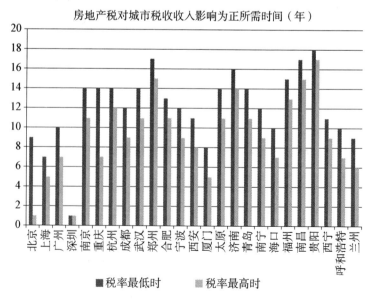

图 7.18　征收率 70％时房地产税对城市税收收入的影响为正值所需时间

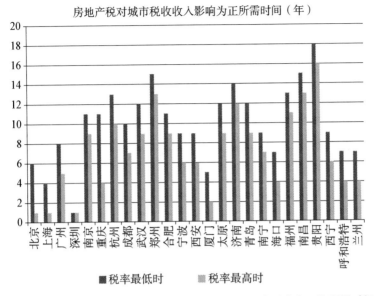

图 7.19　征收率 100% 时房地产税对城市税收收入的影响为正值所需时间

　　如图 7.18 和图 7.19 所示,房地产税开征后各城市税收收入产生盈余所需要的时间有所不同。第一,从样本城市来看,所需时间较长的城市是贵阳、南昌和郑州,较短的是深圳。在房地产税与土地出让金并行征收期间内,房地产税对样本城市税收收入的影响都可以为正,不论是提高可选择的税率还是征收率都有可能产生正的税收收入。第二,从不同类型城市来看,超大城市税收收入产生盈余所需的平均时间明显短于其他类型城市;房地产税选择的税率越高,征收率越高,越容易获得更多的房地产税相关税收收入,各类城市税收收入产生盈余所需的平均时间越短。第三,从不同地区城市来看,东部地区城市税收收入产生盈余所需的平均时间短于中部和西部地区城市。无论是东部、中部还是西部地区城市,选择的税率越高,征收率越高,均可以缩短房地产税对城市税收收入产生盈余所需的平均时间。

7.5　小结

　　在第 6 章房地产税对省际之间税收收入的影响的基础上,本章探讨房地产税对城市之间税收收入的影响。根据房地产税对城市之间税收收入影响的评估方法,首先是城市房地产税税率的测算,城市房地产税税率根据所选样本城市的人均可支配收入、人均消费性支出、人均住宅建筑面积以及城市住宅商品房平均销售价格乘以一定的比例得到,其次是各城市住宅房地产税税收收入的模拟与预测,比较各城市从房地产税开征起始年度到房地产税与土地出让收入并行截止期间的住宅房地产税税收收入,最后是房地产税对不同城市税收收入的影响。总体而言,得到的结论有:

第一,城市房地产税税率的测算。在房地产税额占人均剩余可支配收入的比重一定的情况下,城市住宅房地产税税率不仅与该城市的人均剩余可支配收入有关,还与人均建筑面积和商品房平均销售价格有关。城市住宅房地产税税率与人均剩余可支配收入正相关,与人均住房建筑面积和住宅商品房平均销售价格负相关。房地产税税率在城市之间体现明显的差异,并且从不同类型的城市来看,房地产税税率在大中小城市之间亦呈现倒 V 型特征。

第二,关于城市住宅房地产税税收收入。在房地产税开征起始年度,住宅房地产税税收收入在城市之间以及不同类型的城市之间体现出明显差异,而城市拥有的城镇总人口和存量房价格是城市住宅房地产税税收收入高低的主要原因。房地产税税收收入改善了各城市基本公共服务的质量,改善较为明显的是南京和成都,较不明显的是贵阳和重庆。房地产税税收收入同时也能够改善不同类型城市基本公共服务的质量,且对大城市基本公共服务质量的改善明显高于其他城市。在长期,各城市住宅房地产税税收收入均持续增长,因而能成为各城市一项持续稳定的收入来源,并且仍能有效改善各城市的基本公共服务质量。房地产税明显扩大了城市之间基本公共服务供给的数量差异。

第三,房地产税对城市之间税收收入的影响。短期内房地产税对大多数样本城市税收收入的影响可能为负。从长期来看,房地产税开征后各城市税收收入产生盈余所需要的时间不一致。对不同类型城市而言,超大城市税收收入产生盈余所需的平均时间明显短于其他类型城市。从不同地区城市来看,东部地区城市税收收入产生盈余所需的平均时间短于中部和西部地区城市。

8

房地产税的福利效应

　　平等主义者认为因为市场分配不平等,所以需要政府制定有关的再分配政策。在我国,党的十五大提出"效率优先,兼顾公平",到党的十六大"初次分配注重效率,再分配注重公平",再到党的十八大"初次分配和再分配都要兼顾效率和公平、再分配更加注重公平",更明确了再分配环节调节的重要性。在再分配政策中,税收被认为在收入不平等中起着重要的作用,房地产税作为一项税收,当然在收入不平等中起重要作用。社会福利水平既体现了公平与效率的统一,又能兼顾不同收入群体的利益。房地产税在收入差距调节中的贡献是什么,房地产税能否增进社会福利?本章探讨房地产税的福利效应。

　　本章的结构安排如下:首先对房地产税的福利效应进行界定,阐述房地产税对收入差距的调节和福利效应采用的评估方法,设计房地产税各项可能的税收优惠措施,其次实证检验房地产税对收入差距的调节效果,包括房地产税能否调节居民收入差距和对居民收入差距调节的程度,以及设计税收优惠之后房地产税的税负分布和收入调节效应,进而实证检验房地产税的福利效应,最后是本章小结。

8.1　房地产税的福利效应的界定

　　福利经济学是研究资源配置如何影响经济福利的学科,福利经济学作为经济学的其中一个分支,着重评价经济制度与政策对居民社会福利的影响,运用福利经济学的方法评价房地产税对社会福利水平的影响,即房地产税能否使得居民的社会福利增加。评估房地产税的福利效应分为两个步骤,第一,分析房地产税能否缩小城镇居民的收入差距,即房地产税是否通过缩小城镇居民的收入差距从而带来社会福利的增加。第二,阐述房地产税的福利效应,就是考察居民收入差距缩小带来的社会福利增加能否补偿收入水平下降导致的福利损失。

8.2 房地产税的福利效应采用的评估方法

8.2.1 房地产税调节收入差距采用的评估方法

基尼系数被认为是广泛用于测算不平等程度的指标,基尼系数可以用来度量收入的不平等。基尼系数的点估计有两种方法:一种是参数方法,利用洛伦兹曲线(Lorenz curve)计算基尼系数,通过比较征税前后的税负分布衡量房地产税对收入差距的调节效果。参数方法需要将离散的数据对应为连续形式的公式,即采用一定的形式拟合洛伦兹曲线,但是采用何种函数形式进行拟合存在不确定性,并且基尼系数与洛伦兹曲线并不是一一对应的关系,即使是改进的基尼系数与洛伦兹曲线间也不可能建立一一对应的关系(钟学义,2005)。另一种方法是非参数方法,这种方法不用考虑总体的收入分布形式,直接将计算的样本数据基尼系数作为总体基尼系数的估计值。因此,如果是微观数据,由于掌握的信息量比较充分,一般采用非参数的点估计方法(杨耀武和杨澄宇,2015)。以收入表示的基尼系数 G 用公式表示为:

$$G = \frac{1}{2n^2\mu} \sum_{i=1}^{n} \sum_{j=1}^{n} |y_i - y_j| \qquad (8.1)$$

其中, n 为样本量, μ 为样本收入均值,用公式表示为: $\mu = \frac{1}{n} \sum_{i=1}^{n} y_i$。 y 为居民家庭的收入, y 可以取 n 个不同的值,用列向量表示为: $y = (y_1, y_2, \cdots, y_n)^T$,向量中的各个分量具有非递减的性质,即 $y_1 \leqslant$

$y_2 \leqslant \cdots\cdots \leqslant y_n$，$y_i$ 表示第 i 个家庭的收入，$i=1,2,\cdots\cdots,n$，$|y_i-y_j|$ 代表样本中两两收入个体的绝对收入差距，且 y_i 和 y_j 是同一分布的变量。$\frac{1}{n^2}\sum_{i=1}^{n}\sum_{j=1}^{n}|y_i-y_j|$ 表示不同个体两两之间收入绝对差距的算术平均数，是一个绝对平均差，当只有一个个体取得所有的收入而其他个体收入均为零时，该算术平均数取最大值 2μ；当所有个体的收入相等时，该算术平均数取最小值 0。将 $\frac{1}{n^2}\sum_{i=1}^{n}\sum_{j=1}^{n}|y_i-y_j|$ 除以收入均值 μ 得到相对平均差，因此，基尼系数是相对平均差的一半，取值在 0—1 之间。

Anand(1983)认为基尼系数可以通过协方差计算得到，将收入进行排序，基尼系数是收入和与其序数之间的协方差的一个函数：

$$G = \frac{2cov(y_i, i)}{n\mu} \tag{8.2}$$

同时，序数 i 的均值为：

$$\bar{i} = \frac{1}{n}\sum i = \frac{n+1}{2} \tag{8.3}$$

进一步，协方差可以表示为：

$$cov(y_i, i) = \frac{1}{n}\sum_{i=1}^{n}(y_i-\mu)(i-\bar{i}) = \frac{1}{n}\sum_{i=1}^{n}iy_i - \frac{n+1}{2}\mu \tag{8.4}$$

因此，基尼系数可表示为：

$$G = \frac{2cov(y_i, i)}{n\mu} = \frac{2}{n^2\mu}\sum_{i=1}^{n}iy_i - \frac{n+1}{n} \tag{8.5}$$

用 MT 指数(Musgrave 和 Thin，1948)衡量房地产税对收入差距的调节效果，用公式表达为：

$$MT = G_0 - G_T \tag{8.6}$$

比较 G_0 和 G_T，如果 $G_T < G_0$，则 $MT > 0$，征收房地产税后的基尼

系数小于征收房地产税前的基尼系数,说明房地产税对收入差距产生正向调节作用。其中,如果 MT 指数值较大,说明房地产税对收入差距产生较强的调节效果;如果 MT 指数值较小,说明房地产税对收入差距的调节效果较弱;如果 $G_T > G_0$,则 $MT < 0$,征收房地产税后的基尼系数大于征收房地产税前的基尼系数,说明房地产税对居民收入差距起逆向调节作用。

8.2.2 房地产税的福利效应采用的评估方法

经济学家们在关注收入分配和社会保障等领域时开展了以提高社会福利为目标的政策研究。自 Pigou(1920)出版《福利经济学》标志着福利经济学的诞生以来,福利经济学作为经济学的分支得到了长足的发展。以 Pigou 为代表的学者使用物质福利或者效用表示个人福利,即效用是客观的,可以度量的,社会福利是所有个人的效用之和,同时认为国民经济的总量越多时社会福利越大,社会收入分配越平等时社会福利越大。因此,社会发展在追求总体福利最大化的同时,根据收入的边际效用递减规律,收入分配向低收入群体倾斜有利于增进社会福利。本书使用阿特金森(Atkinson,1970)福利经济学的方法评价社会福利状况,具体地,运用阿特金森社会福利函数和阿特金森指数考察房地产税对社会福利的影响(李阿姣,2021)。

第 i 个人的收入为 y_i,假设第 i 个人的效用为 $u(y_i)$,阿特金森个人效用函数 $u(y_i)$ 可以表示为:

$$(y_i) = \begin{cases} \dfrac{1}{1-\varepsilon} y_i^{1-\varepsilon}, & \varepsilon \neq 1 \\ ln y_i, & \varepsilon = 1 \end{cases} \tag{8.7}$$

其中,ε 表示居民对收入不平等的厌恶程度,$\varepsilon > 0$,ε 的值越大说明居民对收入不平等越厌恶。$u(y_i)$ 是严格递增的凹函数。

阿特金森社会福利函数定义为所有个人的效用之和,用公式表示为:

$$W(y_1, y_2, \cdots\cdots, y_n) = \sum_{i=1}^{n} u(y_i) \tag{8.8}$$

显然，$W(y_1, y_2, \cdots\cdots, y_n)$ 为严格递增的凹函数，严格递增意味着任何社会成员收入的增加都会提高社会福利，凹性意味着在全社会的收入总和固定时，社会收入分配越平等越能改善社会福利水平。

记所有分量为 1 的向量为单位向量 e，假设当社会福利满足以下等式 $W(y_e, y_e, \cdots\cdots, y_e) = W(y_1, y_2, \cdots\cdots, y_n)$ 时，每个人的收入都是 y_e，并且产生的社会福利与实际收入分布相同。根据 $W(y_1, y_2, \cdots\cdots, y_n)$ 的严格递增性质可知，y_e 是唯一的值，称为收入平等分配时的等值收入。

结合公式(8.2)得到：

$$W(y_e, y_e, \cdots\cdots, y_e) = W(y_1, y_2, \cdots\cdots, y_n) = \sum_{i=1}^{n} u(y_i) = nu(y_e) \tag{8.9}$$

结合式(8.7)得到：

$$W(y_1, y_2, \cdots\cdots, y_n) = \begin{cases} n(1-\varepsilon)^{-1} y_e^{1-\varepsilon}, & \varepsilon \neq 1 \\ n ln y_e, & \varepsilon = 1 \end{cases} \tag{8.10}$$

平均收入 μ 用公式表示为：

$$\mu = \frac{1}{n} \sum_{i=1}^{n} y_i \tag{8.11}$$

阿特金森指数 I_ε 表示一个社会的收入不平等程度，用公式表示为：

$$I_\varepsilon = 1 - \frac{y_e}{\mu} \tag{8.12}$$

其中，I_ε 的取值范围在 $0-1$ 之间，当平等分配的等值收入 y_e 越接近收入的均值 μ，I_ε 越接近于 0，收入越平等；当等值收入偏离收入均值越远，I_ε 越接近于 1 时，收入越不平等。由于 y_i 代表第 i 个人的收入，第 i 个人占总人口的比例就是 $\frac{1}{n}$，结合式(8.12)以及等值收入 y_e 的定义，阿特金森指数也可以表示为：

$$I_\varepsilon = 1 - \left[\frac{1}{n} \sum_{i=1}^{n} \left(\frac{y_i}{\mu} \right)^{1-\varepsilon} \right]^{\frac{1}{1-\varepsilon}} \tag{8.13}$$

结合(8.10)式和(8.12)式得到：

$$W(y_1, y_2, \cdots\cdots, y_n) = \begin{cases} n(1-\varepsilon)^{-1}[\mu(1-I_\varepsilon)]^{1-\varepsilon}, & \varepsilon \neq 1 \\ n ln\mu(1-I_\varepsilon), & \varepsilon = 1 \end{cases}$$

(8.14)

由(8.14)式可知,阿特金森社会福利函数随收入均值 μ 的增加而增加,随阿特金森指数 I_ε 的增加而减少。

假设征收房地产税前的社会福利为 W_1,征税后的社会福利为 W_2,通过征收房地产税前后社会福利变化的相对量指标 $\dfrac{W_2}{W_1}$ 表示房地产税的福利效应。如果 $\dfrac{W_2}{W_1} > 1$,那么征收房地产税后社会福利大于征收房地产税前的社会福利,房地产税能够提高社会福利水平,收入差距缩小带来的社会福利增加能够补偿收入水平下降带来的福利损失;如果 $\dfrac{W_2}{W_1} < 1$,那么征收房地产税后社会福利小于征收房地产税前的社会福利,房地产税不足以提高社会福利水平,收入差距缩小带来的社会福利增加不能补偿收入水平下降带来的福利损失。

根据(8.14)可知,当 $\varepsilon \neq 1$ 时,

$$W_2/W_1 = \left[\frac{\mu_2(1-I_{\varepsilon2})}{\mu_1(1-I_{\varepsilon1})}\right]^{1-\varepsilon}$$

(8.15)

其中, μ_1 表示税前平均收入, μ_2 表示税后平均收入, $I_{\varepsilon1}$ 表示税前阿特金森指数, $I_{\varepsilon2}$ 是税后阿特金森指数。

定义社会福利效应指数为 U_ε,并且 $U_\varepsilon = \dfrac{\mu_2(1-I_{\varepsilon2})}{\mu_1(1-I_{\varepsilon1})}$,要使得 $\dfrac{W_2}{W_1} > 1$,就是使 $U_\varepsilon^{1-\varepsilon} > 1$。

还可以使用征收房地产税前后社会福利变化的绝对量指标 $W_2 - W_1$ 表示房地产税的福利效应。如果 $W_2 - W_1 > 0$,那么征收房地产税后社会福利大于征收房地产税前的社会福利,房地产税能够提高社会福利水平,收入差距缩小带来的社会福利增加能够补偿收入水平下降带来的福利损

失;如果 $W_2 - W_1 < 0$,那么征收房地产税后社会福利小于征收房地产税前的社会福利,房地产税不足以提高社会福利水平,收入差距缩小带来的社会福利增加不能补偿收入水平下降带来的福利损失。

根据(8.14)可知,当 $\varepsilon = 1$ 时,

$$W_2 - W_1 = n\big[\ln\mu_2(1 - I_{\varepsilon 2}) - \ln\mu_1(1 - I_{\varepsilon 1})\big] = n\ln\frac{\mu_2(1 - I_{\varepsilon 2})}{\mu_1(1 - I_{\varepsilon 1})}$$

(8.16)

要使得 $W_2 - W_1 > 0$,就是使 $\ln\dfrac{\mu_2(1 - I_{\varepsilon 2})}{\mu_1(1 - I_{\varepsilon 1})} > 0$,即 $\dfrac{\mu_2(1 - I_{\varepsilon 2})}{\mu_1(1 - I_{\varepsilon 1})} > 1$,

也就是使社会福利效应指数 $U_\varepsilon > 1$。

因此,考察房地产税是否提高了社会福利,就是考察如下公式是否成立:

$$\begin{cases} U_\varepsilon^{1-\varepsilon} > 1, & \varepsilon \neq 1 \\ U_\varepsilon > 1, & \varepsilon = 1 \end{cases}$$

(8.17)

当(8.17)式成立时,说明房地产税能够提高社会福利水平,收入差距缩小带来的社会福利增加能够补偿收入水平下降带来的福利损失,否则说明房地产税不能提高社会福利水平,产生了福利损失。

8.3 房地产税的税收优惠

现行的《房产税暂行条例》由于对个人非营业用房产免征房产税,很少涉及与其相关的税收优惠措施。在上海、重庆市的房地产税改革试点方案中,也并未对税收优惠作过多的描述,这是因为上海试点方案的征税对象是增量房地产,重庆试点方案的征税对象是增量房地产和存量独栋商品住宅,征税对象并没有包括所有的存量房地产和增量房地产。这容易引发房地产税在存量房和增量房之间的税负转嫁,引起税负不公,因为对于房地产税的感知更侧重于纳税人缴纳的税额和邻近地区纳税人的税额是否相差不大。

8.3.1 房地产税税收优惠的域外经验

房地产税的税基是房地产的评估价值（采用定额税率时的税基为特定数量），税源是纳税人获取的收入或利益，如工资薪金收入、转移性收入以及投资性收入等，税基与税源往往存在分离。因此，世界各国对房地产税的税收优惠产生与其他税种不同的特点，除了对房地产的优惠包括对税基、税率等税收要素优惠，还有与家庭收入、纳税人特征等有关的税收优惠，并且在实践中这些优惠经常被组合运用。

第一种是与房地产有关的税收优惠。在各国总会有一些财产排除在房地产税的税基之外，税收优惠的原因可以是所有权。如政府拥有的房地产免征房地产税，予以免税的国家有美国、澳大利亚、法国、英国、俄罗斯、日本以及韩国等，但并不是所有的国家都对政府拥有的房地产免税，在加拿大的部分省份，联邦政府需要向地方政府就其拥有的房地产承担纳税义务。税收优惠的原因还可以是财产用途，对用作慈善的财产实施免税的国家有美国、澳大利亚、英国、日本、新加坡等，院所和大学、教堂、公立医院、公共道路、公园、学校、图书馆、外事基地以及外国组织拥有的财产也是房地产税优惠的对象，如澳大利亚对用于教育、宗教、慈善的土地以及外事土地免税，巴西对从事社会福利活动的公立学校和医院、非盈利性质的政治团体、国家公园、宗教以及保护区免税，对私立学校和医院予以减征。在一些国家，农业用地和居民主要住宅也是税收免除的对象。另外，与房地产有关的税收优惠可以与纳税人特征相结合。这类纳税人既可以是所有者，也可以是使用者，如纳税人是否为残疾人、纳税人年龄、家庭规模以及该房屋是否为家庭主要住房等。考虑到老年人和残疾人群体收入水平较低，美国共有 24 个州制定了针对老年人的税收优惠，有 4 个州制定了对残疾人的税收优惠（Barrows 和 Bonderud，1988）。

第二种是与家庭收入有关的税收优惠。根据房地产拥有者的收入水平，将纳税人的纳税能力和税收负担结合起来，对税额超过家庭收入的比例超过规定的比例时，实施对房地产纳税人的税收优惠，降低超过比例的家庭的税收负担。在实践中通常事先确定一个标准比例，达到该比例时就可以申请优惠，以达到低收入群体少纳税甚至不纳税的目的。这类税收优惠最有代表性的措施是断路器政策,它是根据居民的收入水平判断其应获得的房地产税税收补助的一种政策,美国有44个州都实施了该项政策。如果纳税人缴纳的房地产税与家庭收入之间的比例超过断路器政策的规定,政府会将超额的部分进行返还,作为抵扣项抵减纳税人的个人所得税或者作为下期房地产税的税收优惠。这种模式需要完善的个人所得税综合征收制度的配合,适合实行综合征收个人所得税的国家。

8.3.2 我国房地产税的税收优惠

目前我国的《房产税暂行条例》明确"房产税在城市、县城、建制镇和工矿区征收",即对农村房屋尚未征收房产税。对房地产税而言,房地产税仅限于城镇,对农村地区暂不征收是房地产税开征之初的现实选择。虽然对城镇房屋征税而对农村房屋暂不征税意味着城市房屋相对于农村房屋需要承担较高的成本,引发城市房屋的避税行为,影响位于城镇和农村边界的房屋的选址决策,产生跨省和跨地区之间税收负担的扭曲,但是鉴于目前我国农村地区的发展现状,农民住房呈现分散性的特点,随着农民宅基地进入市场呈普遍化趋势,尤其是沿海地区和城乡交界地区房屋取得的收益与无偿分配宅基地的现有法律规定背道而驰[1],农民宅基地交易试点工作仅刚刚起步,都会给开征房地产税带来较多阻力,不利于房地产税的全国推行。另外,农村地区公共品供给不确定也不规范,如果开征房地产税,房地产税收无法与公共品供给相匹配。因此,对农村地区暂不征收房地产税。随着农村经济的发展、农村房屋商品化程度的提高以及城乡一体化战略的实施,可以将仅限于城镇征收的房地产税扩大到农村实施。未来,在城镇和农村普遍开征房地产税,有利于构建城乡负担平衡且制度统一的房地产税(刘蓉,2011)。

对拥有城镇住房的家庭而言,需要设计房地产税的税收优惠以减轻低收入家庭居民对房地产税的承受能力,同时应考虑开征房地产税可获得的税收,房地产税与潜在收入的比重不宜过低。房地产税税收优惠可供选择的方案包括家庭与首套房相关的免除、人均面积免除和房地产价

---

[1] 刘守英. 土地制度与中国发展[M]. 北京:中国人民大学出版社,2018.

值免除、人均价值免除等方案。

与首套房有关的免除是将家庭第一套住房进行税收减免,该方案分为两种方式,第一种方式是对家庭第一套住房均免征房地产税,不论第一套住房的建筑面积是多少,称为首套房免除;第二种方式是将第一套住房设定一定的起征面积,称为首套房面积免除。《中国家庭金融调查》(2015)有关家庭房产信息主要调查受访者家庭居住的或者最近购买的住房,并且从受访者家庭目前居住的房产开始[①],并未明确第一套住房信息,因此,假设家庭第一套住房为受访者家庭目前居住的房产。

运用《中国家庭金融调查》(2015)对第一种方式的免除方案分析结果如表 8.1 所示。结果显示,无论从全国范围,还是从东部、中部、西部来看,仅拥有 1 套住房的家庭比重都在 80% 左右,如果对家庭首套房实施税收优惠,那么样本中 80% 以上的家庭都在免除范围之内,有不到 20% 的家庭需要征收房地产税。房地产税收入占潜在收入的比重在 40% 左右,即可征得的总税额占潜在税额的 40% 左右,说明该种免除方案抹掉了房地产税的部分税基。第二种免除方案,即为首套房设定一定的免税面积,超过免税面积的首套房仍需缴纳房地产税。2017 年城镇人均住房建筑面积 32.8 平方米,平均家庭户均规模 3.03 人,计算家庭拥有住房建筑面积为 99.38 平方米。因此,首套房免税面积可设置在 90—150 平方米之间,以 10 平方米为一档,共有 90、100、110、120、130、140、150 平方米 7 档,家庭第 2 套及以上住房全部征收房地产税。

表 8.1　首套房免除方案下房地产税收入占潜在收入的比重

样本范围	税收优惠样本量占总样本量之比	剩余样本量占总样本量之比	房地产税收入占潜在收入的比重
全国	83%	17%	40%
东部	81%	19%	41%
中部	87%	13%	34%
西部	86%	14%	37%

① 摘自《中国家庭金融调查调查问卷》(2015)。

表 8.2 为我国城镇人均住房建筑面积,人均住房建筑面积指家庭现住房(首套房)建筑面积与家庭人口数量的比值。2015 年至 2017 年我国人均住房建筑面积在 25—40 平方米之间,结合任泽平对我国住房存量的研究,建议我国房地产税人均免税面积为 30—50 平方米,对人均免税面积的设定从 30 平方米开始,以 5 平方米为一档,可以分为 30、35、40、45、50 平方米 5 个档次。

表 8.2 我国城镇人均住房建筑面积

	2015	2016	2017			
			全国	一线城市	二线城市	三四线城市
城镇人均住房建筑面积(平方米)	35.6	36.6	32.8	25.9	32	33.5

数据来源:国家统计局、恒大研究院。

房地产价值免除就是以房地产的一定价值为免征额,对超过该免征额的房地产征收房地产税。考虑到住房价格在各省市以及各城市间存在差异,可以选择各省市以及各城市住房价格的中位数作为免征额实施税收优惠。

人均价值免除就是将房地产价值按家庭人口数量设置一定的价值免除,免除的价值应以各省市以及各城市当年住房价格的中位数为基础,同时参照当地人均住房建筑面积[1]。人均免除值不超过人均住房建筑面积的三分之一与中位房价的乘积。因此,每个家庭应免除的房地产价值就是人均免除值与家庭人口数量的乘积。

8.4 房地产税对收入差距的调节效果

房地产税是以家庭拥有的住房财富为基础,按照住房财富的一定比例计算缴纳的税收。征收房地产税会相应减少家庭收入,从而对居民的收入产生影响。因此,房地产税可能会调节居民的收入差距。如果高收入家庭同时拥有高价值住房,按照比例税率,高价值住房需要缴纳较多的

---

[1] 侯一麟等. 中国房地产税税制要素设计研究[M].北京:经济科学出版社,2016.

房地产税额,那么高收入家庭缴纳较多的税额;如果低收入家庭同时拥有低价值住房,低价值住房需要缴纳较少的房地产税额,那么低收入家庭缴纳较少的税额,房地产税可能会有效调节居民的收入差距;如果高收入家庭同时拥有低价值住房,执行比率税率时需缴纳较少的税额,如果低收入家庭同时拥有高价值住房,执行比例税率时需缴纳较多的税额,在不涉及税收优惠时,房地产税可能并没有有效调节居民的收入差距,反而扩大了居民的收入差距。

本书使用的数据以《中国家庭金融调查》(2015)为基础,结合第 4 章测算的房地产税税率,分别计算每个家庭应缴纳的房地产税额。《中国家庭金融调查》(2015)的数据不仅包括家庭的收入、消费、财富等各项家庭行为信息,还包括以家庭中的个人为基础的人口统计特征、收入等信息[1],但考虑到房地产的拥有是以家庭为单位,且房地产税税率的测算亦是以家庭为单位,因此,房地产税对收入差距调节效果的计量以家庭为单位。另外,第 4 章测算房地产税税率时的数据关注的是购买住房且拥有全部产权的城镇家庭,因此,本书关注房地产税对城镇居民家庭收入差距的调节效果。尚未关注农村家庭的原因除了基于征收房地产税时的考虑,还考虑到农村居民家庭中高收入家庭数量远远低于城镇高收入居民家庭数量。

本书所指的收入是工资性收入、财产性收入、经营性收入、转移性收入和其他收入的总和,该收入定义与国家统计局对于收入的定义一致。在样本量大时能充分抵消房地产拥有家庭的估计误差(Kain 和 Quigley,1972),本书得到的观察值个数为分布在 29 个省的 9480 个有效观察值。本书所指的住房财富是家庭拥有的全部具有产权的房地产的市场价值。

8.4.1　居民家庭的收入与住房财富

1. 居民家庭的收入及收入分布

所有居民家庭的收入如表 8.3 所示。从样本中的家庭收入水平来

---

[1]《中国家庭金融调查》(2015)的数据集还包括地区数据,具体包括调查的省市信息以及调查数据的权重变量。

看，全国家庭的收入均值为 118224.3 元；从区域来看，东部地区家庭的收入均值为 133514.1 元，为全国最高，中部地区家庭的收入均值为 91767.36 元，为全国最低，西部地区家庭的收入均值为 92859.66 元，略高于中部地区。这与我国居民的实际收入情况基本一致。

表8.3　收入变量的描述性统计(单位:元、个)

	均值	标准差	最小值	最大值	中位数	家庭样本数量
全国	118224.3	268527	7	5000000	64000	9480
东部	133514.1	297878	7	5000000	72028	5964
中部	91767.36	230319.1	10	5000000	49771	1837
西部	92859.66	178125.1	20	4372000	56792	1679

从样本来看，有 97 个样本家庭的年收入在 100 万元—500 万元之间，占样本总数的 1%；家庭年收入在 100 万元以内的样本数量共有 9383 个，占样本总数的 99%。图 8.1 为家庭年收入在 100 万元以内样本的收入分布图。从图中看到，样本总体的收入分布呈现单峰整体偏右分布，样本家庭年收入集中在 20 万元以内。

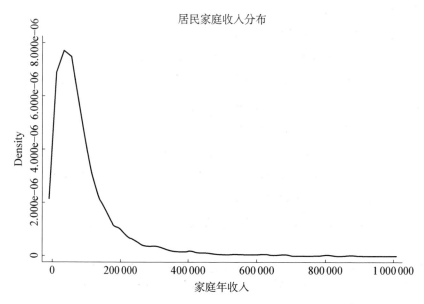

图8.1　样本居民家庭收入分布图(年收入 100 万元以内)

2. 居民收入家庭拥有的住房财富

居民家庭收入可能会影响居民拥有的住房财富。居民持有收入后，会将收入用于投资，而房产投资是我国家庭投资中最重要的一项投资，住房财富是家庭资产中最重要的一项财富。住房财富在我国家庭总资产的比重自 2013 年以来均超过 60%，2013 年为 62.3%，2015 年为 65.3%，2016 年为 68.8%，接近 70%[①]，这说明收入同时会影响家庭的住房财富，改变原有家庭之间的住房财富分布，因此，居民的家庭收入与住房财富之间可能存在相关关系[②]。

（1）计量模型

为了考察居民家庭的收入与住房财富的关联性及其互动效应，建立收入对住房财富影响的基本计量模型如公式（8.18）所示：

$$Housingwealth_i = \alpha + \beta Income_i + \gamma X_i + \varepsilon_i \qquad (8.18)$$

其中，α 为模型常数项的系数，β、γ 分别为自变量和控制变量的系数，ε_i 为误差项。

（2）变量的选取及定义

本书选取的变量主要包括被解释变量、解释变量和控制变量，对应变量的定义及描述如下：

第一，被解释变量为住房财富。

住房财富（$Housingwealth_i$）：居民家庭拥有的住房财富，结合《中国家庭金融调查》（2015）的数据，用家庭拥有住房的市场价值来表示（单位：元），对其取自然对数处理并记为 $lnHW_i$。

第二，解释变量为居民家庭收入。

居民家庭收入（$Income_i$）：居民家庭获得的年收入，结合《中国家庭金融调查》（2015）的数据，用样本家庭 2014 年取得的收入来表示（单位：元），对其取自然对数处理并记为 $lnIncome_i$。

第三，控制变量，X_i 是一系列控制变量的集合，主要分为两部分，一

[①] 摘自中国家庭金融调查与研究中心《中国家庭金融资产配置风险报告》（2016）。

[②] 因为本书选取的数据是截面数据，是静态而不是动态，所以方程的回归结果可以解释为变量之间的相关关系，而不是因果关系。

部分是与家庭有关的控制变量,包括地区虚拟变量、家庭所在省份变量、家庭所在城市变量、家庭拥有的住房数量和首套房的建筑面积;还有一部分是与居民个人有关的控制变量,选取各家庭的户主信息作为与个人有关的控制变量,包括户主的年龄、户籍、受教育程度和健康状况。

地区虚拟变量($Region_i$):反映地区间住房财富差异的变量,当家庭U_ε处于东部时,值为 1;家庭处于中部时,值为 2;家庭处于西部时,值为 0。

省份变量($Province_i$):反映全国各省市间住房财富差异的变量,包括除新疆、西藏外的全国 29 个省市。

城市变量($City_i$):反映全国不同城市之间住房财富差异的变量,全国不同城市的标签用不同的编码来表示。

家庭拥有的住房数量($Tquantity_i$):用以反映家庭拥有住房的数量(单位:套)。

首套房的建筑面积($Tarea_i$):反映家庭拥有住房的建筑面积,结合《中国家庭金融调查》(2015)的数据,用首套房的建筑面积来表示(单位:平方米),对其取自然对数处理并记为$lnTarea_i$。

户主年龄(Age_i):用以反映每个家庭的户主的年龄(单位:岁)。

受教育程度($Education_i$):反映居民家庭户主的受教育程度,1 表示没上过学;2 表示小学;3 为初中;4 为高中;5 为中专或职高;6 为大专或高职;7 为大学本科;8 为硕士研究生;9 为博士研究生。

户籍($Register_i$):反映居民家庭户主的户口类型,1 为农业户口;2 为非农业户口;3 为统一居民户口;4 为其他。

健康状况($Health_i$):用以反映居民家庭户主的健康状况,指户主与同龄人相比的身体状况,1 表示非常好;2 表示好;3 为一般;4 为不好;5 为非常不好。

(3) 变量描述性统计

本书使用《中国家庭金融调查》(2015)的数据进行实证分析,各连续变量的描述性统计结果如表8.4所示。

表 8.4 连续变量的描述性统计

变量	均值	标准差	最小值	最大值	样本量
$lnHW_i$	13. 12698	1. 295937	3. 610918	17. 00325	9480
$lnIncome_i$	10. 89392	1. 386145	1. 94591	15. 42495	9480
$Region_i$	1. 016667	0. 6088082	0	2	9480
$City_i$	92. 97669	53. 23745	1	172	9480
$Tquantity_i$	1. 204011	0. 5609041	1	19	9475
$lnTarea_i$	4. 434422	0. 957052	0	7. 824046	9480
Age_i	55. 53166	15. 10284	21	99	9476
$Education_i$	4. 090361	1. 843116	1	9	9462
$Register_i$	1. 779508	0. 5952869	1	4	9438
$Health_i$	2. 472768	0. 9130621	1	5	9474

（4）实证结果与分析

表 8.5 汇报了家庭住房财富方程的估计结果。其中，第一列报告了未加任何控制变量时家庭住房财富方程的估计结果，结果表明家庭收入与住房财富之间呈显著的正相关关系，即高收入家庭拥有的房地产价值较高，低收入家庭拥有的房地产价值较低。

表 8.5 家庭住房财富方程回归结果

	OLS(1)	OLS(2)	OLS(3)
$lnIncome_i$	0. 3837 * * * (0. 01)	0. 3190 * * * (0. 01)	0. 2222 * * * (0. 01)
$Region_i$		−0. 2872 * * * (0. 02)	−0. 2470 * * * (0. 02)
$Province_i$		−0. 0139 * * * (0. 00)	−0. 0123 * * * (0. 00)
$City_i$		−0. 0031 * * * (0. 00)	−0. 0022 * * * (0. 00)
$Tquantity_i$		0. 6526 * * * (0. 07)	0. 6361 * * * (0. 06)
$lnTarea_i$		0. 0909 * * * (0. 01)	0. 1222 * * * (0. 01)

	OLS(1)	OLS(2)	OLS(3)
Age_i			0.0059*** (0.00)
$Education_i$			0.1466*** (0.02)
$Register_i$			0.3411*** (0.02)
$Health_i$			-0.0548*** (0.01)
常数项	8.9471*** (0.12)	9.5249*** (0.14)	8.8895*** (0.15)
调整 R^2	0.1684	0.2802	0.3550
N	9480	9475	9409

注：括号内为稳健标准误，***表示在1%的水平上显著。

第二列报告了加入与家庭有关的控制变量时家庭住房财富方程的估计结果。结果表明随着控制变量的加入，家庭收入与住房财富之间仍然呈显著的正相关关系，高收入家庭拥有的房地产价值较高，低收入家庭拥有的房地产价值较低。影响家庭住房财富的因素不仅有家庭收入，还有其他因素。第一，地区因素是影响住房财富的一个重要因素，东部地区家庭拥有的房地产价值高，中西部地区家庭拥有的房地产价值低，体现了东部地区较高的经济发展水平和较高的城镇化水平。省份因素也是影响住房财富的一个重要因素，不同省市的房地产价值体现出明显的差异。第二，城市因素是影响住房财富的另一因素，房地产价值在不同的城市体现明显的差异。由于所使用数据中并未明确所调查家庭所处的城市名称，只提供了不同城市的城市代码，房地产价值的高低虽然不能指向具体的城市，但是可以推测，经济发展水平和城镇化水平高的城市，以及人口净流入为正的城市的家庭房地产价值较高，经济发展水平和城镇化水平低的城市，以及存在人口净流出的城市的家庭房地产价值较低。影响住房财富的上述因素说明，我国的房地产税政策的制定应体现地区、省市和城市间的差异，这样才能因地制宜，使得政策制定更加有效，房地产税收制度更加公平。第三，家庭拥有的住房数量是影响住房财富的又一因素，并与住房财富呈现显著的正相关关系。家庭拥有的住房数量越多,房地产价值越高,住房财富越多;家庭拥有的住房数量越少,房地产价值越低,住房财富越少。第四,住房建筑面积是影响住房财富的又一因素。由于本书使用的数据中并未完全统计家庭拥有的全部住房的建筑面积,使用首套房的建筑面积间接衡量家庭拥有的全部住房的建筑面积,该建筑面积与家庭住房财富呈现显著的正相关关系,家庭拥有住房的建筑面积越大,拥有的房地产价值越高;家庭拥有住房的建筑面积越小,拥有的房地产价值越低。

第三列汇报了同时加入与户主有关的控制变量时家庭住房财富的估计结果。结果表明,随着更多控制变量的加入,家庭收入与住房财富之间仍然呈现显著的正相关关系,高收入家庭拥有较多的住房财富,低收入家庭拥有较少的住房财富。回归结果同时表明,除了家庭特征是影响住房财富的重要因素,户主的个人特征也是影响家庭住房财富的重要因素。第一,户主年龄是影响家庭住房财富的其中一个重要因素,并与住房财富呈现显著的正相关关系,户主年龄越大,家庭的住房财富越多。可能的原因是户主年龄越大,阅历和经验也会越丰富。第二,户主的受教育程度是影响住房财富的又一因素,与住房财富呈显著的正相关关系,户主的受教育程度越高,家庭拥有的住房财富越多。第三,户主的户口类型是影响住房财富的一个重要因素,户主的户口类型与家庭住房财富呈现显著的正相关关系,相较于农业户口而言,非农业户口的户主拥有较多的住房财富,农业户口的户主拥有较少的住房财富,持有统一居民户口的户主相对于农业和非农业户口的户主而言拥有较多的住房财富。第四,户主的健康状况是影响家庭住房财富的又一重要因素,且与住房财富呈显著正相关关系,健康状况越好的户主所在家庭的住房财富越多,健康状况越差的户主所在家庭的住房财富越少。

8.4.2 房地产税对收入基尼系数的影响

第一,考察房地产税带来的全国范围内收入基尼系数的变化。将所有家庭按照收入从低到高排列,计算税前基尼系数,分别按照全国样本房

地产税税率和省级样本税率计算税后基尼系数①,计算结果如表 8.6
所示。

表 8.6 MT 指数

	以全国统一税率计算	以分省的税率计算
税前基尼系数	0.59707	0.59707
税后基尼系数	0.60317	0.60338
MT 指数	−0.00670	−0.00631

从上表可以看出,MT 指数均为负。一方面,我国城镇税前基尼系数
为 0.5971,与中国家庭金融研究中心的结论一致,中国家庭金融研究中
心认为我国的总体收入基尼系数在 0.6 左右②,居民收入分配不均现象
不容忽视。另一方面,不论是按照全国样本税率还是省级样本税率计算,
我国城镇税后基尼系数均超过 0.6。这表明在全国范围内,仅依赖目前
的房地产税政策不能调节我国城镇居民家庭的收入差距,房地产税未能
起到缩小城镇居民家庭收入差距的作用,对收入差距起逆向调节作用。

表 8.7 不同地区的 MT 指数

	以全国样本税率计算			以省级样本税率计算		
	东部	中部	西部	东部	中部	西部
税前基尼系数	0.59353	0.60437	0.56969	0.59353	0.60437	0.56969
税后基尼系数	0.60106	0.60839	0.57459	0.60007	0.61020	0.57635
MT 指数	−0.00753	−0.00402	−0.00490	−0.00654	−0.00583	−0.00666

第二,考察房地产税带来的地区范围内收入基尼系数的变化。表
8.7 为房地产税对东部、中部和西部收入差距调节效果的测算结果。就
地区范围来看,开征房地产税对东、中、西部居民收入差距均未产生积极
作用,但负向影响较弱。采用全国样本税率发现,房地产税对东部地区家

---

① 这里使用的税率为幅度税率的最低一档税率,也可以以幅度税率中的其他税率计算基尼系
  数。如果没有特别说明,本章其他表格计算时采用的税率与表 8.6 相同。
② 摘自中国家庭金融研究中心《中国收入差距报告》(2015)。

庭的收入差距的影响最大,税后基尼系数增加 0.00753,其次为西部地区,税后基尼系数增加 0.00490,房地产税对中部地区家庭收入差距的影响最弱,税后基尼系数增加 0.00402。采用省级样本税率发现,房地产税对西部地区家庭的收入差距影响最大,税后基尼系数增加 0.00666,其次为东部地区,税后基尼系数增加 0.00654,对中部地区家庭收入差距的影响最弱,税后基尼系数增加 0.00583。这表明房地产税对居民收入差距的逆向影响因分别采用全国样本税率和省级样本税率而略有差异。

表 8.8　全国各省(直辖市、自治区)的 MT 指数

省份	以全国样本税率计算			以省级样本税率计算		
	税前基尼系数	税后基尼系数	MT指数	税前基尼系数	税后基尼系数	MT指数
北京	0.58196	0.59820	−0.01624	0.58196	0.59083	−0.00887
天津	0.47609	0.48558	−0.00949	0.47609	0.48193	−0.00584
河北	0.53718	0.54394	−0.00676	0.53718	0.54313	−0.00595
山西	0.53491	0.54024	−0.00533	0.53491	0.54112	−0.00621
内蒙古	0.60200	0.60673	−0.00473	0.60200	0.60882	−0.00682
辽宁	0.54003	0.54466	−0.00463	0.54003	0.54558	−0.00555
吉林	0.54112	0.54511	−0.00399	0.54112	0.54699	−0.00587
黑龙江	0.58278	0.58555	−0.00277	0.58278	0.58695	−0.00417
上海	0.55470	0.56554	−0.01084	0.55470	0.56195	−0.00725
江苏	0.54416	0.55193	−0.00777	0.54416	0.55041	−0.00625
浙江	0.56326	0.57065	−0.00739	0.56326	0.57065	−0.00739
安徽	0.61664	0.62055	−0.00391	0.61664	0.62316	−0.00652
福建	0.61879	0.62736	−0.00857	0.61879	0.62602	−0.00723
江西	0.69963	0.70456	−0.00493	0.69963	0.70682	−0.00719
山东	0.54672	0.55220	−0.00548	0.54672	0.55328	−0.00656
河南	0.61204	0.61646	−0.00442	0.61204	0.61933	−0.00729
湖北	0.59455	0.59860	−0.00405	0.59455	0.60006	−0.00551
湖南	0.57750	0.58245	−0.00495	0.57750	0.58464	−0.00714
广东	0.63056	0.63865	−0.00809	0.63056	0.63795	−0.00739
广西	0.61389	0.61881	−0.00492	0.61389	0.62076	−0.00687
海南	0.62480	0.63260	−0.00780	0.62480	0.63260	−0.00780

省份	以全国样本税率计算			以省级样本税率计算		
	税前 基尼系数	税后 基尼系数	MT 指数	税前 基尼系数	税后 基尼系数	MT 指数
重庆	0.55879	0.56239	−0.00360	0.55879	0.56371	−0.00492
四川	0.55517	0.55972	−0.00455	0.55517	0.56172	−0.00655
贵州	0.66342	0.66867	−0.00525	0.66342	0.67294	−0.00952
云南	0.60191	0.60780	−0.00589	0.60191	0.61041	−0.00850
陕西	0.54626	0.55438	−0.00812	0.54626	0.55570	−0.00944
甘肃	0.46684	0.47133	−0.00449	0.46684	0.47150	−0.00466
青海	0.55432	0.55791	−0.00359	0.55432	0.55978	−0.00546
宁夏	0.44127	0.44389	−0.00262	0.44127	0.44547	−0.00420

第三,考察房地产税带来的省(直辖市、自治区)范围内收入基尼系数的变化。表8.8为全国不同省市税前税后收入基尼系数的测算结果。房地产税对各省(直辖市、自治区)的收入差距均产生逆向调节作用,且作用程度也存在明显差异。以全国样本税率来看,对收入差距影响最大的是北京和上海,税后基尼系数分别增加0.01624和0.01084,对收入差距影响最弱的是黑龙江和宁夏,税后基尼系数分别增加0.00277和0.00262;以省级样本税率来看,对收入差距影响最大的是贵州和陕西,税后基尼系数分别增加0.00952和0.00944,对收入差距影响最弱的同样是黑龙江和宁夏,税后基尼系数分别增加0.00417和0.00420。这表明房地产税对各省(直辖市、自治区)范围内的收入差距产生不同程度的逆向调节,房地产税并未起到缩小各省(直辖市、自治区)收入差距的作用。

表8.9 不同家庭收入组的MT指数

家庭收入组		以全国统一税率计算	以分省的税率计算
低:0%—20%组	税前基尼系数	0.41618	0.41618
	税后基尼系数	0.44106	0.44279
	MT指数	−0.02488	−0.02661

家庭收入组		以全国统一税率计算	以分省的税率计算
中低:20%—40%组	税前基尼系数	0.11520	0.11520
	税后基尼系数	0.12463	0.12388
	MT 指数	−0.00943	−0.00868
中等:40%—60%组	税前基尼系数	0.07670	0.07670
	税后基尼系数	0.07985	0.07969
	MT 指数	−0.00315	−0.00299
中高:60%—80%组	税前基尼系数	0.09022	0.09022
	税后基尼系数	0.09289	0.09239
	MT 指数	−0.00267	−0.00217
高:80%—100%组	税前基尼系数	0.43686	0.43686
	税后基尼系数	0.44069	0.44032
	MT 指数	−0.00383	−0.00346

第四,考察不同居民收入组内的收入基尼系数的变化。表 8.9 为按照家庭收入分组的收入差距调节效果。将所有家庭的收入按照从低到高进行排序,将拥有收入的家庭等分为五组形成不同的家庭收入组,分别为低收入组(0%—20%组),中低收入组(20%—40%组)、中等收入组(40%—60%组)、中高收入组(60%—80%组)和高收入组(80%—100%组)。房地产税对家庭收入差距的影响为负向影响,且在不同家庭收入组间的作用程度不同。具体表现在:房地产税对低收入组产生的逆向调节作用较强,以全国样本税率和省级税率计算的税后基尼系数分别增加 0.02488 和 0.02661;对中低收入组产生的逆向调节作用次之,以全国样本税率和省级税率计算的税后基尼系数分别增加 0.00943 和 0.00868;对中等收入组、中高收入组和高收入组家庭产生的逆向调节作用较弱,以全国样本税率和省级样本税率计算的税后基尼系数均在 0.004 以下。总体来看,房地产税并未缩小各个家庭收入组的组内收入差距。

表 8.10　不同住房拥有量家庭的 MT 指数

家庭住房拥有量		以全国统一税率计算	以分省的税率计算
1 套	税前基尼系数	0.56703	0.56703
	税后基尼系数	0.57313	0.57337
	MT 指数	−0.00610	−0.00634
2 套	税前基尼系数	0.57989	0.57989
	税后基尼系数	0.58920	0.58927
	MT 指数	−0.00931	−0.00938
3 套及以上	税前基尼系数	0.63823	0.63823
	税后基尼系数	0.65010	0.64959
	MT 指数	−0.01187	−0.01136

第五,考察不同住房拥有量家庭收入基尼系数的变化,如表 8.10 所示。将所有家庭按照住房拥有量分组,分为拥有 1 套、2 套和 3 套及以上的家庭三组。结果显示,房地产税对不同住房拥有量家庭的收入差距均起逆向调节的作用,并对各类家庭产生不同程度的调节作用。具体表现在:不论是以全国样本税率计算,还是以省级样本税率计算,房地产税对拥有 3 套及以上住房家庭的逆向调节效应最强,税后基尼系数分别增加 0.01187 和 0.01136;对拥有 2 套住房家庭的逆向调节作用次之,税后基尼系数分别增加 0.00931 和 0.00938;对拥有 1 套住房家庭的逆向调节效应最弱,税后基尼系数分别增加 0.00610 和 0.00634。总之,房地产税并未缩小不同住房拥有量家庭的组内收入差距。

8.4.3　设计税收优惠政策时房地产税对收入差距的调节效果

税收优惠政策是针对符合条件的纳税人采取的减少征税或者免于征税的特殊规定,税收优惠能够降低该部分纳税人的税负,增加其可支配收入从而促进收入平等。税收优惠政策可以是对房地产税应纳税额的直接减免,也可以是通过一定的房地产税制度设计,通过对税基的减免间接减免房地产税。本部分采用全国样本税率,评估在设计税收优惠时房地产税对收入差距的调节效果。其中,设计的税收优惠包括首套房免除方案、人均面积免除方案、房地产价值免除方案和人均价值免除方案。

首套房免除方案包括首套房免除和对首套房设置一定的免税面积。表 8.11 为与首套房免除方案有关的基尼系数。结果显示,不论是首套房免除方案,还是将首套房设置一定的免税面积的方案,税后基尼系数均大于税前基尼系数,MT 指数均为负。这说明在税率为全国样本税率时,房地产税与首套房有关的优惠方案不能调节我国城镇居民家庭的收入差距。

表 8.11　首套房免除方案的 MT 指数

	首套房优惠	首套房的免税面积(平方米)						
		90	100	110	120	130	140	150
税前基尼系数	0.59707	0.59707	0.59707	0.59707	0.59707	0.59707	0.59707	0.59707
税后基尼系数	0.59747	0.60002	0.59949	0.59887	0.59872	0.59843	0.59841	0.59826
MT 指数	−0.00040	−0.00295	−0.00242	−0.00180	−0.00165	−0.00136	−0.00134	−0.00119

首套房免除方案并没有对收入差距起正向调节作用的原因可能在于,首套房免除方案并未考虑不同类型家庭拥有住房的异质性。在全国范围内,高收入家庭拥有的房地产价值高,低收入家庭拥有的房地产价值低,首套房免除事实上较多优惠了高收入家庭应缴纳的税额,较少优惠了低收入家庭的应纳税额。另外,如果该首套房对高收入家庭属于价值最高的房地产,而对低收入家庭属于价值最低的房地产,征收房地产税更是降低了高收入家庭的应纳税额而提高了低收入家庭的应纳税额。因此,首套房免除方案扩大了城镇居民家庭的收入差距。

对首套房设置一定的免税面积方案未能调节收入差距的原因可能在于,设定统一的免税面积并没有考虑房地产的价值以及家庭成员数量因素。房地产所在地理位置的不同,在发达地区与欠发达地区、城市中心与城市郊区、别墅与普通住宅之间,房地产的单位价格往往存在明显差异。

一般情况下,高收入家庭拥有的房地产的单位价格较高,应缴纳的房地产税额也应较高,低收入家庭拥有的房地产的单位价格较低,应缴纳的房地产税额相应较低。免税面积的设定事实上是减少了高收入家庭应缴纳的房地产税额,增加了低收入家庭应缴纳的税额。另外,设定统一的免税面积提高了家庭成员数量多且住房面积大家庭的应纳税额,降低了家庭成员数量少且住房面积小家庭的应纳税额,而并没有考虑家庭成员数量因素,前者的家庭成员较多时出现多纳税的情形,后者家庭成员数量较少时出现少纳税的情形,此时前者家庭的人均纳税额与后者家庭的人均纳税额很可能不相等。因此,该方案并没有缩小城镇家庭的收入差距。

人均面积免除方案需要计算人均免税面积。人均免税面积的计算办法是:人均免税面积的计算涉及家庭成员数量的计算,运用《中国家庭金融调查》(2015),同时结合《中国家庭金融调查》(2013)的数据,2015 年新增受访户的家庭成员数量为"受访者""除受访者外,居住在一起的家庭成员个数"和"不住在一起的家庭成员个数"之和;2015 年以前的受访户在《中国家庭金融调查》(2013)数据中"家庭成员个数"的基础上,加上《中国家庭金融调查》(2015)"有几个未提及的家庭成员"项作为家庭成员数量[①]。表 8.12 为人均面积免除方案下的基尼系数。结果显示,在目前可选择的人均面积免除方案下,在房地产税税率为全国样本税率时,税后基尼系数均大于税前基尼系数,MT 指数均为负。表明在房地产税税率为全国样本税率时,人均面积免除方案同样没有缩小我国城镇居民家庭的收入差距。

表 8.12　人均面积免除方案的 MT 指数

	人均免税面积(平方米)					
	25	30	35	40	45	50
税前基尼系数	0.59707	0.59707	0.59707	0.59707	0.59707	0.59707
税后基尼系数	0.60117	0.60044	0.59999	0.59949	0.59895	0.59940
MT 指数	−0.00410	−0.00337	−0.00292	−0.00242	−0.00188	−0.00233

① 其中,有效观察值中有 1 个样本的"家庭成员个数"值缺失,采用插值法填补。

　　人均面积免除方案并没有起到调节收入差距的原因可能在于,设定人均面积免除虽然考虑了家庭成员数量因素,在一定程度上能够平衡不同收入家庭的税收负担,但该方案仍没有考虑房地产的价值因素,可能导致高收入家庭缴纳较少的房地产税额,低收入家庭缴纳较多的税额,因此,并没有促进城镇居民家庭的收入平等。

　　房地产价值免除就是以房地产的一定价值为免征额,对超过该免征额的房地产征收房地产税。房地产价值免除方案中的住房价格的中位数为各省市住房价格的中位数。人均价值免除是指将房地产价值按家庭人口数量设置一定的价值免除,人均价值免除涉及的家庭成员数量的计算同人均面积免除方案下家庭成员数量的计算。考虑到人均价值免除方案的免除面积超过 7 平方米时赋有房地产税缴纳义务的家庭个数在有效观察值中的个数少于 10 个,将免除面积设置在 1—7 平方米之间。表 8.13 为房地产价值免除和人均价值免除方案时的基尼系数。结果发现,房地产价值免除方案的税后基尼系数大于税前基尼系数,MT 指数为负,说明房地产价值免除方案并未促进城镇居民家庭的收入平等;在人均价值免除方案中,当免除面积为分别为 3 平方米、6 平方米和 7 平方米时,税后基尼系数大于税前基尼系数,MT 指数大于 0。说明在房地产税税率为全国样本税率时,人均价值免除方案能够调节城镇居民家庭的收入差距,对缩小城镇居民家庭收入差距具有正向作用。

表 8.13　房地产价值免除和人均价值免除的 MT 指数

| | 房地产价值免除 | 免除面积(平方米) | | | | | | |
		1	2	3	4	5	6	7
税前基尼系数	0.59700	0.59707	0.59707	0.59707	0.59707	0.59707	0.59707	0.59707
税后基尼系数	0.60074	0.59737	0.59708	0.59705	0.59707	0.59707	0.59706	0.59706
MT 指数	−0.00374	−0.00030	−0.00001	0.00002	0.00000	0.00000	0.00001	0.00001

　　房地产价值免除方案未能调节居民收入差距的原因可能在于,房地产价值免除方案虽然考虑了房地产的价值因素,避免高收入家庭缴纳较少的房地产税额,低收入家庭缴纳较多的税额,但是并未考虑家庭成员数量因素,可能使得家庭成员数量少的家庭负担较多的房地产税,而家庭成

员数量多的家庭负担较少的房地产税,因而未能调节城镇家庭的收入差距。人均价值免除方案能够调节居民收入差距的原因可能在于,人均价值免除方案既考虑了房地产的价值因素,又考虑了家庭成员数量因素。相对于其他税收优惠方案而言,人均价值优惠方案较好地发挥了调节城镇居民家庭收入差距的作用,因而是相对理想的房地产税税收优惠方案。

人均价值免除方案对收入差距的调节效果还可以通过房地产税的税负分布加以体现,如表 8.14 所示。结果显示,房地产税的税率不论是采用统一税率还是采用差异化的税率,在未设计税收优惠政策时,高收入家庭也要承担接近一半的房地产税总税负。第一,按照全国样本税率计算房地产税的税负分布时,低收入家庭组承担约 8% 的总税负,中低收入家庭组承担约 13% 的总税负,中等收入家庭组承担约 15% 的总税负,中高收入家庭组承担约 22% 的总税负,高收入家庭组承担约 40% 的总税负。将高收入家庭组再细分,前 1% 的高收入家庭承担了 5% 左右的总税负,前 5% 的高收入家庭承担了约 17% 的总税负。第二,按照省级样本税率计算的房地产税的税负分布,结果与全国样本税率时基本一致。进一步发现,在人均价值免除方案中,房地产税呈现明显的累进性倾向。低收入家庭组仅承担约 4% 的总税负,中低收入家庭组承担约 4% 的总税负,中等收入家庭组承担约 6% 的总税负,中高收入家庭组承担约 16% 的税负,高收入家庭组承担约 70% 的总税负。将高收入家庭组细分,前 1% 的高收入家庭承担了约 20% 的总税负,前 5% 的高收入家庭承担了约 45% 的总税负。因此,人均价值免除方案相对于未设计税收优惠方案时,体现出明显的累进性倾向,富裕群体缴纳了超过 50% 的总税负,房地产税收入差距调节效果增强。

表 8.14　房地产税的税负分布

家庭收入组	全国样本税率时	省级样本税率时	人均价值免除
低:0%—20%组	7.74%	8.82%	3.59%
中低:20%—40%组	12.86%	13.56%	4.16%
中等:40%—60%组	15.24%	15.80%	6.02%
中高:60%—80%组	21.88%	21.34%	15.86%

续表

家庭收入组	全国样本税率时	省级样本税率时	人均价值免除
高:80%—100%组	42.28%	40.48%	70.36%
80%—90%组	15.29%	14.86%	11.86%
90%—95%组	10.20%	9.66%	13.89%
95%—99%组	12.31%	11.51%	24.43%
99%—100%组	4.48%	4.44%	20.16%

从税收征管的可操作性上看,人均价值免除方案需要提供的信息有:家庭成员数量、家庭房产价值、家庭收入等。这都需要民政部门、税务部门、公安机关、房地产交易中心等部门的配合与联动,实现住房和家庭的信息共享①。在实施税收征管时,人均价值免除方案涉及的家庭数量较少,在投入的人力成本和物力成本一定的情况下,房地产税的征收效率可能会偏低。另外,人均价值免除方案基本上抹掉了房地产税的税基,同时使得房地产税收入占潜在收入的比重很小,不能为地方政府提供公共品提供较多的资金。

8.4.4 房地产税税率变化对收入差距的调节效果

考察房地产税税率变化时房地产税对收入差距的调节效果。第 4 章的分析表明,房地产税为幅度比例税率,采用全国样本房地产税税率,得到不同税率时全国范围内的收入差距调节结果,如表 8.15 所示。结果显示,随着房地产税税率的提高,税后基尼系数也随之增加,收入差距的逆向调节作用越强,使得 MT 指数均为负,表明房地产税税率提高扩大了城镇居民的收入差距。产生的原因可能是:随着房地产税税率的提高,低收入家庭和高收入家庭均需要缴纳较多的税额,低收入家庭税额占家庭收入的比重高于高收入家庭税额占家庭收入的比重;房地产税累进性不强,使低收入家庭缴纳较多的税收,高收入家庭缴纳较少的税收。

---

① 税总财行发[2022]1 号文件《国家税务总局　自然资源部关于进一步深化信息共享　便利不动产登记和办税的通知》指出,"2022 年底前,全国所有市县税务部门和自然资源主管部门应实现不动产登记涉税业务的全流程信息实时共享"。

表 8.15　房地产税税率不同时的 MT 指数

房地产税税率	税前基尼系数	税后基尼系数	MT 指数
0.26%	0.59707	0.60317	−0.0061
0.33%	0.59707	0.60451	−0.00744
0.40%	0.59707	0.60614	−0.00907
0.46%	0.59707	0.60739	−0.01032
0.53%	0.59707	0.6089	−0.01183
0.59%	0.59707	0.61019	−0.01312
0.66%	0.59707	0.61152	−0.01445

　　进一步探讨房地产税税率不同时房地产税的税负分布,如表 8.16 所示。将样本家庭根据家庭收入等分为五组发现,当采用全国样本税率时,随着房地产税税率的提高,低收入家庭承担更少的税负。具体表现在:低收入家庭承担的总税负从 7.74% 降至 5.82%,中低收入家庭承担的总税负从 12.86% 降至 12.08%,高收入家庭承担更多的税负。其中,中等收入家庭承担的总税负从 15.24% 提高至 15.76%,中高收入家庭承担的总税负从 21.88% 提高至 22.62%,高收入家庭承担的总税负从 42.28% 提高至43.72%。将高收入家庭组再细分发现,前 1% 的高收入家庭承担的总税负从 4.48% 增加至 4.64%,前 5% 的高收入家庭承担的总税负从 16.79% 增加至 17.37%,前 10% 的高收入家庭承担的总税负从 26.99% 增加至27.91%。随着房地产税税率的提高,房地产税的累进性得到增强,即房地产税税负向高收入群体倾斜更加明显,对收入产生了较高的调节作用。这表明,提高房地产税税率扩大收入差距的原因可能在于,低收入家庭缴纳的税额占家庭收入的比重大于高收入家庭缴纳税额占家庭收入的比重。

表 8.16　房地产税税率不同时的税负分布

家庭收入组	税率 0.26%	税率 0.33%	税率 0.40%	税率 0.46%	税率 0.53%	税率 0.59%	税率 0.66%
低:0%—20%组	7.74%	7.11%	6.90%	6.61%	6.29%	6.11%	5.82%
中低:20%—40%组	12.86%	12.60%	12.63%	12.51%	12.46%	12.33%	12.08%
中等:40%—60%组	15.24%	15.41%	15.45%	15.53%	15.60%	15.66%	15.76%

家庭收入组	税率 0.26%	税率 0.33%	税率 0.40%	税率 0.46%	税率 0.53%	税率 0.59%	税率 0.66%
中高:60%—80%组	21.88%	22.12%	22.17%	22.29%	22.39%	22.47%	22.62%
高:80%—100%组	42.28%	42.76%	42.85%	43.06%	43.26%	43.43%	43.72%
80%—90%组	15.29%	15.46%	15.50%	15.58%	15.65%	15.71%	15.81%
90%—95%组	10.20%	10.31%	10.34%	10.39%	10.44%	10.47%	10.54%
95%—99%组	12.31%	12.45%	12.47%	12.54%	12.60%	12.64%	12.73%
99%—100%组	4.48%	4.54%	4.54%	4.55%	4.57%	4.61%	4.64%

8.5 房地产税的福利效应

8.5.1 采用全国样本税率时房地产税对社会福利的影响

本节使用全国样本税率的人均价值免除方案,探讨房地产税使收入差距缩小带来的社会福利增加能否补偿收入水平下降带来的社会福利损失。表8.17报告了不同收入差距厌恶指数时房地产税的社会福利效应指数。结果表明:第一,房地产税对社会福利的影响分为两种情形:一方面,当$\varepsilon=0.5$时,$U_\varepsilon^{1-\varepsilon}$小于1;当$\varepsilon=1$,$U_\varepsilon$小于1,说明房地产税减少了社会福利,原因是房地产税缩小收入差距增加的社会福利不能补偿房地产税带来的可支配收入下降而产生的福利损失;另一方面,当$\varepsilon=2$时,$U_\varepsilon^{1-\varepsilon}$大于1,说明当居民对收入不平等的厌恶程度较深时,房地产税能够增进社会福利,房地产税缩小收入差距带来的社会福利增加能够补偿收入水平下降带来的福利损失。第二,社会福利效应指数的值均接近1,表明房地产税对社会福利的影响较弱。

表8.17 设计人均价值减免除时房地产税的福利效应(均值单位:元)

ε	税前阿特金森指数 $I_{\varepsilon 1}$	税后阿特金森指数 $I_{\varepsilon 2}$	税前收入均值 μ_1	税后收入均值 μ_2	U_ε	$U_\varepsilon^{1-\varepsilon}$
0.5	0.31635	0.31637	118224.3	118145	0.99930	0.99965
1	0.54452	0.54466	118224.3	118145	0.99902	—
2	0.94126	0.9413	118224.3	118145	0.99865	1.00135

表 8.18 报告了不同收入差距厌恶指数时房地产税对全国不同地区社会福利的影响。结果显示:其一,房地产税对社会福利的影响分为两种情形:一方面,当 $\varepsilon=0.5$ 时,$U_{\varepsilon}^{1-\varepsilon}$ 小于1;当 $\varepsilon=1$,U_{ε} 小于1,说明房地产税减少了社会福利,原因是房地产税缩小收入差距增加的社会福利不能补偿房地产税带来的可支配收入下降而产生的福利损失;另一方面,当 $\varepsilon=2$ 时,$U_{\varepsilon}^{1-\varepsilon}$ 大于1,说明当居民对收入不平等的厌恶程度较深时,房地产税能够增进社会福利,房地产税缩小收入差距带来的社会福利增加能够补偿收入水平下降带来的福利损失。其二,社会福利效应指数的值同样均接近1,表明房地产税对社会福利的影响较弱。

表 8.18　不同收入差距厌恶指数下房地产税对不同地区的福利效应(均值单位:元)

地区	ε	税前阿特金森指数 $I_{\varepsilon 1}$	税后阿特金森指数 $I_{\varepsilon 2}$	税前收入均值 μ_1	税后收入均值 μ_2	U_{ε}	$U_{\varepsilon}^{1-\varepsilon}$
东部	0.5	0.31193	0.31198	133514.1	133416.3	0.99919	0.99959
	1	0.53490	0.53510	133514.1	133416.3	0.99884	—
	2	0.94002	0.94010	133514.1	133416.3	0.99793	1.00207
中部	0.5	0.32882	0.32874	91767.36	91705.82	0.99945	0.99972
	1	0.55028	0.55028	91767.36	91705.82	0.99933	—
	2	0.92623	0.92623	91767.36	91705.82	0.99933	1.00067
西部	0.5	0.28857	0.28856	92859.66	92826.84	0.99966	0.99983
	1	0.53239	0.53249	92859.66	92826.84	0.99943	—
	2	0.94818	0.94819	92859.66	92826.84	0.99945	1.00055

表 8.19 报告了不同收入差距厌恶指数时房地产税对全国不同省(直辖市、自治区)社会福利的影响。结果显示:第一,房地产税对各省(直辖市、自治区)的社会福利影响可能为正,可能为负,还可能是房地产税并未对社会福利产生影响。当 $\varepsilon=0.5$ 时,除了河北、内蒙古、安徽、江西、河南、重庆和宁夏七省(直辖市、自治区)社会福利没有变化,其他省市的 $U_{\varepsilon}^{1-\varepsilon}$ 均小于1且接近于1,房地产税降低了这些省(直辖市、自治区)的社会福利。当 $\varepsilon=1$ 时,河北、内蒙古、安徽、江西、河南、重庆和宁夏七省(直辖市、自治区)的 U_{ε} 等于1,其他省(直辖市、自治区)的 $U_{\varepsilon}^{1-\varepsilon}$ 均在 0.99 左

右,房地产税对各省(直辖市、自治区)社会福利的影响有所差异。当 $\varepsilon=2$ 时,$U_\varepsilon^{1-\varepsilon}$ 小于1的省市有北京、福建、山东、湖北、四川、陕西和甘肃,房地产税略微降低了上述七省(直辖市、自治区)的社会福利;$U_\varepsilon^{1-\varepsilon}$ 等于1的省(直辖市、自治区)有河北、内蒙古、安徽、江西、河南、重庆和宁夏七个省(直辖市、自治区),房地产税尚未对该省(直辖市、自治区)的社会福利产生影响;$U_\varepsilon^{1-\varepsilon}$ 大于1的省(直辖市、自治区)为其余省(直辖市、自治区),房地产税提高了这些省(直辖市、自治区)的社会福利,尽管效果并不明显。第二,从不同省(直辖市、自治区)来看,房地产税对社会福利的负向影响较弱,对社会福利的正向影响同样较弱。

表 8.19　不同收入差距厌恶指数下房地产税的省级福利效应(均值单位:元)

省(直辖市、自治区)	ε	税前阿特金森指数 $I_{\varepsilon 1}$	税后阿特金森指数 $I_{\varepsilon 2}$	税前收入均值 μ_1	税后收入均值 μ_2	U_ε	$U_\varepsilon^{1-\varepsilon}$
北京	0.5	0.29743	0.29746	194839.9	194810.4	0.99981	0.9999
	1	0.51254	0.51254	194839.9	194810.4	0.99985	—
	2	0.95091	0.9509	194839.9	194810.4	1.00005	0.99995
天津	0.5	0.1975	0.1976	99955.64	99904.27	0.99936	0.99968
	1	0.3806	0.38067	99955.64	99904.27	0.99937	—
	2	0.8094	0.80933	99955.64	99904.27	0.99985	1.00015
河北	0.5	0.2595	0.2595	65464.04	65464.04	1.00000	1.00000
	1	0.51202	0.51202	65464.04	65464.04	1.00000	—
	2	0.92335	0.92335	65464.04	65464.04	1.00000	1.00000
山西	0.5	0.24755	0.24845	62917.97	62896.04	0.99846	0.99923
	1	0.46944	0.47202	62917.97	62896.04	0.99479	—
	2	0.82917	0.83144	62917.97	62896.04	0.98637	1.01382
内蒙古	0.5	0.31106	0.31106	106607.5	106607.5	1.00000	1.00000
	1	0.53622	0.53622	106607.5	106607.5	1.00000	—
	2	0.85322	0.85322	106607.5	106607.5	1.00000	1.00000
辽宁	0.5	0.25907	0.25932	91124.23	91030.85	0.99864	0.99932
	1	0.44752	0.44879	91124.23	91030.85	0.99668	—
	2	0.8747	0.87712	91124.23	91030.85	0.97968	1.02074

续表

省(直辖市、自治区)	ε	税前阿特金森指数 $I_{\varepsilon 1}$	税后阿特金森指数 $I_{\varepsilon 2}$	税前收入均值 μ_1	税后收入均值 μ_2	U_ε	$U_\varepsilon^{1-\varepsilon}$
吉林	0.5	0.25917	0.25903	58407.62	58381.86	0.99975	0.99987
	1	0.49514	0.49497	58407.62	58381.86	0.99990	—
	2	0.96051	0.96049	58407.62	58381.86	1.00007	0.99993
黑龙江	0.5	0.31576	0.31549	76311.63	76233.33	0.99937	0.99968
	1	0.52694	0.52659	76311.63	76233.33	0.99971	—
	2	0.88996	0.88985	76311.63	76233.33	0.99997	1.00003
上海	0.5	0.27114	0.27098	171273.4	171215.1	0.99988	0.99994
	1	0.44848	0.44831	171273.4	171215.1	0.99997	—
	2	0.75131	0.75123	171273.4	171215.1	0.99998	1.00002
江苏	0.5	0.26539	0.26548	111076.7	111027.7	0.99944	0.99972
	1	0.50178	0.50203	111076.7	111027.7	0.99906	—
	2	0.94807	0.94808	111076.7	111027.7	0.99937	1.00063
浙江	0.5	0.27976	0.2799	141548.6	141455.9	0.99915	0.99957
	1	0.47846	0.47856	141548.6	141455.9	0.99915	—
	2	0.88464	0.88458	141548.6	141455.9	0.99986	1.00014
安徽	0.5	0.35975	0.35975	82854.29	82854.29	1.00000	1.00000
	1	0.58106	0.58106	82854.29	82854.29	1.00000	—
	2	0.87282	0.87282	82854.29	82854.29	1.00000	1.00000
福建	0.5	0.33519	0.3351	170442.1	170364.6	0.99968	0.99984
	1	0.5517	0.55159	170442.1	170364.6	0.99979	—
	2	0.9059	0.90585	170442.1	170364.6	1.00008	0.99992
江西	0.5	0.44359	0.44359	163937.1	163937.1	1.00000	1.00000
	1	0.66439	0.66439	163937.1	163937.1	1.00000	—
	2	0.92897	0.92897	163937.1	163937.1	1.00000	1.00000
山东	0.5	0.28494	0.28506	101084.1	101029.9	0.99930	0.99965
	1	0.51314	0.51331	101084.1	101029.9	0.99911	—
	2	0.97544	0.97543	101084.1	101029.9	0.99987	1.00013

续表

省(直辖市、自治区)	ε	税前阿特金森指数 $I_{\varepsilon 1}$	税后阿特金森指数 $I_{\varepsilon 2}$	税前收入均值 μ_1	税后收入均值 μ_2	U_ε	$U_\varepsilon^{1-\varepsilon}$
河南	0.5	0.33084	0.33084	108670.2	108670.2	1.00000	1.00000
	1	0.56685	0.56685	108670.2	108670.2	1.00000	—
	2	0.91763	0.91763	108670.2	108670.2	1.00000	1.00000
湖北	0.5	0.30536	0.30509	137621.1	137532.2	0.99974	0.99987
	1	0.49222	0.49193	137621.1	137532.2	0.99992	—
	2	0.77295	0.7728	137621.1	137532.2	1.00001	0.99999
湖南	0.5	0.29874	0.2985	93316.97	93179.84	0.99887	0.99943
	1	0.52186	0.52149	93316.97	93179.84	0.99930	—
	2	0.87549	0.87531	93316.97	93179.84	0.99997	1.00003
广东	0.5	0.3467	0.34675	171625.4	171384.1	0.99852	0.99926
	1	0.58283	0.58297	171625.4	171384.1	0.99826	—
	2	0.92602	0.92597	171625.4	171384.1	0.99927	1.00073
广西	0.5	0.32333	0.32339	116085.1	116081.9	0.99988	0.99994
	1	0.55742	0.55755	116085.1	116081.9	0.99968	—
	2	0.86479	0.86486	116085.1	116081.9	0.99945	1.00055
海南	0.5	0.33428	0.33469	67756.06	67717.43	0.99881	0.9994
	1	0.60073	0.60121	67756.06	67717.43	0.99823	—
	2	0.9299	0.92989	67756.06	67717.43	0.99957	1.00043
重庆	0.5	0.28468	0.28468	84087.18	84087.18	1.00000	1.00000
	1	0.52521	0.52521	84087.18	84087.18	1.00000	—
	2	0.95264	0.95264	84087.18	84087.18	1.00000	1.00000
四川	0.5	0.27148	0.27147	87985.42	87956.56	0.99969	0.99994
	1	0.54745	0.54743	87985.42	87956.56	0.99972	—
	2	0.95959	0.95958	87985.42	87956.56	0.99992	1.00008
贵州	0.5	0.39988	0.3996	138348	138077.2	0.99851	0.99925
	1	0.62326	0.62282	138348	138077.2	0.99921	—
	2	0.9126	0.91243	138348	138077.2	0.99998	1.00002

续表

省(直辖市、自治区)	ε	税前阿特金森指数 $I_{\varepsilon 1}$	税后阿特金森指数 $I_{\varepsilon 2}$	税前收入均值 μ_1	税后收入均值 μ_2	U_ε	$U_\varepsilon^{1-\varepsilon}$
云南	0.5	0.31682	0.31759	111962.9	111944.4	0.99871	0.99935
	1	0.52799	0.53118	111962.9	111944.4	0.99308	—
	2	0.8295	0.83778	111962.9	111944.4	0.95128	1.05122
陕西	0.5	0.26191	0.26198	78145.01	78135.34	0.99978	0.99989
	1	0.51096	0.51104	78145.01	78135.34	0.99971	—
	2	0.96471	0.9647	78145.01	78135.34	1.00016	0.99984
甘肃	0.5	0.18814	0.18777	77068.55	76973.96	0.99923	0.99961
	1	0.37874	0.37822	77068.55	76973.96	0.99961	—
	2	0.78149	0.78122	77068.55	76973.96	1.00001	0.99999
青海	0.5	0.27682	0.27682	104476.6	104475.9	0.99999	0.99999
	1	0.55956	0.55956	104476.6	104475.9	0.99999	—
	2	0.93497	0.93497	104476.6	104475.9	0.99999	1.00001
宁夏	0.5	0.17245	0.17245	82810.08	82810.08	1.00000	1.00000
	1	0.37352	0.37352	82810.08	82810.08	1.00000	—
	2	0.89022	0.89022	82810.08	82810.08	1.00000	1.00000

表 8.20 报告了不同收入差距厌恶指数下房地产税对不同收入组家庭社会福利的影响。结果表明:第一,当 $\varepsilon=0.5$ 时,各收入组的 $U_\varepsilon^{1-\varepsilon}$ 均小于 1 且接近于 1;当 $\varepsilon=1$ 时,不同收入组的 U_ε 均小于 1 且接近于 1,表明当社会对收入不平等的厌恶程度不深时,房地产税降低了各收入组的社会福利从而降低社会整体福利,但是影响程度较弱;当 $\varepsilon=2$ 时,各收入组的 $U_\varepsilon^{1-\varepsilon}$ 均大于 1,各收入组的 $U_\varepsilon^{1-\varepsilon}$ 值接近,表明当社会对收入不平等的厌恶程度较深时,房地产税能够提高各收入组的社会福利,缩小收入差距带来的社会福利增加能够补偿收入水平下降带来的福利损失。第二,房地产税对各收入组社会福利的负向影响较弱,对各收入组社会福利的正向影响同样较弱。这表现在:当 $\varepsilon=0.5$ 时以及 $\varepsilon=1$ 时,社会福利效应指数均接近 1;当 $\varepsilon=2$ 时,社会福利效应指数均超过 1,且各收入组的社会福利效应指数值几乎一致。

表8.20　不同收入差距厌恶指数下房地产税对各收入组的福利效应(均值单位:元)

收入组	ε	税前阿特金森指数 $I_{\varepsilon 1}$	税后阿特金森指数 $I_{\varepsilon 2}$	税前收入均值 μ_1	税后收入均值 μ_2	U_ε	$U_\varepsilon^{1-\varepsilon}$
低收入:0%—20%组	0.5	0.16978	0.17011	10973.52	10959.31	0.99831	0.99915
	1	0.38632	0.38698	10973.52	10959.31	0.99763	——
	2	0.86249	0.86251	10973.52	10959.31	0.99856	1.00144
中低收入:20%—40%组	0.5	0.01020	0.01029	37807.96	37791.46	0.99947	0.99973
	1	0.02054	0.02076	37807.96	37791.46	0.99934	——
	2	0.04141	0.04202	37807.96	37791.46	0.99893	1.00107
中等收入:40%—60%组	0.5	0.00443	0.00443	64863.45	64839.6	0.99963	0.99981
	1	0.00887	0.00887	64863.45	64839.6	0.99963	——
	2	0.01771	0.01771	64863.45	64839.6	0.99963	1.00037
中高收入:60%—80%组	0.5	0.00612	0.00616	105754.6	105691.8	0.99937	0.99968
	1	0.01218	0.01225	105754.6	105691.8	0.99934	——
	2	0.02402	0.02418	105754.6	105691.8	0.99924	1.00076
高收入:80%—100%组	0.5	0.17357	0.17357	371721.7	371443	0.99925	0.99962
	1	0.27276	0.27274	371721.7	371443	0.99928	——
	2	0.37291	0.37286	371721.7	371443	0.99933	1.00067

8.5.2　采用省级样本税率时房地产税对社会福利的影响

本节使用省级样本税率的人均价值免除方案,探讨房地产税使收入差距缩小带来的社会福利增加能否补偿收入水平下降带来的社会福利损失。明确省级样本税率设计时人均价值免除方案是否能够缩小收入差距,结果如表8.21所示。结果发现,当人均价值减免方案的免除面积为3—7平方米时,房地产税能够起到缩小收入差距的作用,表现为MT指数为正。其中,人均价值减免的免除面积3平方米,是房地产税税收减免方案的理想选择。这是由于从房地产税开征可获得的税收来看,可征得的房地产税额占潜在税收的比重应该尽量大,如果税收偏少则不应开征。因此,房地产税税率采用省级税率时,人均价值免除方案对城镇居民的收入差距有正向调节作用。

表 8.21 与人均价值减免方案有关的 MT 指数

	免除面积(单位:平方米)						
	1	2	3	4	5	6	7
税前基尼系数	0.59707	0.59707	0.59707	0.59707	0.59707	0.59707	0.59707
税后基尼系数	0.59737	0.59708	0.59705	0.59705	0.59706	0.59706	0.59706
MT 指数	−0.00030	−0.00001	0.00002	0.00002	0.00001	0.00001	0.00001

表 8.22 报告了不同收入差距厌恶指数时房地产税的社会福利效应指数。结果显示:第一,房地产税对社会福利的影响分为两种情形:一方面,当 $\varepsilon = 0.5$ 时, $U_\varepsilon^{1-\varepsilon}$ 小于 1;当 $\varepsilon = 1$, U_ε 小于 1,说明房地产税减少了社会福利,原因是房地产税缩小收入差距增加的社会福利不能补偿房地产税带来的可支配收入下降而产生的福利损失;另一方面,当 $\varepsilon = 2$ 时, $U_\varepsilon^{1-\varepsilon}$ 大于 1,说明当居民对收入不平等的厌恶程度较深时,房地产税能够增进社会福利,房地产税缩小收入差距带来的社会福利增加能够补偿收入水平下降带来的福利损失。第二,社会福利效应指数的值均接近 1,表明房地产税对社会福利的影响较弱。

表 8.22 不同收入差距厌恶指数时房地产税的福利效应(均值单位:元)

$U_\varepsilon^{1-\varepsilon}$	税前阿特金森指数 $\varepsilon = 0.5$	税后阿特金森指数 $U_\varepsilon^{1-\varepsilon}$	税前收入均值 $\varepsilon = 1$	税后收入均值 U_ε	I_ε	I_ε
0.5	0.31635	0.31639	118224.3	118141.5	0.99924	0.99962
1	0.54452	0.54498	118224.3	118141.5	0.99829	—
2	0.94126	0.94627	118224.3	118141.5	0.91407	1.09401

表 8.23 报告了不同收入差距厌恶指数房地产税对不同地区的福利效应。结果发现:第一,房地产税对社会福利的影响分为两种情形:一方面,当 $\varepsilon = 0.5$ 时, $U_\varepsilon^{1-\varepsilon}$ 小于 1;当 $\varepsilon = 1$, U_ε 小于 1,说明房地产税减少了社会福利,原因是房地产税缩小收入差距增加的社会福利不能补偿房地产税带来的可支配收入下降而产生的福利损失;另一方面,当 $\varepsilon = 2$ 时, $U_\varepsilon^{1-\varepsilon}$ 大于 1,说明当居民对收入不平等的厌恶程度较深时,房地产税能够增进社会福利,房地产税缩小收入差距带来的社会福利增加能够补偿收入水

平下降带来的福利损失。第二,房地产税对社会福利的负向影响较弱,对社会福利的正向影响有强有弱。这表现在:当 $\varepsilon=0.5$ 时以及 $\varepsilon=1$ 时,社会福利效应指数值均接近1;当 $\varepsilon=2$ 时,房地产税对东部地区社会福利的影响明显强于对其他地区社会福利的影响。

表8.23 不同收入差距厌恶指数下房地产税对不同地区的福利效应(均值单位:元)

地区	ε	税前阿特金森指数 $I_{\varepsilon 1}$	税后阿特金森指数 $I_{\varepsilon 2}$	税前收入均值 μ_1	税后收入均值 μ_2	U_ε	$U_\varepsilon^{1-\varepsilon}$
东部	0.5	0.31193	0.31202	133514.1	133423.9	0.99919	0.99959
	1	0.53490	0.53559	133514.1	133423.9	0.99784	—
	2	0.94002	0.94876	133514.1	133423.9	0.85371	1.17136
中部	0.5	0.32882	0.32870	91767.36	91679.67	0.99922	0.99961
	1	0.55028	0.55026	91767.36	91679.67	0.99909	—
	2	0.92623	0.92624	91767.36	91679.67	0.99891	1.00109
西部	0.5	0.28857	0.28854	92859.66	92808.65	0.99949	0.99974
	1	0.53239	0.53256	92859.66	92808.65	0.99909	—
	2	0.94818	0.94823	92859.66	92808.65	0.99849	1.00151

表8.24报告了不同收入差距厌恶指数时房地产税对全国不同省(直辖市、自治区)社会福利的影响。结果显示:第一,房地产税对各省(直辖市、自治区)的社会福利影响可能为正,可能为负,还可能是房地产税并未对社会福利产生影响。当 $\varepsilon=0.5$ 时,除了河北、内蒙古、安徽、江西、河南、重庆和宁夏七省(直辖市、自治区)社会福利没有变化,其他省(直辖市、自治区)的 $U_\varepsilon^{1-\varepsilon}$ 均小于1且接近于1,房地产税降低了这些省(直辖市、自治区)的社会福利。当 $\varepsilon=1$ 时,河北、内蒙古、安徽、江西、河南、重庆和宁夏七省(直辖市、自治区)的 U_ε 等于1,其他省(直辖市、自治区)的 $U_\varepsilon^{1-\varepsilon}$ 均在0.99左右,房地产税对各省(直辖市、自治区)社会福利的影响有所差异。当 $\varepsilon=2$ 时,$U_\varepsilon^{1-\varepsilon}$ 小于1的省(直辖市)有北京、福建、山东、湖北、四川、陕西和甘肃,房地产税略微降低了上述七省(直辖市)的社会福利;$U_\varepsilon^{1-\varepsilon}$ 等于1的省市有河北、内蒙古、安徽、江西、河南、重庆和宁夏七个省(直辖市、自治区),房地产税尚未对该省(直辖市、自治区)的社会福利

产生影响；$U_\varepsilon^{1-\varepsilon}$大于1的为其余省（直辖市、自治区），房地产税提高了这些省（直辖市、自治区）的社会福利，其中以辽宁的社会福利变化最为明显，社会福利指数约为 2.94。第二，从不同省（直辖市、自治区）来看，房地产税对社会福利的负向影响较弱，对社会福利的正向影响有强有弱。

表 8.24 不同收入差距厌恶指数时房地产税的省级福利效应（均值单位：元）

省（直辖市、自治区）	ε	税前阿特金森指数 $I_{\varepsilon 1}$	税后阿特金森指数 $I_{\varepsilon 2}$	税前收入均值 μ_1	税后收入均值 μ_2	U_ε	$U_\varepsilon^{1-\varepsilon}$
北京	0.5	0.29743	0.29744	194839.9	194824	0.99990	0.99995
	1	0.51254	0.51254	194839.9	194824	0.99992	—
	2	0.95091	0.9509	194839.9	194824	1.00012	0.99988
天津	0.5	0.1975	0.19756	99955.64	99926	0.99963	0.99981
	1	0.3806	0.38064	99955.64	99926	0.99964	—
	2	0.8094	0.80936	99955.64	99926	0.99991	1.00009
河北	0.5	0.2595	0.2595	65464.04	65464.04	1.00000	1.00000
	1	0.51202	0.51202	65464.04	65464.04	1.00000	—
	2	0.92335	0.92335	65464.04	65464.04	1.00000	1.00000
山西	0.5	0.24755	0.24868	62917.97	62891.82	0.99808	0.99904
	1	0.46944	0.47281	62917.97	62891.82	0.99324	—
	2	0.82917	0.8325	62917.97	62891.82	0.98010	1.02030
内蒙古	0.5	0.31106	0.31106	106607.5	106607.5	1.00000	1.00000
	1	0.53622	0.53622	106607.5	106607.5	1.00000	—
	2	0.85322	0.85322	106607.5	106607.5	1.00000	1.00000
辽宁	0.5	0.25907	0.2595	91124.23	91012.89	0.99820	0.99910
	1	0.44752	0.45209	91124.23	91012.89	0.99052	—
	2	0.8747	0.95736	91124.23	91012.89	0.33989	2.94213
吉林	0.5	0.25917	0.25897	58407.62	58368.98	0.99961	0.99980
	1	0.49514	0.49489	58407.62	58368.98	0.99983	—
	2	0.96051	0.96049	58407.62	58368.98	0.99984	1.00019
黑龙江	0.5	0.31576	0.31535	76311.63	76194.18	0.99906	0.99953
	1	0.52694	0.52641	76311.63	76194.18	0.99958	—

省(直辖市、自治区)	ε	税前阿特金森指数 $I_{\varepsilon 1}$	税后阿特金森指数 $I_{\varepsilon 2}$	税前收入均值 μ_1	税后收入均值 μ_2	U_ε	$U_\varepsilon^{1-\varepsilon}$
	2	0.88996	0.88979	76311.63	76194.18	1.00000	1.00000
上海	0.5	0.27114	0.27103	171273.4	171235.2	0.99993	0.99996
	1	0.44848	0.44837	171273.4	171235.2	0.99998	—
	2	0.75131	0.75126	171273.4	171235.2	0.99998	1.00002
江苏	0.5	0.26539	0.26568	111076.7	111034.2	0.99922	0.99961
	1	0.50178	0.50352	111076.7	111034.2	0.99613	—
	2	0.94807	0.94939	111076.7	111034.2	0.97421	1.02647
浙江	0.5	0.27976	0.2799	141548.6	141455.9	0.99915	0.99957
	1	0.47846	0.47856	141548.6	141455.9	0.99915	—
	2	0.88464	0.88458	141548.6	141455.9	0.99986	1.00014
安徽	0.5	0.35975	0.35975	82854.29	82854.29	1.00000	1.00000
	1	0.58106	0.58106	82854.29	82854.29	1.00000	—
	2	0.87282	0.87282	82854.29	82854.29	1.00000	1.00000
福建	0.5	0.33519	0.33512	170442.1	170376.5	0.99972	0.99986
	1	0.5517	0.55161	170442.1	170376.5	0.99982	—
	2	0.9059	0.90586	170442.1	170376.5	1.00004	0.99996
江西	0.5	0.44359	0.44359	163937.1	163937.1	1.00000	1.00000
	1	0.66439	0.66439	163937.1	163937.1	1.00000	—
	2	0.92897	0.92897	163937.1	163937.1	1.00000	1.00000
山东	0.5	0.28494	0.2851	101084.1	101017.4	0.99912	0.99956
	1	0.51314	0.51338	101084.1	101017.4	0.99885	—
	2	0.97544	0.97542	101084.1	101017.4	1.00015	0.99985
河南	0.5	0.33084	0.33084	108670.2	108670.2	1.00000	1.00000
	1	0.56685	0.56685	108670.2	108670.2	1.00000	—
	2	0.91763	0.91763	108670.2	108670.2	1.00000	1.00000
湖北	0.5	0.30536	0.305	137621.1	137501.4	0.99965	0.99982
	1	0.49222	0.49183	137621.1	137501.4	0.99990	—
	2	0.77295	0.77275	137621.1	137501.4	1.00001	0.99999

省(直辖市、自治区)	ε	税前阿特金森指数 $I_{\varepsilon 1}$	税后阿特金森指数 $I_{\varepsilon 2}$	税前收入均值 μ_1	税后收入均值 μ_2	U_{ε}	$U_{\varepsilon}^{1-\varepsilon}$
湖南	0.5	0.29874	0.29841	93316.97	93121.83	0.99838	0.99919
	1	0.52186	0.52133	93316.97	93121.83	0.99901	—
	2	0.87549	0.87524	93316.97	93121.83	0.99991	1.00009
广东	0.5	0.3467	0.34674	171625.4	171412	0.99870	0.99935
	1	0.58283	0.58293	171625.4	171412	0.99852	—
	2	0.92602	0.92597	171625.4	171412	0.99943	1.00057
广西	0.5	0.32333	0.32342	116085.1	116080.2	0.99982	0.99991
	1	0.55742	0.55762	116085.1	116080.2	0.99951	—
	2	0.86479	0.86489	116085.1	116080.2	0.99922	1.00078
海南	0.5	0.33428	0.33469	67756.06	67717.43	0.99881	0.99940
	1	0.60073	0.60121	67756.06	67717.43	0.99823	—
	2	0.9299	0.92989	67756.06	67717.43	0.99957	1.00043
重庆	0.5	0.28468	0.28468	84087.18	84087.18	1.00000	1.00000
	1	0.52521	0.52521	84087.18	84087.18	1.00000	—
	2	0.95264	0.95264	84087.18	84087.18	1.00000	1.00000
四川	0.5	0.27148	0.27147	87985.42	87944.35	0.99955	0.99977
	1	0.54745	0.54742	87985.42	87944.35	0.99960	—
	2	0.95959	0.95957	87985.42	87944.35	1.00003	0.99997
贵州	0.5	0.39988	0.39939	138348	137858.6	0.99728	0.99864
	1	0.62326	0.62247	138348	137858.6	0.99855	—
	2	0.9126	0.91229	138348	137858.6	1.00000	1.00000
云南	0.5	0.31682	0.31803	111962.9	111936.6	0.99799	0.99899
	1	0.52799	0.53346	111962.9	111936.6	0.98818	—
	2	0.8295	0.84657	111962.9	111936.6	0.89967	1.11152
陕西	0.5	0.26191	0.26199	78145.01	78132.73	0.99973	0.99986
	1	0.51096	0.51106	78145.01	78132.73	0.99964	—
	2	0.96471	0.9647	78145.01	78132.73	1.00013	0.99987

省(直辖市、自治区)	ε	税前阿特金森指数 $I_{\varepsilon 1}$	税后阿特金森指数 $I_{\varepsilon 2}$	税前收入均值 μ_1	税后收入均值 μ_2	U_{ε}	$U_{\varepsilon}^{1-\varepsilon}$
甘肃	0.5	0.18814	0.18776	77068.55	76970.32	0.99919	0.99959
	1	0.37874	0.3782	77068.55	76970.32	0.99959	—
	2	0.78149	0.78121	77068.55	76970.32	1.00001	0.99999
青海	0.5	0.27682	0.27682	104476.6	104475.4	0.99999	0.99999
	1	0.55956	0.55955	104476.6	104475.4	1.00001	—
	2	0.93497	0.93497	104476.6	104475.4	0.99999	1.00001
宁夏	0.5	0.17245	0.17245	82810.08	82810.08	1.00000	1.00000
	1	0.37352	0.37352	82810.08	82810.08	1.00000	—
	2	0.89022	0.89022	82810.08	82810.08	1.00000	1.00000

表8.25报告了不同收入差距厌恶指数下房地产税对不同收入组家庭社会福利的影响。结果发现:第一,当 $\varepsilon = 0.5$ 时,各收入组的 $U_{\varepsilon}^{1-\varepsilon}$ 均小于1且接近于1;当 $\varepsilon = 1$ 时,不同收入组的 U_{ε} 均小于1且接近于1,表明当社会对收入不平等的厌恶程度不深时,房地产税降低了各收入组的社会福利从而降低社会整体福利,但是影响程度较弱;当 $\varepsilon = 2$ 时,各收入组的 $U_{\varepsilon}^{1-\varepsilon}$ 均大于1,其中低收入组的 $U_{\varepsilon}^{1-\varepsilon}$ 超过1.1,表明当社会对收入不平等的厌恶程度较深时,房地产税能够提高各收入组的社会福利,缩小收入差距带来的社会福利增加能够补偿收入水平下降带来的福利损失。第二,房地产税对各收入组社会福利的负向影响较弱,对各收入组社会福利的正向影响有强有弱。这表现在:当 $\varepsilon = 0.5$ 时以及 $\varepsilon = 1$ 时,社会福利效应指数均接近1;当 $\varepsilon = 2$ 时,房地产税对低收入组社会福利的影响明显强于对其他收入组社会福利的影响。

表8.25 不同收入差距厌恶指数下房地产税对各收入组的福利效应(均值单位:元)

收入组	ε	税前阿特金森指数 $I_{\varepsilon 1}$	税后阿特金森指数 $I_{\varepsilon 2}$	税前收入均值 μ_1	税后收入均值 μ_2	U_{ε}	$U_{\varepsilon}^{1-\varepsilon}$
低收入:0%—20%组	0.5	0.16978	0.17054	10973.52	10956.22	0.99751	0.99875
	1	0.38632	0.38908	10973.52	10956.22	0.99393	—
	2	0.86249	0.87504	10973.52	10956.22	0.90730	1.10217

收入组	ε	税前阿特金森指数 $I_{\varepsilon 1}$	税后阿特金森指数 $I_{\varepsilon 2}$	税前收入均值 μ_1	税后收入均值 μ_2	U_ε	$U_\varepsilon^{1-\varepsilon}$
中低收入：20%—40%组	0.5	0.01020	0.01027	37807.96	37792.72	0.99953	0.99976
	1	0.02054	0.02071	37807.96	37792.72	0.99942	—
	2	0.04141	0.04185	37807.96	37792.72	0.99914	1.00086
中等收入：40%—60%组	0.5	0.00443	0.00443	64863.45	64838.03	0.99961	0.99980
	1	0.00887	0.00887	64863.45	64838.03	0.99961	—
	2	0.01771	0.01771	64863.45	64838.03	0.99961	1.00039
中高收入：60%—80%组	0.5	0.00612	0.00615	105754.6	105693.8	0.99939	0.99969
	1	0.01218	0.01224	105754.6	105693.8	0.99936	—
	2	0.02402	0.02414	105754.6	105693.8	0.99930	1.00070
高收入：80%—100%组	0.5	0.17357	0.17359	371721.7	371426.6	0.99918	0.99959
	1	0.27276	0.27277	371721.7	371426.6	0.99919	—
	2	0.37291	0.37288	371721.7	371426.6	0.99925	1.00075

8.6 小结

在上一章阐述房地产税对城市之间税收收入的影响的基础上，本章探讨房地产税的福利效应。首先分析房地产税的税负分布及其对收入差距的调节效果，包括未考虑税收优惠政策时的税负分布及其对收入差距的调节效果、设计一定的税收优惠政策时房地产税的税负分布及其对收入差距的调节效果，进而评估房地产税的福利效应，包括采用全国样本税率时房地产税对社会福利的影响和采用省级样本税率时房地产税对社会福利的影响。总体来说，得到的结论有：

第一，房地产税的税负分布及其对收入差距的调节效果。设计的税收优惠方案包括与首套房免除方案、人均面积免除方案、房地产价值免除方案和人均价值免除方案等。分析发现，不论房地产税有无设计税收优惠方案，房地产税均可以优化不同收入组间的税负分布，并对收入差距产生一定的调节作用。进一步地，相对于未设计税收优惠方案的房地产税而言,税负明显向富裕家庭转移,高收入组家庭承担了更多比例的总税负;从基尼系数看,房地产税在未设计税收优惠方案时,并不能对城镇居民收入差距产生正向的调节作用,而设计税收优惠方案时可以缩小城镇居民的收入差距。人均价值免除方案充分考虑了房地产的价值因素和家庭成员数量因素,因而可以实现这一效果。

第二,使用全国样本房地产税税率时,检验房地产税对社会福利的影响。结果发现,房地产税增进了社会福利。这表现在:当居民对收入不平等的厌恶程度较深时,房地产税缩小城镇居民收入差距带来社会福利增加,增加的福利大于居民可支配收入下降产生的福利损失使得社会总福利增加。但由于缩小收入差距带来的福利增加效应较弱,房地产税对社会福利产生的正向影响较小;分地区的研究仍然得到同样的结论,当居民对收入不平等厌恶程度较深时,房地产税对社会福利的正效应适用于东部、中部和西部地区;分省(直辖市、自治区)的研究发现,当居民对收入不平等厌恶程度较深时,房地产税对社会福利的影响不只是正向影响,还可以是负向影响或者无影响,即对部分省(直辖市、自治区)产生正向影响,部分省(直辖市、自治区)产生负向影响而对其他省(直辖市、自治区)无影响;对不同收入组的研究发现,居民对收入不平等厌恶程度较深时,房地产税对各个收入组的社会福利均产生正向影响,并且房地产税较多提高了低收入组的社会福利,即使该正向效应较弱。

第三,使用省级样本房地产税税率时,检验房地产税对社会福利的影响发现,当居民对收入不平等的厌恶程度较深时,房地产税增进了社会福利,并且相对于使用全国样本税率时,能较多地增进社会福利。这表明了房地产税差异化税率设计的必要性,从而进一步验证了第4章的结论。具体表现在:当居民对收入不平等的厌恶程度较深时,房地产税缩小城镇居民收入差距带来社会福利增加,增加的福利大于居民可支配收入下降产生的福利损失,使得社会福利增加,并且相对于全国样本税率,社会福利增加较多;分地区研究发现,房地产税增加了东部、中部和西部地区的社会福利,并且明显增加了东部地区的社会福利;对各省(直辖市、自治区)的研究发现,当居民对收入不平等厌恶程度较深时,房地产税对社会福利的影响表现为对部分省(直辖市、自治区)产生正向影响,部分省(直辖市、自治区)产生负向影响,而对其他省(直辖市、自治区)无影响;对不同收入组的研究发现,当居民对收入不平等厌恶程度较深时,房地产税明显提高了各收入组尤其是低收入组的社会福利水平。

9
结论与政策建议

9.1 研究结论

房地产税是提供地方基本公共服务所需资金、调节收入差距的重要工具之一。结合多样化的定性研究与定量研究方法,本书探讨了有关房地产税的收入与福利效应问题。总体而言,本书在进行文献述评和理论基础分析之后,按照"房地产税的现有格局与问题—房地产税的税基选择与收入模拟分析—房地产税对不同地区税收收入的影响分析—房地产税对省际之间税收收入的影响分析—房地产税对城市之间税收收入的影响分析—房地产税的福利效应分析"的顺序依次展开研究。本书的研究结论可总结为如下:

第一,在我国现阶段,在研究期间内(1999—2019年),房地产税收规模从1999年的42.37%下降至2019年的21.41%,而土地出让收入比重总体呈现上升趋势,从1999年的9.22%快速提高至2019年的78.59%。我国亟须改变房地产保有环节税负较轻、地方财政收入过度依赖土地出让收入的现状。房地产税改革试点方案中,上海版本的房地产税税收收入对地方政府财力的影响十分有限,但重庆版本的房地产税税收收入相较于上海版本明显增加。房地产税作为房地产保有环节的税收,开征房地产税是改善我国房地产税费现状的重要途径,也是改善地方公共服务提供和地方政府财政支出结构所依赖的关键渠道。

第二,房地产税的收入模拟。设计的税率包括全国样本房地产税税率、地区样本房地产税税率、省级样本房地产税税率和典型城市房地产税税率。考虑居民应纳税额占家庭收入的比重设定在一定范围内,在采用比例税率时,居民在全国范围内对房地产税差异化的支付意愿和支付能力时的全国样本房地产税税率为幅度比例税率;在不同地区范围内对房地产税差异化的支付意愿和支付能力时的地区样本税率为幅度比例税率;在不同省市范围内对房地产税差异化的支付意愿和支付能力时的省际样本税率为幅度比例税率;在不同城市范围内对房地产税差异化的支付意愿和支付能力时的城市样本税率亦为幅度比例税率。进而以 2019年为房地产税开征起始年度测算的绝对数衡量和相对数衡量的全国住宅房地产税税收收入均可以为地方政府提供稳定资金;假设将全国住宅房地产税税收收入全部用于地方基本公共服务支出时发现,房地产税将明显改善用于提供地方基本公共服务的资金。这表明房地产税将是地方税体系中的一项重要税种。

第三,探讨房地产税对不同地区和省际之间税收收入的影响表明,房地产税对税收收入的影响存在地区间和省际差异。具体地,一方面,当地区房地产税税率采用幅度比例税率且征收率在 70%—100% 时的房地产税对各地区税收收入的影响短期内均为负,长期来看的房地产税对各地区税收收入的影响均可以为正,但是需要经历一定的时间,且东部地区所需的时间较长。同时自房地产税对各地区税收收入的影响为正时起,房地产税对各地区税收收入的影响呈现逐年递增的趋势,且呈现出东部较高、中部次之、西部较低的区域特征。进而,提高地区房地产税税率和征收率均有可能获得更多的房地产税相关税收收入,从而缩短房地产税对地区税收收入的影响为正所需的时间。同时发现,房地产税扩大了地区之间地方公共服务供给的数量差异。另一方面,当省级房地产税税率采用幅度比例税率且征收率为 70%—100% 时,房地产税对我国大多数省(直辖市、自治区)税收收入的短期影响为负。从长期来看,房地产税对各省(直辖市、自治区)税收收入的影响均可以为正,但是房地产税开征后各省(直辖市、自治区)税收收入产生盈余所需要的时间不尽一致。房地产税对省(直辖市、自治区)税收收入的影响为正所需时间较短的是北京、上海、内蒙古和青海等省(直辖市、自治区),所需时间较长的是辽宁、贵州和宁夏等省(直辖市、自治区)。另外,各省市选择的房地产税税率越高,征收率越高,越容易获得更多的房地产税相关税收收入,因而可能缩短房地产税对各省(直辖市、自治区)税收收入的影响为正所需的时间。同时发现,房地产税扩大了省际地方公共服务供给的数量差异。

第四,探讨房地产税对城市之间税收收入的影响表明,房地产税对税收收入的影响在样本城市之间存在差异。当城市房地产税税率采用幅度比例税率且征收率为70%—100%时,房地产税对我国大多数样本城市税收收入的影响在短期内可能为负。从长期来看,房地产税开征后各城市税收收入产生盈余所需要的时间不一致。对不同类型城市而言,超大城市税收收入产生盈余所需的平均时间明显短于其他类型城市。从不同地区城市来看,东部地区城市税收收入产生盈余所需的平均时间短于中部和西部地区城市。另外,房地产税扩大了城市之间地方公共服务供给的数量差异。

第五,无论房地产税有无设计税收优惠方案,房地产税均可以优化不同收入组间的税负分布,并可能对收入差距产生一定的调节作用。具体地,相对于未设计税收优惠方案的房地产税而言,税负明显向富裕家庭转移,高收入组家庭承担了更多比例的总税负;从基尼系数看,在未设计税收优惠方案时,房地产税并不能对城镇居民收入差距产生正向的调节作用,而设计税收优惠方案时可以缩小城镇居民的收入差距。人均价值免除方案充分考虑了房地产的价值因素和家庭成员数量因素,因而可以实现这一效果,而首套房免除方案、人均面积免除方案以及房地产价值免除方案未能对居民收入差距产生正向影响。

第六,差异化税率设计的房地产税能够凸显房地产税的地方税特征,因而能够有效发挥房地产税的福利效应。无论是使用全国样本税率,还是使用省级样本税率,当居民对收入不平等的厌恶程度较深时,房地产税均能增加社会福利,但是通过使用省级样本房地产税税率时,房地产税对社会福利的影响发现,当居民对收入不平等的厌恶程度较深时,房地产税相对于使用全国样本税率能够明显增加社会福利,房地产税增加的社会福利明显大于可支配收入下降产生的福利损失。使用差异化的税率设计还表现在:分地区的研究发现,当居民对收入不平等的厌恶程度较深时房地产税明显增加了社会福利,主要是增加了东部地区的社会福利,即使中部和西部地区的社会福利也有所增加;分省(直辖市、自治区)的研究发现,当居民对收入不平等厌恶程度较深时,房地产税对部分省(直辖市、自治区)社会福利产生的正向影响明显增加,使得社会总福利明显增加;对不同收入组的研究发现,当居民对收入不平等厌恶程度较深时,房地产税明显提高了各收入组尤其是低收入组的社会福利。

9.2 政策建议

基于上述研究结论,本书提出如下政策建议:

第一,循序渐进地在全国范围内开展房地产税改革试点工作,合理定位房地产税的功能。

一方面,受益论的观点认为房地产税是居民为地方政府提供的公共服务支付的对价。由本书第 4 章、第 5 章、第 6 章和第 7 章的研究可知,对房地产税的财政收入效应的研究发现,房地产税不论是在现在,还是在未来期间对地方政府都是一笔稳定持续且可观的税收收入,可以作为地方政府一项重要的财政收入来源,为地方公共服务筹集资金且具有可持续性;另一方面,基尼系数的测算表明房地产税能在一定程度上调节城镇居民的收入差距,社会福利函数模型表明房地产税提高了居民的社会福利水平。由本书第 8 章的结论可知,在不涉及税收优惠方案的税制要素设计时,富裕家庭也承担 40% 以上的总税负而对居民收入差距起到一定的调节作用,涉及税收优惠方案时的税制要素设计能够缩小城镇居民收入差距,促进收入公平分配。同时,由本书第 8 章的实证分析可知,不论是使用全国样本房地产税税率还是省级样本税率,当居民对收入不平等的厌恶程度较深时房地产税能够增进社会福利。因此,建议在全国范围内循序渐进地进行房地产税改革试点。

然而,在全国范围内开展房地产税改革试点工作并不意味着房地产税的开征会"一步到位"。开征房地产税不仅要考虑全国不同地区、省(直辖市、自治区)和城市的经济发展承受能力,还要考虑社会接受度,适当给予我国的居民一定的适应和缓冲期,尽可能地减少房地产税开征可能对经济发展产生的负面冲击,尽可能防范由于房地产税开征产生的国家治理风险。我国改革开放的经验也表明了改革不一定采取一步到位的做法,而是可以选择渐进式改革策略(杨志勇,2019)。根据本书第5章、第6章和第7章的研究,建议房地产税改革试点分别从超大城市、特大城市和大城市、中小城市中筛选部分特定城市,作为下批试点城市,逐批逐阶段扩展改革试点范围,直至覆盖所有城市。在这一过程中,建议由中央政府制定改革的总体思路,省级政府制定适用本省市改革的实施细则,各级城市制定具体的实施办法和实施进度,并由中央政府适时地有针对性地对在房地产税开征初期财政承受能力较弱的地方政府给予一定的财政补贴,循序渐进、因地制宜地推进房地产税改革试点。

本书的研究同时发现,房地产税筹集地方基本公共服务资金的功能与调节收入差距以改善收入分配的功能两者不可兼具。由本书第4章、第5章、第6章和第7章的结论可知,不论是现在还是未来期间,房地产税均可以持续稳定地为地方政府提供资金,作为地方政府持续稳定的收入来源,前提是并未涉及税收优惠方案的实施;进一步地,由本书第8章的分析可知,涉及人均价值免除方案的房地产税在采用全国样本税率时,能够优化税负分布,缩小居民收入差距。然而,此时赋有纳税义务的居民家庭数量仅占有效观察值总数的1.31%,与受益论观点要求的普遍征收不一致,房地产税的地方税属性也决定了房地产税不应过分强调其调节收入差距的功能。因此,房地产税的功能需合理定位,在房地产税开征初期,建议将其功能定位为按照受益论观点提供地方基本公共服务,而辅以其他渠道实施收入再分配和社会福利政策,并对特定人群予以税收辅助。

第二,积极调动地方政府自主性,进行充分地方化的房地产税收制度设计,包括房地产税税率设计和税收优惠政策设计。

房地产税进行充分差异化的制度设计包括房地产税税率的设计。由本书第4章的分析可知,考虑居民税收负担的房地产税额占家庭平均年收入一定比例测算的房地产税税率在全国各地区和各省(直辖市、自治区)呈现出明显的差异,由本书第7章的分析可知,为了保持城市家庭对房地产税承受能力的一致性而应当采用差异化的城市税率。在幅度税率基础上确定适用于本地区、本省(直辖市、自治区)和本城市的税率、根据税基评估技术标准制定税基评估具体的技术标准、适用于本区域的税收减免以及税基评估和征管权的正确使用,都需要地方政府在房地产税法允许范围内积极配合,并充分发挥自主性。进一步地,由本书第8章的实证分析可知,使用省级样本税率相对于使用全国样本税率,在当居民对收入不平等的厌恶程度较深时能够明显增加社会福利;分省(直辖市、自治区)的研究也发现,采用省级样本税率能明显增加部分省市的社会福利使得社会总福利增加。由此可见,基于不同区域和家庭的房地产税支付能力存在明显差异,使用省级样本税率甚至是基层样本税率正是不同支付能力的具体体现。

另外,积极调动地方政府自主性还包括充分评估房地产税的税收优惠政策,为房地产税在基层政府层面的差异化设计和实施做准备,房地产税最适宜由基层政府征收和使用(Almy,2013)。本书第8章的研究结论表明,房地产税税制设计中,税收优惠同样是重要的税收要素之一。从首套房免除、人均面积免除、房地产价值免除和人均价值免除四种税收优惠方案考察,人均价值免除方案符合"公平为主,效率为辅"的课征原则。该方案同时考虑了房地产税的公平与效率,不仅能够使房地产税对居民收入差距产生正向调节,还能使房地产税增进社会福利。建议将人均价值免除方案作为房地产税可供参考的税收优惠政策,并在制定税收优惠时优先选择。

第三,房地产税的收入与福利效应的有效发挥,还应当切实加强税收征管,重视税收收入的合理使用。

由于房地产税征税对象即纳税人拥有房地产的特殊性,税务机关与纳税人之间存在着严重的信息不对称难题。虽然任何税种在征收时都很有可能存在信息不对称的难题,但是房地产税征管困难的特殊性在于,房地产税需要依靠更多的信息技术力量以及专业人员来获取与房地产税评估有关的信息。虽然我国在改革开放40多年的时间里已经积累了相关的信息技术力量以及专业人员,并在上海和重庆的房地产税改革方案中也已经有较多的积累,但为了提高房地产税的社会接受度使收入与福利效应有效发挥,相关部门还应当加强信息技术研发与使用、增加信息技术研发投入、培训相关专业人员。同时,还应建立税务机关与相关部门的有效沟通机制。

房地产税的收入与福利效应的有效发挥,还应当合理地使用因征收房地产税而筹集到的税收收入。由本书第 5 章、第 6 章和第 7 章对房地产税税收收入的测算可知,房地产税税收收入如果全部用于地方基本公共服务支出,将明显改善用于提供地方基本公共服务的资金,并且在地方政府对现有基本公共服务支出的支付不变的情况下,将明显改变地方政府的支出结构。进一步地,将税收收入用于地方基本公共服务,以期为实现房地产税、地方公共服务和房地产价值之间的循环提供较大可能性。因此,本书建议地方政府将筹集到的房地产税税收收入用于地方基本公共服务,并纳入地方预算管理,定期向社会公布该税收收入的使用去向以及资金使用情况等,提高资金使用透明度和合理性,提高房地产税的社会接受度。

最后,需要强调的是,在未来期间开征房地产税或未来的房地产税改革不应独立进行,而应将房地产税融入我国加快建立现代财政制度、促进经济社会高质量发展的大范畴之中。我国的房地产税不应仅局限于筹集地方基本公共服务支出所需资金和调节收入差距,而应作为税制改革的一部分与我国当前继"营改增"、减税降费等的税制改革相联系,关注房地产税与其他类型政府收入改革、公共服务支出领域改革的内在关联。具体来说,一方面,继续在部分地区开展房地产税改革试点工作,未来适时地将更多地区纳入房地产税改革试点范围,在实施税基宽泛、税率适宜、减免适度的房地产税的基础上,积极考虑启动房地产税的立法工作;另一方面,推动我国房地产整体税制结构调整,降低房地产开发流转环节税费,适当增加保有环节的税费。我国作为世界上最大的发展中国家,在房地产税费改革以及政府间财政关系改革等方面将为其他发展中国家提供可供借鉴的经验,并在税收政策的全球范围改革与建设方面作出应有的贡献。

参考文献

［1］Ahmad E, Giorgio Brosio, Caroline Pöschl. Local property taxation and benefits in developing countries-overcoming political resistance ［R］. Asia Research Centre Working Paper, 2014.

［2］Allen M, Woodbury R. Containing the individual burden of property taxes: A Case Study of Circuit Breaker Expansion in Maine ［J］. National Tax Journal. 2006,59(3):665 - 683.

［3］Almy R. A Global compendium and meta-Analysis of property tax systems ［M］. Cambridge, MA: Lincoln Institute of LandPolicy, 2013.

［4］Anand. Sudhir, Inequality and poverty in Malaysia: measurement and decomposition ［M］. New York: Oxford University Press, 1983.

［5］Anderson J E. Taxes and fees as forms of land use regulation ［J］. The Journal of Real Estate Finance and Economics, 2005,31(4):413 - 427.

［6］Anderson J E, Shimul S N. State and local property, income, and sales tax elasticity: Estimates from dynamic heterogeneous panels ［J］. National Tax Journal, 2018,71(3): 521 - 546.

［7］Anderson N B. Property Tax limitations: an interpretative review ［J］. National Tax Journal. 2006,59(3):685 - 694.

［8］Arnott R J, James G. Mackinnon. The effects of the property tax: a general equilibrium simulation ［J］. Journal of Urban Economics, 1977(4):389 - 407.

［9］Arrondel L, Lefebvre B. Consumption and investment motives in housing wealth accumulation: a French study ［J］. Journal of Urban Economics, 2001,50(1):112 - 137.

［10］Atkinson A B. On the measurement of inequality ［J］. Journal of Economic Theory. 1970, 2:244 - 263.

［11］Bahl R. International government transfers in developing and transition countries: principles and practice ［R］. in urban and local government background series, World Bank Report, NO. 21097,2000.

［12］Bahl R. Fiscal decentralization as development policy ［J］. Public budgeting and finance, 2004,19(2):59 - 75.

［13］Bahl R, Martinez-Vazquez J. Sequencing fiscal decentralization ［R］. World Bank Policy Research Working Paper, NO. 3914,2006.

［14］Bahl R, Martinez-Vazquez J. The property tax in developing countries: Current practice and prospects ［R］, Lincoln Institute of Land Policy Working Paper, 2007.

[15] Bahl R, Sally Wallace. Reforming the property tax in developing countries: a new approach [R], International Studies Program Working Paper, NO. 08 - 19,2008.

[16] Bahl R W, Johannes F. Linn. Governing and financing cities in developing world [R]. Lincoln Institute of Land Policy, Policy Focus Report, 2014.

[17] Banzhaf H S, Nathan Lavery. Can the land tax help curb urban sprawl? Evidence from growth patterns in Pennsylvania [J]. Journal of Urban Economics. 2010,67(2):169 - 179.

[18] Barro R J. Government spending in a simple model of endogenous growth [J]. Journal of Political Economy. 1990,98(S5):103 - 125.

[19] Barrows R, Bonderud K. The distribution of tax relief under farm circuit-breakers: Some empirical evidence [J]. Land Economics. 1988,64(1):15 - 27.

[20] Bator F M. The anatomy of market failure [J]. The Quarterly Journal of Economics, 1958,72(3):351 - 379.

[21] Besly T, Anne Case. Incumbent behavior: vote-seeking, tax-setting, and yardstick competition [J]. American Economic Review, 1995,85(1):25 - 45.

[22] Bird R M. Subnational taxation in developing countries: a review of the literature [R]. The World Bank Policy Research Working Paper No. 5450,2010.

[23] Bird R M. A new look at local business taxes [J]. Tax Notes International, 2003,30(7): 695 - 711.

[24] Bowman J H. Property Tax Circuit Breakers in 2007: Features, use, and policy issues [R]. Lincoln Institute of Land Policy, WP08JB1,2008.

[25] Brueckner J K, A. Saavedra. Do local governments engage in strategic property-tax competition [J]? National Tax Journal, 2001,54(2):203 - 230.

[26] Brueckner J K, Hyun-A Kim. Urban pprawl and the property tax [J]. International Tax and Public Finance, 2003(1):5 - 23.

[27] Brueckner J K. Fiscal decentralization with distortionary taxation: Tiebout vs. tax competition [J]. International Tax and Public Finance, 2004,11(1):133 - 153.

[28] Brunori D, Michael E. Bell. Property Taxes and Local Autonomy. The property tax and local autonomy, edited by Michael E. Bell, David Brunori, and Joan Youngman, Cambridge, Massachusetts: Lincoln Institute of Land Policy, 2010 [J].

[29] Buchanan J M. An economic theory of clubs [J]. Economica, 1965,32(125):1 - 14.

[30] Cabral M, Hoxby C. The hated property tax: salience, tax rates, and tax revolts [R]. NBER Working Papers, WP 18514,2012.

[31] Case K E, Grant J H. Property tax incidence in a multijurisdictional neoclassical model [J]. Public Finance Quarterly, 1991,19(4):379 - 392.

[32] Chamley C. Optimal taxation of capital income in general equilibrium with infinite lives [J]. Econometrica. 1986,54(3):607 - 622.

[33] Cho S H, Kim S G, Lambert D M, et al. Impact of a two-rate property tax on residential densities [J]. American Journal of Agricultural Economics. 2013,95(3):685 - 704.

[34] Chorvat T R. Perception and Income: The behavioral economics of the realization doctrine [J]. Connecticut Law Review, 2003,36:75 - 124.

[35] Cohen J D. The vulcanization of the human brain: a neural perspective on interactions between cognition and emotion [J]. The Journal of Economic Perspectives, 2005,19(4): 3 - 24.

[36] CowingT G, Holtmann A G. The distributional impact of local public service

consolidation: A Case Study [J]. Land Economics, 1974,50(4):348-363.

[37] Dahlby B. The marginal cost of public funds and the flypaper effect [J]. International Tax and Public Finance, 2011,18(3):304-321.

[38] Do A Q, Sirmans C F. Residential property tax capitalization: discount rate evidence from California [J]. National Tax Journal, 1994,47(2):341-348.

[39] Dong, Feng, Yumei Guo, Yuchao Peng, Zhiwei Xu. Economic slowdown and housing dynamics in China: a tale of two investments by firms [R], SSRN Working Paper, 3334337,2019.

[40] Edgeworth F Y. The pure theory of taxation [J]. The economic Journal, 1897,7(25):46-70.

[41] Elder H. Exploring the tax revolt: an analysis of the effects of state tax and expenditure limitation laws [J]. public finance quarterly, 1992,20(1):47-63.

[42] Fischel W A. Property taxation and the Tiebout model: evidence for the benefit view from zoning and voting [J]. Journal of Economic Literature, 1992,30(1):171-177.

[43] Fischel W A. Municipal corporations, homeowners and the benefit view of the property tax [J]. in Oates, W. E., ed., Property Taxation and Local Government Finance, Lincoln Institute of Land Policy, Cambridge MA, 2001:33-77.

[44] Fischel W A. The homevoter hypothesis: how home values influence local government taxation, school finance, and land-use policies [M], Harvard Univ. Press, Cambridge, MA, 2001.

[45] Fischel W A. Homevoters, municipal corporate governance, and the benefit view of the property tax [J]. National Tax Journal, 2001,(54):157-173.

[46] Fischel W A. Politics in a dynamic view of land-use regulations: Of interest groups and homevoters [J]. Journal of Real Estate Finance and Economics, 2005,31(4):397-403.

[47] Gadenne L. Tax me, but spend wisely? sources of public finance and government accountability [J]. American Economic Journal: Applied Economics, 2017, 9 (1): 274-314.

[48] Glennon R J. Taxation and equal protection [J]. George Washington Law Review, 1990, 58:261-307.

[49] Gibbons S, Machin S, Silva O. Valuing school quality using boundary discontinuities [J]. Journal of Urban Economics, 2013,75(5):15-28.

[50] Golosov M, Kocherlakota N, Tsyvinski A. Optimal indirect and capital taxation [J]. The Review of Economic Studies. 2003,70(3):569-587.

[51] Goodspeed T J. Tax structure in a federation [J]. Journal of Public Economics. 2000,75 (3):493-506.

[52] Gruber J. Public finance and public policy [M]. New York: Worth Publishers, 2007.

[53] Hamilton B W. Zoning and property taxation in a system of local governments [J]. Urban Studies, 1975,12(2):205-211.

[54] HamiltonB W. Capitalization of intrajurisdictional differences in local tax prices [J]. The American Economic Review, 1976,66(5):743-753.

[55] Harriss C L. Property taxation: what's good and what's bad about it? [J]. The American Journal of Economics and Sociology, 1974,33(1):89-102.

[56] Hayek F A. The use of knowledge in society [J]. American Economic Review, 1945,35 (4):519-530.

［57］ James A, MohammadY. Spatiality and persistence in U. S. individual income Tax Compliance ［J］. National Tax Journal. 2009,62(1):101 - 124.

［58］ James C, LoweryD. The impact of the tax Revolt Era State fiscal caps ［J］. Social Science Quarterly. 1990,71(3):492 - 509.

［59］ Judd K L. Redistributive taxation in a simple perfect foresight model ［J］. Journal of Public Economics, 1985,28(1):59 - 83.

［60］ Kain J F, Quigley J M. Note on owners Estimate of housing value ［J］. Journal of American Statistical Association, 1972,67(340):803 - 806.

［61］ Kakwani. Measurement of tax progressivity: an international comparison ［J］. The Economic Journal, 1977,87:71 - 80.

［62］ Kakwani. Income inequality and poverty methods of estimation and policy applications ［M］. Oxford University Press, 1980.

［63］ Kakwani. On the measurement of tax progressivity and redistributive effect of taxes with applications to horizontal and vertical equity ［J］. Advances in Econometrics, 1984,3:149 - 168.

［64］ Kaplow L, Shavell S. Fairness versus welfare ［M］. Cambridge, MA: Harvard University Press, 2002.

［65］ Kim J, Kim M, Chun S. Property tax and its effects on strategic behavior of leasing and selling for a durable-goods monopolist ［J］. International Review of Economics & Finance, 2014,29(1):132 - 144.

［66］ Krantz D P, WeaveR D, AlterT R. Residential property tax capitalization: consistent estimates using micro-level data ［J］. Land Economics, 1982,58(4):488 - 496.

［67］ Kuchumova Y. The optimal deterrence of tax evasion: the trade-off between information reporting and audits ［J］. Journal of Public Economics, 2017,145(1):162 - 180.

［68］ Iacoviello M, Neri S. Housing market spillovers: evidence from an estimated DSGE model ［J］. American Economic Journal: Macroeconomics, 2010,2(2):64 - 125.

［69］ Ledgerwood A, Liviatan I, Carnevale P J. Group-identity completion and the symbolic value of property ［J］. Psychological Science, 2007,18(10):873 - 878.

［70］ Lindahl E. Just taxation: a positive solution. In Musgrave R. A. , Peacock A. T. eds. Classics in the Theory of Public Finance ［M］. International Economic Association Series, Palgrave Macmillan, London, 1958.

［71］ Maestri V. Imputed rent and distributional effects of housing-related policies in Estonia, Italy and the United Kingdom ［J］. Baltic Journal of Economics, 2013,13(2):37 - 60.

［72］ Martinez-Vazquez J. Fiscal decentralization in Peru: a perspective on recent developments and future challenges ［J］. Journal of Korea Navigation Institute, 2013,17(6):285 - 296.

［73］ Matsusaka J G. Fiscal effects of the voter initiative: evidence from the last 30 years ［J］. Journal of Political Economy, 1995,103(3):587 - 623.

［74］ May P, Zaki M. The Michigan circuit breaker and its impact on the incidence of the property tax ［J］. American Journal of Economics and Sociology, 1980,39(2):169 - 181.

［75］ Mazzola U. The formation of the prices of public goods. In Musgrave R. A. , Peacock A. T. eds. Classics in the Theory of Public Finance ［M］. International Economic Association Series. Palgrave Macmillan, London, 1958.

［76］ McCluskey W J, Francis A. S. Plimmer, and Owen P. Connellan. Property tax banding: a solution for developing countries ［J］. Assessment Journal (March/April):37 - 57,2002.

［77］ Mcdonald J F. Incidence of the property tax on commercial real estate: the case of downtown Chicago ［J］. National Tax Journal, 1993,46(2):109 – 120.

［78］ McGuire M. Group composition, collective consumption, and collaborative production ［J］. American Economic Review, 1991,81(5):1391 – 1407.

［79］ Mieszkowski P. The property tax: An excise tax or a profits tax ［J］? Journal of Public Economics, 1972,(1):73 – 96.

［80］ Mieszkowski P M, George R. Zodrow. The new view of property tax: a reformulation ［J］. Regional Science & Urban Economics, 1986,16(3):309 – 327.

［81］ Mieszkowski P, George R. Zodrow. Taxation and the Tiebout model: the differential effects of head taxes, taxes on land rents, and property taxes ［J］. Journal of Economic Literature, 1989,27(3):1098 – 1146.

［82］ Mill J S. Principles of political economy ［M］. The Project Gutenberg Ebook of Principles of political economy by John Stuart Mill, 1965, http://www. gutenberg/license.

［83］ Mirrlees J A. An exploration in the theory of optimum income taxation ［J］. The Review of Economic Studies, 1971,38(2):175 – 208.

［84］ Mitchell W E. Equity effects of property tax relief for the aged: the circuit-breaker legislation ［J］. The American Journal of Economics and Sociology, 1973,9(1):324 – 367.

［85］ Montinola G, Qian Y, Weingast B. Federalism, Chinese style: the political basis for economic success in China ［J］. World Politics, 1995,48(1):50 – 81.

［86］ Musgrave R A, Thin T. Income tax progression, 1929 – 1948 ［J］. Journalof Political Economy, 1948,56(6):498 – 514.

［87］ Musgrave R A. The theory of public finance ［M］. New York: McGraw-Hill, 1959.

［88］ Netzer D. Economics of the property tax ［M］. Washington, D. C: Brookings Istitution, 1966.

［89］ Oates W E. The effects of property taxes and local public spending on property values: an empirical study of tax capitalization and the Tiebout hypothesis ［J］. Journal of Political Economy, 1969,77(6):957 – 971.

［90］ Oates W E. Fiscal federalism ［M］. New York: Harcourt Brace Jovanovich, 1972.

［91］ Oates W E. An essay on fiscal federalism ［J］. Journal of Economic Literature, 1999,37(3):1120 – 1149.

［92］ O'Sullivan A, Sexton T A, Sheffrin S M. Differential burdens from the assessment provisions of Proposition 13 ［J］. National Tax Journal, 1994,47(4):721 – 729.

［93］ O'Sullivan A, Sexton T A, Sheffrin S M. Property taxes and tax revolts, the legacy of Proposition 13 ［M］. Cambridge: Cambridge University Press, 1995.

［94］ Pantaleoni M. Contribution to the theory of the distribution of public expenditure. In Musgrave R. A. , Peacock A. T. eds. Classics in the Theory of Public Finance ［M］. International Economic Association Series. Palgrave Macmillan, London, 1958.

［95］ Pigou A C. The economics of welfare ［M］ Macmillan and Co. , Limited ST. Martins Street, London, 1920.

［96］ Pleydell A. Equity in real property taxation American ［J］. Journal of Economics and Sociology, 2006,9(1):32 – 34.

［97］ Plotnick R. A measure of horizontal equity ［J］. Review of Economics and Statistics, 1981,63:283 – 288.

[98] Prager D. The most dangerous addiction of them all: entitlements [EB/OL]. http://www. dennisprager. com/the-most-dangerous-addiction-of-them-all-entitlements, 2017.

[99] Preston A E, Ichniowski C. A national perspective on the nature and effects of the local property tax revolt, 1976 - 1986 [J]. National Tax Journal, 1992,44(2):123 - 45.

[100] Ramsey F P. A conttribution to the theory of taxation [J]. Economic Journal, 1927,37(145):47 - 61.

[101] Rawls J. A theory of justice [M]. Cambridge, MA: Harvard University Press, 1971.

[102] Samuelson P A. The pure theory of public expenditure [J]. Review of Economics and Statistics, 1954,36(4):387 - 389.

[103] Samuelson P A. Diagrammatic exposition of a theory of public expenditure [J]. The Review of Economics and Statistics, 1955,37(4):350 - 356.

[104] SandlerT, TschirhartJ T. The economic theory of clubs: An evaluative survey [J]. Journal of Journal of Economic Literature, 1980,18(4):1481 - 1521.

[105] Sepulveda C F, Martinez-Vazquez J. The consequences of fiscal decentralization on poverty and income inequality [J]. Environment and Planning C-government and Policy, 2011,29(2):321 - 343.

[106] Sheffrin S M. Tax fairness and folk justice [M]. New York: Cambridge University Press, 2013.

[107] Shah A. The reform of intergovernmental fiscal relations in developing and emerging market countries [R]. Washington, DC: World Bank, 1994.

[108] Simon H A. The incidence of a tax on urban real property [J]. The Quarterly Journal of Economics, 1943,57(3):398 - 420.

[109] Sjoquist. A median voter analysis of variations in the use of property taxes among local governments [J]. Public Choice, 1981,36(2):273 - 285.

[110] Skidmore M, Tosun M S. Property value assessment growth limits, tax base erosion, and regional inmigration [J]. Public Finance Review, 2011,39(2):256 - 287.

[111] Slack E. Property tax reform in developing countries [Z], Fourth IMF-Japan High-Level Tax Conference for Asian Countries, Tokyo, 2013.

[112] Song Y, Yves Zenou. Property tax and urban sprawl: Theory and implications for US cities [J]. Journal of Urban Economics, 2006,60(3):519 - 534.

[113] Song Y, Yves Zenou. How differences in property taxes within cities affect urban sprawl [J]. Journal of Regional Science, 2009(5):801 - 831.

[114] Stigler G J. Tenable range of functions for local government [M]. Washington. D. C: Norton, 1957.

[115] Stiglitz J E. Markets, market failures, and development [J]. The American Economic Review, 1989,79(2):197 - 203.

[116] Tajani F, Pierluigi Morano, Carmelo Torre, et al. An analysis of the influence of property tax on housing prices in the Apulia Region (Italy) [J]. Buildings, 2017, 7(3):67.

[117] Ter-Minassian T. Intergovernmental fiscal relations in a microeconomic perspective: an overiew, in Teresa Ter-Minassian ed. , Fiscal Federalism In Theory And Practice [M]. Washington, DC: International Monetary Fund, 1997.

[118] Tiebout C M. A pure theory of local expenditures [J]. The Journal of Political Economy, 1956,64(5):416 - 424.

[119] Tray D, Fernandez J. Distributional impacts of the property tax revolt [J]. National Tax Journal, 1986,39(4):435 - 450.

[120] Tsui K. Local tax system, intergovernmental transfers and China's local fiscal disparities [J]. Journal of Comparative Economics, 2005,33:173 - 196.

[121] Turnbull G K. The effects of local taxes and public services on residential development patterns [J]. Journal of Regional Science, 1988,28(4):541 - 562.

[122] Wasi N, White M J. Property Tax Limitations and Mobility: Lock-in Effect of California's Proposition 13 [R]. Brookings-Wharton Papers, 2005.

[123] Waters E C, HollandDW, Weber B A. Economic impacts of a property tax limitation: a computable general equilibrium analysis of Oregon's measure 5 [J]. Land Economics, 1897,73(1):72 - 89.

[124] Weingast B R. Second generation fiscal federalism: the implication of fiscal incentives [J]. Journal of urban Economics, 2009,65(3):279 - 293.

[125] Wheare K C. Federal government [M]. London: Oxford University Press, 1964.

[126] Wicksell K. A new principle of just taxation. In Musgrave R. A. , Peacock A. T. eds. Classics in the Theory of Public Finance [M]. International Economic Association Series. Palgrave Macmillan, London, 1958.

[127] Wong C. Can the retreat from equality be reversed? an assessment of redistributive fiscal policies from Deng Xiaoping to Wen Jiabao, in Vivienne Shue and Christine Wong eds. , Paying for progress in China [M]. New York: Routledge, 2007.

[128] Yinger J. Hedonic markets and sorting equilibria: Bid-function envelopes for public services and neighborhood amenities [J]. Journal of Urban Economics, 2015,86(March): 9 - 25.

[129] Young I M. Inclusion and democracy [M]. New York: Oxford University Press, 2000.

[130] Youngman J M. Taxing and untaxing land: current use assessment of farmland [J]. State Tax Notes, 2005,9(5):727 - 738.

[131] Zhang C. A fiscal sociological theory of authoritarian resilience: developing theory through China case studies [J]. Sociological Theory, 2017,35(1):39 - 63.

[132] Zodrow G R, Peter Mieszkowsk. Pigou, Tiebout, property taxation, and the underprovision of local public goods [J]. Journal OfUrban Economics, 1986 (19): 356 - 370.

[133] Zodrow G R. The propertytax as a capital tax: a room with three views [J]. National Tax Journal, 2001(54):139 - 156.

[134] Zodrow G R. The property tax incidence debate and the mix of state and local finance of local public expenditures [J]. CESifo Economic Studies, 2008,53(4):495 - 521.

[135] 安体富,王海勇.我国房地产市场发展和房地产税收制度改革研究[J].经济研究参考, 2005,(43):19 - 27.

[136] 安体富,金亮.关于开征物业税的几个理论问题[J].税务研究,2010,(6):36 - 44.

[137] 安体富,葛静.关于房产税改革的若干问题探讨——基于重庆、上海房产税试点的启示 [J].经济研究参考,2012,(45):12 - 21.

[138] 巴曙松,杨现领.从城镇化大趋势看房地产市场的未来发展[J].东岳论丛,2020,41(2): 5 - 17.

[139] 白文周,刘银国,卢学英.沪渝房产税扩围房价效应识别——基于反事实分析的经验证据 [J].财贸研究,2016,27(1):70 - 79.

[140] 白彦锋. 物业税可行吗？[J]. 经济管理,2007,(9):80-82.

[141] 白彦锋. 国内反对房地产税的文献综述及理论分析[J]. 财政监督,2017,(19):28-36.

[142] 庇古. 福利经济学[M]. 金镝,译. 北京:华夏出版社,2007.

[143] 曾红颖. 我国基本公共服务均等化标准体系及转移支付效果评价[J]. 经济研究,2012,(6):20-32+45.

[144] 柴国俊,王希岩. 开征房产税能够降低房价并替代土地财政吗？[J]. 河北经贸大学学报,2017,38(6):55-62.

[145] 陈蓓,许燕. 地方税制的内外环境建设探析[J]. 云南财贸学院学报,1999,(4):36-40.

[146] 陈杰. 开征房产税条件尚不成熟[J]. 中国房地产. 2011,(1):45-46.

[147] 陈哲. 我国住宅保有税税收公平效应及改进研究[J]. 重庆科技学院学报(社会科学版),2011,(8):63-66.

[148] 程丹润. 房产税改革及对地方财政的影响[J]. 经济研究参考,2013,(21):38-49.

[149] 邓菊秋,朱克实. 英国房产税的功能定位及其启示[J]. 税务研究,2015,(12):82-85.

[150] 邓子基. 建立和健全我国地方税系研究[J]. 福建论坛(人文社会科学版),2007,(1):10-15.

[151] 段梦,娄峰,陈媛媛. 居民房产税改革对国民经济影响的实证研究[J]. 经济问题探索,2021,(3):53-60.

[152] 范子英,刘甲炎. 为买房而储蓄——兼论房产税改革的收入分配效应[J]. 管理世界,2015,(5):18-27.

[153] 范子英,张航,陈杰. 公共交通对住房市场的溢出效应与虹吸效应[J]. 中国工业经济,2018,(5):99-117.

[154] 甘犁,冯帅章. 以微观数据库建设助推中国经济学发展[J]. 经济研究,2019,(4):204-208.

[155] 甘行琼,刘大帅. 论户籍制度、公共服务均等化与财政体制改革[J]. 财政研究,2015,(3):91-96.

[156] 甘行琼,刘大帅. 完善地方税体系促进流动人口公共服务供给[J]. 税务研究,2016,(12):33-38.

[157] 郭庆旺,吕冰洋. 地方税系建设论纲:兼论零售税的开征[J]. 税务研究,2013,(11):9-14.

[158] 谷成. 财政分权下的中国财产税改革[J]. 经济理论与经济管理,2006,(8):19-23.

[159] 谷成. 房产税改革再思考[J]. 财经问题研究,2011,(4):91-97.

[160] 谷成. 个人住房财产税征收要件[J]. 财经问题研究,2015,(10):74-81.

[161] 何辉,樊丽卓. 房产税的收入再分配效应研究[J]. 税务研究,2016,(12):48-52.

[162] 何杨,王蔚,陈昱锦. 我国地方税收入稳定性研究[J]. 税务研究,2017,(8):86-92.

[163] 侯一麟,任强,张平. 房产税在中国:历史、试点与探索[M]. 北京:科学出版社,2014.

[164] 侯一麟,马海涛. 中国房地产税设计原理和实施策略分析[J]. 财政研究,2016,(2):65-78.

[165] 侯一麟,任强,马海涛. 中国房地产税税制要素设计研究[M]. 北京:经济科学出版社,2016.

[166] 胡洪曙,杨君茹. 财产税替代土地出让金的必要性及可行性研究[J]. 财贸经济,2008,(9):57-61.

[167] 胡洪曙. 开征财产税后的地方财力缺口测算研究[J]. 财贸经济,2011,(10):17-24.

[168] 胡怡建,范桠楠. 我国房地产税功能应如何定位[J]. 财政研究,2016,(1):46-53.

[169] 胡怡建,杨海燕. 我国房地产税改革面临的制度抉择[J]. 税务研究,2017,(6):40-45.

[170] 华莱士·E·奥茨(Wallence E. Oates). 财政联邦主义[M]. 陆符嘉,译. 南京:译林出版

社,2012.

[171] 黄潇.房产税调节收入分配的机理、条件与改革方向[J].西部论坛,2014,24(1):38-45.

[172] 贾康.房产税改革:美国模式和中国选择[J].人民论坛,2011,(3):48-50.

[173] 贾康.从治标到治本:房地产业政策调控与房产税制度创新[J].北京工商大学学报(社会科学版),2017,32(2):1-9.

[174] 蒋震,高培勇.渐进式推进个人房产税改革[J].宏观经济研究,2014,(6):8-12.

[175] 刘尚希,朱长才,张学诞,程丹润,施文泼,陈龙.资源税、房产税改革及对地方财政影响分析[J].财政研究,2013,(7):3-18.

[176] 况伟大.住房特性、物业税与房价[J].经济研究,2009,(4):151-160.

[177] 况伟大.房产税、地价与房价[J].中国软科学,2012,(4):25-37.

[178] 况伟大.开征房产税对预期房价的影响[J].世界经济,2013,36(6):145-160.

[179] 李阿姣.房地产税对收入差距的影响及其福利效应模拟[J].统计与决策,2021,(24):136-141.

[180] 李长生.房地产税功能定位的国际比较研究[J].经济体制改革,2017,(6):166-170.

[181] 李娇,向为民.房产税收入分配效应的实证检验——基于结构和整体的视角[J].当代财经,2013,(12):28-35.

[182] 李升.地方税体系:理论依据、现状分析、完善思路[J].财贸经济,2012,(6):36-42.

[183] 李万甫,韩庆玲.地方税制改革发展问题研究[J].税务研究,2006,(11):38-42.

[184] 李文.我国房地产税收入数量测算及其充当地方主体税种的可行性分析[J].财贸经济,2014,(9):14-25.

[185] 李言.组合式房产税改革的宏观经济效应——兼顾居民用房与商业用房的DSGE框架分析[J].经济与管理研究,2019,40(12):29-42.

[186] 厉以宁,吴易风,李懿.西方福利经济学述评[J].北京:商务印书馆,2020.

[187] 李云广.地方税制改革存在的问题及对策[J].陇东学院学报(社会科学版),2006,(4):69-73.

[188] 刘甲炎,范子英.中国房产税试点的效果评估[J].世界经济,2013,36(11):117-135.

[189] 刘建丰,于雪,彭俞超,许志伟.房产税对宏观经济的影响效应研究[J].金融研究,2020,(8):34-53.

[190] 刘剑文.房产税改革正当性的五维建构[J].法学研究.2014,36(2):131-151.

[191] 刘楠楠,李阿姣.我国房地产税的税率设计与社会福利效应[J].财经科学,2021,(10):123-132.

[192] 刘蓉.房产税税制的国际比较与启示[J].改革,2011,(3):145-148.

[193] 刘蓉,李阿姣.试论我国房地产税与公共服务的对应性[J].税务研究,2018,(12):82-86.

[194] 刘蓉,张巍,陈凌霜.房地产税非减(豁)免比率的估计与潜在税收收入能力的测算——基于中国家庭金融调查数据[J].财贸经济,2015,(1):54-64.

[195] 刘金东.新房产税的公平性——基于购房款的代际赠与视角[J].现代财经(天津财经大学学报),2015,35(11):37-45.

[196] 刘明慧.物业税功能定位与税制要素设计[J].税务研究,2009,(10):47-50.

[197] 刘群.地方税制的国际比较及其借鉴[J].山东财政学院学报,1996,(4):37-41.

[198] 刘守英,王志锋,张维凡,熊雪锋."以地谋发展"模式的衰竭——基于门槛回归模型的实证研究[J].管理世界,2020,36(6):80-92+119.

[199] 吕冰洋,张凯强.转移支付和税收努力:政府支出偏向的影响[J].世界经济,2018,41(7):98-121.

[200] 骆永民,伍文中.房产税改革与房价变动的宏观经济效应——基于DSGE模型的数值模

拟分析[J].金融研究,2012,(5):1-14.

[201] 马国强,李晶.房产税改革的目标与阶段性[J].改革,2011,(2):130-132.

[202] 马克和.国外构建地方税体系的实践经验借鉴[J].税务研究,2016,(12):38-42.

[203] 马旭东.房产税能抑制房价吗?——基于文献的综述和征管伦理的探析[J].财经理论研究,2021,(3):55-62.

[204] 满燕云.借鉴国际经验完善我国房产税制[J].涉外税务,2011,(5):11-16.

[205] 毛丰付,李言.房产税改革会对经济产生冲击吗?——基于包含异质性家庭的DSGE框架分析[J].商业经济与管理,2017,(10):83-96.

[206] 秦蕾.我国房地产税收功能定位研究[J].社会科学研究,2010,(6):31-33.

[207] 曲卫东,延扬帆.物业税内涵研究及税负测算分析[J].华中师范大学学报(人文社会科学版),2008,47(6):48-56.

[208] 任强,侯一麟,马海涛.公共服务资本化与房产市值:对中国是否应当开征房地产税的启示[J].财贸经济,2017,(12):66-79.

[209] 石子印.中国地方税:配置机理与体系重构[J].财贸研究,2015,26(1):91-97.

[210] 司言武,朱伟松,沈玉平.中国房产税税率设计研究——基于浙江省Y县的实证分析[J].财经论丛,2014,(4):9-17.

[211] 唐飞鹏.地方税收竞争、企业利润与门槛效应[J].中国工业经济,2017,(7):99-117.

[212] 唐菊.从公平与效率角度看物业税的开征[J].经济论坛,2006,(8):111-112.

[213] 王国华,马衍伟.财产税应当成为我国地方税的主体税种[J].福建论坛(人文社会科学版),2005,(3):14-19.

[214] 王家庭,曹清峰.房产税能够降低房价吗——基于DID方法对我国房产税试点的评估[J].当代财经,2014,(5):34-44.

[215] 王乔,席卫群,张东升.对我国地方税体系模式和建构的思考[J].税务研究,2016,(8):3-8.

[216] 王智波.物业税可行吗?一个否定的判定[J].税务研究.2008,(4):45-47.

[217] 韦志超,易纲.物业税改革与地方公共财政[J].经济研究,2006,(3):15-24.

[218] 夏商末.房产税:能够调节收入分配不公和抑制房价上涨吗[J].税务研究,2011,(4):19-25.

[219] 谢文婷,曲卫东.中国房地产税改革路径:演进过程、关键问题与研究困境[J].经济社会体制比较,2021,(7):47-55.

[220] 亚当·斯密.国民财富的性质和原因的研究[M].郭大力,王亚南译,北京:商务印书馆,1983.

[221] 杨龙见,岳童,王佳文,邵磊.房产税、资源配置与城市生产效率[J].财经研究,2021,(2):50-64.

[222] 杨卫华,严敏悦.应选择企业所得税为地方税主体税种[J].税务研究,2015,(2):42-50.

[223] 杨耀武,杨澄宇.中国基尼系数是否真地下降了?——基于微观数据的基尼系数区间估计[J].经济研究,2015,(3):75-86.

[224] 杨志勇.物业税能否彻底改变地产运营格局[J].现代商业银行,2006,(8):18-20.

[225] 杨志勇.中国地方税系的构建与完善问题探讨[J].涉外税务,2013,(6):14-18.

[226] 杨志勇.税制结构:现状分析与优化路径选择[J].税务研究,2014,(6):10-14.

[227] 杨志勇.稳步推进房地产税立法的主要争议及对策思路[J].税务研究,2019,(8):10-14.

[228] 姚涛.促进财富公平分配的房产税制度创新路径研究[J].地方财政研究,2015,(2):13-17.

[229] 叶剑平.房产税,后土地财政时期的制度选择[J].中国地产市场,2012,(9):94.

[230] 尹音频,魏彧. 房产税与房地产市场价格及结构——基于上海房产税试点的经验数据分析[J]. 税务与经济,2014,(3):96-100.

[231] 尹音频,金强. 房地产税免征模式:社会福利效应的测度与比较[J]. 税务研究,2019,(4):31-36.

[232] 俞成锦,余英. 房产税代替土地出让金的政策效应——基于可计算一般均衡模拟分析[J]. 地方财政研究,2016,(2):65-73.

[233] 于静静,周京奎. 房产税、房价与住房供给结构——基于上海、重庆微观数据的分析[J]. 经济问题探索,2016,(1):42-48.

[234] 虞燕燕. 不动产税税率设定的实证研究——以宁波市为例[D]. 杭州:浙江大学,2007.

[235] 张平,侯一麟. 中国城镇居民的房地产税缴纳能力与地区差异[J]. 公共行政评论,2016,9(2):135-154.

[236] 张平,侯一麟. 房地产税的纳税能力、税负分布及再分配效应[J]. 经济研究,2016,(12):118-132.

[237] 张平,侯一麟. 中国城镇居民的房地产税纳税意愿——基于不同减免方案的模拟分析[J]. 公共行政评论,2019,12(2):45-64.

[238] 张平,侯一麟,李博. 房地产税与房价和租金——理论模拟及其对中国房地产税开征时机的启示[J]. 财贸经济,2020,(11):35-50.

[239] 张小岳. 基于重庆、上海房产税试点经验探讨我国房产税改革[J]. 长春大学学报,2014,24(1):29-33.

[240] 张学诞. 房地产税改革对地方财政的影响[J]. 中国财政,2013,(17):20-21.

[241] 赵胜民,罗琦. 动态随机一般均衡模型视角下的预期冲击与住房价格波动[J]. 南方经济,2015,(2):37-52.

[242] 郑思齐,孙伟增,满燕云. 房产税征税条件和税收收入的模拟测算与分析——基于中国245个地级及以上城市大样本家庭调查的研究[J]. 广东社会科学,2013,(4):5-15.

[243] 钟学义. 质疑《一种改进的Gini系数》[J]. 数量经济技术经济研究,2005,(8):159.

[244] 周建军,任娟娟,鞠方. 房产税能否抑制实体经济"脱实向虚"——来自上海和重庆的经验分析[J]. 财经科学,2021,(2):84-94.

[245] 朱青. 完善我国地方税体系的构想[J]. 财贸经济,2014,(5):5-13.

[246] 朱青. 论"新发展格局"下的财税改革[J]. 财贸经济,2021,(5):31-42.

附　录

1. 附表1

省市各变量描述性统计

省市	变量	均值	标准差	最小值	最大值	观察值个数
北京	财政缺口	23.9200	0.8860	22.7225	25.4409	21
	土地出让金	24.5522	1.0594	22.6872	25.9396	21
	住宅商品房销售价格	9.1814	0.6098	8.3871	10.1204	21
山西	财政缺口	24.6141	0.9081	22.7535	25.7502	21
	土地出让金	22.8466	1.6631	18.7643	24.5559	21
	住宅商品房销售价格	7.6626	0.4756	6.8887	8.3926	21
内蒙古	财政缺口	24.9555	0.9063	23.1501	26.0087	21
	土地出让金	22.6519	1.7633	18.7355	24.5671	21
	住宅商品房销售价格	7.5485	0.4688	6.8865	8.2815	21
辽宁	财政缺口	25.0047	0.7612	23.6039	26.0193	21
	土地出让金	24.2923	1.3026	21.2427	26.2013	21
	住宅商品房销售价格	8.0072	0.3267	7.4697	8.5797	21
吉林	财政缺口	24.8656	0.8518	23.3136	25.9257	21
	土地出让金	22.9231	1.3985	19.7504	24.4414	21
	住宅商品房销售价格	7.7520	0.4403	7.1196	8.4614	21
上海	财政缺口	23.9837	0.6160	22.9626	25.1367	21
	土地出让金	24.4655	1.0765	21.9674	25.6011	21

省市	变量	均值	标准差	最小值	最大值	观察值个数
	住宅商品房销售价格	9.0400	0.5976	8.0398	9.9638	21
江苏	财政缺口	24.7034	0.8790	23.3715	26.2176	21
	土地出让金	25.6253	1.3568	22.2096	27.0264	21
	住宅商品房销售价格	8.1612	0.5171	7.2869	8.9438	21
浙江	财政缺口	24.3340	0.9739	22.9000	25.9904	21
	土地出让金	25.4705	1.2436	22.0346	27.0931	21
	住宅商品房销售价格	8.4924	0.6285	7.4419	9.2609	21
安徽	财政缺口	25.0471	1.0071	23.1596	26.3276	21
	土地出让金	24.2862	1.6944	20.2485	25.9680	21
	住宅商品房销售价格	7.7687	0.5271	6.8908	8.4656	21
福建	财政缺口	24.2490	0.9749	22.6736	25.5958	21
	土地出让金	24.3125	1.3647	20.9520	25.9332	21
	住宅商品房销售价格	8.2586	0.5342	7.4610	8.8859	21
江西	财政缺口	24.8283	1.0401	23.0524	26.2511	21
	土地出让金	23.7035	1.7411	19.4715	25.5214	21
	住宅商品房销售价格	7.5918	0.6272	6.5917	8.4311	21
山东	财政缺口	25.0001	0.9688	23.4010	26.3284	21
	土地出让金	24.9124	1.6301	20.9456	26.6036	21
	住宅商品房销售价格	7.8620	0.4428	7.1357	8.5646	21
河南	财政缺口	25.3790	1.0334	23.5018	26.7022	21
	土地出让金	23.9454	1.7013	20.1973	25.9262	21
	住宅商品房销售价格	7.6140	0.4305	6.8659	8.2902	21
湖北	财政缺口	25.0924	0.9843	23.3766	26.4123	21
	土地出让金	23.9178	2.0299	18.1462	25.9636	21
	住宅商品房销售价格	7.8711	0.4928	7.1204	8.6289	21
湖南	财政缺口	25.1954	1.0106	23.4085	26.5051	21
	土地出让金	23.8692	1.4397	20.5417	25.5511	21
	住宅商品房销售价格	7.5719	0.4615	6.8638	8.2357	21

省市	变量	均值	标准差	最小值	最大值	观察值个数
广东	财政缺口	24.8977	0.9196	23.4900	26.4257	21
	土地出让金	25.0094	1.2396	22.5945	26.6471	21
	住宅商品房销售价格	8.5017	0.3749	7.9763	9.1168	21
广西	财政缺口	24.8974	1.0620	22.9360	26.2863	21
	土地出让金	23.4186	1.3672	20.5932	24.9376	21
	住宅商品房销售价格	7.7687	0.3665	7.1444	8.3321	21
海南	财政缺口	23.5043	1.1278	21.4479	24.9338	21
	土地出让金	22.0612	1.8042	16.8112	23.6158	21
	住宅商品房销售价格	8.3444	0.6054	7.4313	9.1852	21
重庆	财政缺口	24.5214	0.9897	22.7180	25.8882	21
	土地出让金	23.8930	1.6822	20.5088	25.5529	21
	住宅商品房销售价格	7.8002	0.5418	6.9779	8.6279	21
四川	财政缺口	25.4829	1.0364	23.4447	26.7272	21
	土地出让金	24.4485	1.4431	21.2783	25.9991	21
	住宅商品房销售价格	7.7830	0.5242	7.0304	8.4883	21
贵州	财政缺口	24.8577	1.0478	22.9897	26.3209	21
	土地出让金	22.8594	1.7074	19.3370	24.8683	21
	住宅商品房销售价格	7.5364	0.4380	6.9225	8.1707	21
陕西	财政缺口	24.9208	0.9523	23.0270	26.1230	21
	土地出让金	23.1717	1.4909	19.9725	24.8322	21
	住宅商品房销售价格	7.8234	0.5019	6.9017	8.6441	21
青海	财政缺口	24.0838	1.0782	22.1476	25.3486	21
	土地出让金	20.5027	1.8639	16.2134	22.4476	21
	住宅商品房销售价格	7.6496	0.4409	7.0128	8.4532	21
宁夏	财政缺口	23.7486	0.9923	21.8449	24.9049	21
	土地出让金	21.5088	1.5853	17.8586	23.2675	21
	住宅商品房销售价格	7.6374	0.3445	7.0392	8.1955	21

2. 附表 2

各省(直辖市、自治区)模型残差正态分布检验的 p 值

省市	检验方程	JB 检验	Skewness 检验	Kurtosis 检验
北京	财政缺口差分序列	0.33964	0.27796	0.32153
	土地出让金差分序列	0.26731	0.11066	0.75924
	住宅商品房销售价格差分序列	0.25584	0.15023	0.41781
	整体	0.27502	0.12219	0.6296
山西	财政缺口原序列	0.42618	0.40977	0.31102
	土地出让金原序列	0.41848	0.47591	0.26663
	住宅商品房销售价格原序列	0.37382	0.87447	0.16334
	整体	0.49167	0.74997	0.24033
内蒙古	财政缺口原序列	0.28941	0.61455	0.13569
	土地出让金原序列	0.576	0.47229	0.4437
	住宅商品房销售价格原序列	0.36152	0.2204	0.4653
	整体	0.46731	0.51791	0.34129
辽宁	财政缺口差分序列	0.7356	0.89516	0.43982
	土地出让金差分序列	0.70357	0.95552	0.40276
	住宅商品房销售价格差分序列	0.7622	0.67086	0.54713
	整体	0.93208	0.97741	0.64602
吉林	财政缺口差分序列	0.60191	0.67938	0.35812
	土地出让金差分序列	0.57259	0.3339	0.6701
	住宅商品房销售价格差分序列	0.5854	0.34406	0.6751
	整体	0.78318	0.57246	0.75261
上海	财政缺口差分序列	0.72109	0.42049	0.94354
	土地出让金差分序列	0.87016	0.85625	0.62037
	住宅商品房销售价格差分序列	0.61191	0.49557	0.47173
	整体	0.92739	0.76594	0.85704

续表

省市	检验方程	JB 检验	Skewness 检验	Kurtosis 检验
江苏	财政缺口差分序列	0.71272	0.82462	0.42801
	土地出让金差分序列	0.97496	0.83751	0.92587
	住宅商品房销售价格差分序列	0.32383	0.54505	0.16934
	整体	0.81097	0.92814	0.47067
浙江	财政缺口原序列	0.395	0.52613	0.22758
	土地出让金原序列	0.26134	0.99989	0.10137
	住宅商品房销售价格原序列	0.34618	0.15005	0.82337
	整体	0.35312	0.48007	0.24171
安徽	财政缺口原序列	0.48866	0.44484	0.357
	土地出让金原序列	0.22011	0.80882	0.08489
	住宅商品房销售价格原序列	0.29249	0.56383	0.14487
	整体	0.32849	0.8072	0.11444
福建	财政缺口原序列	0.36105	0.68243	0.17146
	土地出让金原序列	0.7037	0.65092	0.48035
	住宅商品房销售价格原序列	0.3182	0.94905	0.13054
	整体	0.53991	0.94511	0.19894
江西	财政缺口原序列	0.40567	0.92412	0.18027
	土地出让金原序列	0.72966	0.69012	0.49234
	住宅商品房销售价格原序列	0.41708	0.53256	0.24363
	整体	0.65183	0.90608	0.30476
山东	财政缺口原序列	0.42458	0.26969	0.48171
	土地出让金原序列	0.48497	0.23609	0.83472
	住宅商品房销售价格原序列	0.36418	0.39323	0.25581
	整体	0.52084	0.3406	0.60847
河南	财政缺口原序列	0.54358	0.67787	0.30629
	土地出让金原序列	0.37194	0.59377	0.19314
	住宅商品房销售价格原序列	0.60135	0.43383	0.52473
	整体	0.6477	0.78442	0.36984

省市	检验方程	JB检验	Skewness 检验	Kurtosis 检验
湖北	财政缺口差分序列	0.95145	0.75267	0.98777
	土地出让金差分序列	0.55793	0.87169	0.28545
	住宅商品房销售价格差分序列	0.62365	0.33166	0.96508
	整体	0.89932	0.78485	0.76668
湖南	财政缺口原序列	0.54009	0.27073	0.89032
	土地出让金原序列	0.38772	0.46746	0.24233
	住宅商品房销售价格原序列	0.38521	0.70285	0.18432
	整体	0.53934	0.59629	0.3693
广东	财政缺口差分序列	0.4483	0.28818	0.49003
	土地出让金差分序列	0.25923	0.65131	0.11415
	住宅商品房销售价格差分序列	0.2744	0.97085	0.10788
	整体	0.33105	0.72114	0.13525
广西	财政缺口差分序列	0.77794	0.96617	0.47932
	土地出让金差分序列	0.74524	0.44445	0.95395
	住宅商品房销售价格差分序列	0.44418	0.25292	0.57406
	整体	0.84387	0.59477	0.84475
海南	财政缺口差分序列	0.66106	0.68431	0.41567
	土地出让金差分序列	0.14697	0.1988	0.13946
	住宅商品房销售价格差分序列	0.45616	0.21071	0.95437
	整体	0.39763	0.33625	0.41539
重庆	财政缺口原序列	0.52486	0.51582	0.35179
	土地出让金原序列	0.28857	0.44215	0.16865
	住宅商品房销售价格原序列	0.46195	0.60493	0.25846
	整体	0.50354	0.73375	0.2573
四川	财政缺口差分序列	0.43229	0.19645	0.92563
	土地出让金差分序列	0.32339	0.83856	0.13656
	住宅商品房销售价格差分序列	0.43175	0.33923	0.38131
	整体	0.46767	0.45339	0.39294

续表

省市	检验方程	JB 检验	Skewness 检验	Kurtosis 检验
贵州	财政缺口原序列	0.29677	0.54539	0.15082
	土地出让金原序列	0.28567	0.89591	0.11467
	住宅商品房销售价格原序列	0.34416	0.27542	0.33132
	整体	0.31453	0.66568	0.13885
陕西	财政缺口原序列	0.44257	0.25152	0.57435
	土地出让金原序列	0.44965	0.83966	0.21201
	住宅商品房销售价格原序列	0.23991	0.64193	0.10428
	整体	0.41386	0.66575	0.21123
青海	财政缺口差分序列	0.46881	0.23527	0.74426
	土地出让金差分序列	0.82861	0.87301	0.55385
	住宅商品房销售价格差分序列	0.54284	0.62398	0.32181
	整体	0.79454	0.6426	0.69655
宁夏	财政缺口原序列	0.41694	0.21331	0.65406
	土地出让金原序列	0.69935	0.70688	0.44876
	住宅商品房销售价格原序列	0.6001	0.98978	0.31224
	整体	0.74581	0.63907	0.61586

3. 附表3

城市各变量描述性统计

城市	变量	均值	标准差	最小值	最大值	观察值个数
广州	财政缺口	23.2664	0.8505	22.1098	25.0441	21
	土地出让金	23.6638	1.2613	20.9368	25.4825	21
	住宅商品房销售价格	8.8673	0.4592	8.2789	9.6483	21
深圳	财政缺口	22.9226	1.4320	19.5553	25.1721	21
	土地出让金	23.1320	1.1931	20.8490	24.9949	21
	住宅商品房销售价格	9.4107	0.6926	8.5180	10.5135	21

城市	变量	均值	标准差	最小值	最大值	观察值个数
南京	财政缺口	21.3017	0.5982	19.9704	22.4408	21
	土地出让金	23.7446	1.3703	20.8140	25.5208	21
	住宅商品房销售价格	8.5893	0.5666	7.8434	9.4792	21
杭州	财政缺口	21.0436	1.3977	17.9744	22.6930	21
	土地出让金	24.2069	1.3825	20.6257	25.9503	21
	住宅商品房销售价格	8.8460	0.6189	7.8615	9.7475	21
成都	财政缺口	22.9455	1.1037	20.7401	24.2440	21
	土地出让金	23.5874	1.7313	19.4065	25.2238	21
	住宅商品房销售价格	8.1593	0.4992	7.3788	8.9316	21
武汉	财政缺口	22.7373	0.9712	20.9986	24.5110	21
	土地出让金	23.2998	1.8954	18.2699	25.5140	21
	住宅商品房销售价格	8.2554	0.5498	7.3960	9.0967	21
郑州	财政缺口	22.0921	1.3552	19.8194	24.5165	21
	土地出让金	22.8494	1.8924	18.5250	25.2496	21
	住宅商品房销售价格	8.0674	0.4545	7.2910	8.7030	21
合肥	财政缺口	21.5625	2.1534	16.4546	23.9139	21
	土地出让金	22.9237	1.7987	18.5517	25.0658	21
	住宅商品房销售价格	8.1373	0.5785	7.3086	9.1148	21
宁波	财政缺口	22.5407	0.6644	21.4079	23.6842	21
	土地出让金	23.4868	1.5130	18.4695	25.2388	21
	住宅商品房销售价格	8.5659	0.6328	7.4809	9.2833	21
西安	财政缺口	22.1877	1.9434	16.9066	24.2823	21
	土地出让金	22.6486	1.3488	19.7636	24.6204	21
	住宅商品房销售价格	8.0669	0.5007	7.0344	8.9229	21
厦门	财政缺口	21.4558	0.8968	19.5744	22.9565	21
	土地出让金	23.0433	1.1008	20.3078	24.2362	21
	住宅商品房销售价格	8.9017	0.7418	7.8221	10.0161	21

城市	变量	均值	标准差	最小值	最大值	观察值个数
太原	财政缺口	21.7660	1.2006	19.2962	23.3939	21
	土地出让金	21.9003	1.6470	18.0202	24.2743	21
	住宅商品房销售价格	8.1557	0.5232	7.1717	8.8814	21
济南	财政缺口	21.7001	1.1492	18.9395	23.7605	21
	土地出让金	22.9184	1.8670	18.6518	24.9596	21
	住宅商品房销售价格	8.2268	0.4868	7.4295	8.9964	21
青岛	财政缺口	22.2755	1.1060	20.6388	23.8037	21
	土地出让金	23.1992	1.6519	18.5517	24.9794	21
	住宅商品房销售价格	8.3082	0.5192	7.4289	9.0851	21
南宁	财政缺口	22.1994	1.4586	18.7500	24.0186	21
	土地出让金	22.3995	1.2751	20.2468	24.2500	21
	住宅商品房销售价格	8.0728	0.3890	7.3664	8.6183	21
海口	财政缺口	20.9797	1.3971	17.5997	22.4880	21
	土地出让金	20.9451	1.4111	17.3419	22.9923	21
	住宅商品房销售价格	8.2427	0.5633	7.4313	9.2144	21
福州	财政缺口	21.3118	1.7074	17.7668	23.7512	21
	土地出让金	23.0560	1.6165	19.1674	25.2347	21
	住宅商品房销售价格	8.0272	0.6868	7.2548	9.1641	21
南昌	财政缺口	22.0331	1.2773	19.9554	23.8605	21
	土地出让金	22.4528	1.6746	18.0922	24.2444	21
	住宅商品房销售价格	8.0330	0.5085	7.0630	8.7055	21
贵阳	财政缺口	22.0441	1.1499	20.3493	23.6915	21
	土地出让金	21.8037	1.7778	18.0052	24.3339	21
	住宅商品房销售价格	7.8644	0.4781	7.2006	8.7519	21
西宁	财政缺口	21.9511	1.3688	18.8328	23.4071	21
	土地出让金	20.2074	1.9809	15.7614	22.4476	21
	住宅商品房销售价格	7.7495	0.4608	7.1303	8.6365	21

城市	变量	均值	标准差	最小值	最大值	观察值个数
呼和浩特	财政缺口	22.1452	0.9125	20.3153	23.3523	21
	土地出让金	21.1898	2.0387	16.3805	23.0813	21
	住宅商品房销售价格	7.7798	0.5326	7.0752	8.7751	21
兰州	财政缺口	22.5575	2.2545	19.3723	31.0652	21
	土地出让金	21.0019	1.8530	17.3990	23.2998	21
	住宅商品房销售价格	7.9477	0.4341	7.2956	8.4977	21

4. 附表4

各城市模型残差正态分布检验的 p 值

城市	检验方程	JB 检验	Skewness 检验	Kurtosis 检验
广州	财政缺口差分序列	0.59046	0.93984	0.30597
	土地出让金差分序列	0.25979	0.10627	0.76814
	住宅商品房销售价格差分序列	0.61981	0.7852	0.34755
	整体	0.58202	0.44213	0.56882
深圳	财政缺口差分序列	0.60605	0.82117	0.32959
	土地出让金差分序列	0.72938	0.81578	0.44755
	住宅商品房销售价格差分序列	0.84895	0.63237	0.75346
	整体	0.92332	0.95347	0.65351
南京	财政缺口原序列	0.50632	0.98246	0.24341
	土地出让金原序列	0.25454	0.99548	0.09808
	住宅商品房销售价格原序列	0.47959	0.52011	0.30413
	整体	0.47334	0.9373	0.16091
杭州	财政缺口原序列	0.23363	0.16928	0.31282
	土地出让金原序列	0.3167	0.39899	0.20757
	住宅商品房销售价格原序列	0.49128	0.58828	0.28811
	整体	0.35651	0.40831	0.29149

城市	检验方程	JB 检验	Skewness 检验	Kurtosis 检验
成都	财政缺口原序列	0.45092	0.23427	0.67291
	土地出让金原序列	0.42966	0.57599	0.24065
	住宅商品房销售价格原序列	0.24318	0.83858	0.09507
	整体	0.41094	0.62171	0.22688
武汉	财政缺口原序列	0.61495	0.55155	0.43183
	土地出让金原序列	0.34977	0.73186	0.15902
	住宅商品房销售价格原序列	0.23717	0.53854	0.11387
	整体	0.42866	0.83743	0.16454
郑州	财政缺口原序列	0.2297	0.44261	0.12509
	土地出让金原序列	0.33887	0.84285	0.14492
	住宅商品房销售价格原序列	0.36494	0.81414	0.16143
	整体	0.30969	0.87695	0.09213
合肥	财政缺口差分序列	0.8731	0.82999	0.63502
	土地出让金差分序列	0.13235	0.09792	0.2532
	住宅商品房销售价格差分序列	0.92131	0.97547	0.68644
	整体	0.61201	0.42579	0.63831
宁波	财政缺口原序列	0.46253	0.97277	0.21448
	土地出让金原序列	0.11601	0.0521	0.46431
	住宅商品房销售价格原序列	0.49082	0.37149	0.42931
	整体	0.29628	0.20591	0.44004
西安	财政缺口差分序列	0.56075	0.70786	0.31334
	土地出让金差分序列	0.37106	0.27073	0.3803
	住宅商品房销售价格差分序列	0.55525	0.89466	0.28165
	整体	0.63394	0.71235	0.40012
厦门	财政缺口差分序列	0.94911	0.84907	0.7939
	土地出让金差分序列	0.5506	0.5491	0.36096
	住宅商品房销售价格差分序列	0.27689	0.75848	0.11577
	整体	0.69478	0.92115	0.33714

城市	检验方程	JB 检验	Skewness 检验	Kurtosis 检验
太原	财政缺口原序列	0.19042	0.08255	0.58191
	土地出让金原序列	0.37827	0.52459	0.2147
	住宅商品房销售价格原序列	0.20208	0.07382	0.96333
	整体	0.20633	0.08524	0.60525
济南	财政缺口差分序列	0.08185	0.05347	0.25853
	土地出让金差分序列	0.39582	0.49733	0.2379
	住宅商品房销售价格差分序列	0.2853	0.33115	0.21108
	整体	0.15393	0.16224	0.23732
青岛	财政缺口原序列	0.55832	0.30594	0.73175
	土地出让金原序列	0.3172	0.57036	0.15999
	住宅商品房销售价格原序列	0.56264	0.74627	0.30654
	整体	0.59441	0.68807	0.37093
南宁	财政缺口差分序列	0.85065	0.98968	0.56961
	土地出让金差分序列	0.14017	0.06852	0.43411
	住宅商品房销售价格差分序列	0.41681	0.18975	0.86087
	整体	0.42278	0.16905	0.80951
海口	财政缺口原序列	0.21254	0.07963	0.87461
	土地出让金原序列	0.32719	0.90071	0.13633
	住宅商品房销售价格原序列	0.37986	0.25061	0.43254
	整体	0.29681	0.22066	0.41376
福州	财政缺口原序列	0.62038	0.57572	0.42312
	土地出让金原序列	0.39017	0.89563	0.17203
	住宅商品房销售价格原序列	0.70992	0.40953	0.94344
	整体	0.74099	0.79869	0.47316
南昌	财政缺口差分序列	0.29017	0.36498	0.19843
	土地出让金差分序列	0.19348	0.79042	0.07299
	住宅商品房销售价格差分序列	0.4588	0.79894	0.22169
	整体	0.29244	0.81185	0.09527

城市	检验方程	JB 检验	Skewness 检验	Kurtosis 检验
贵阳	财政缺口差分序列	0.81711	0.83211	0.54905
	土地出让金差分序列	0.73339	0.50678	0.67187
	住宅商品房销售价格差分序列	0.83908	0.57184	0.85961
	整体	0.96736	0.84821	0.90333
西宁	财政缺口差分序列	0.54872	0.36939	0.52989
	土地出让金差分序列	0.63317	0.37549	0.71986
	住宅商品房销售价格差分序列	0.51461	0.97572	0.2492
	整体	0.75153	0.66119	0.6039
呼和浩特	财政缺口原序列	0.2488	0.86269	0.09711
	土地出让金原序列	0.41517	0.47478	0.26406
	住宅商品房销售价格原序列	0.30955	0.75198	0.13401
	整体	0.33155	0.88707	0.10028
兰州	财政缺口差分序列	0.33745	0.19481	0.48313
	土地出让金差分序列	0.51141	0.46318	0.3702
	住宅商品房销售价格差分序列	0.50911	0.52542	0.3305
	整体	0.56137	0.45359	0.52379

5. 附图

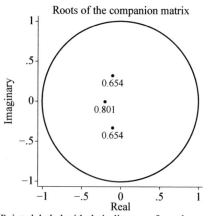

附图 1　系统稳定性判别图(北京)

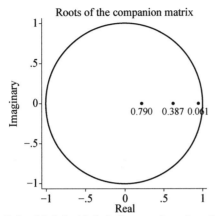

附图 2　系统稳定性判别图(山西)

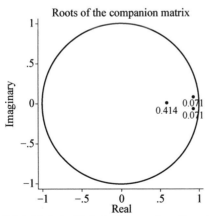

附图 3　系统稳定性判别图(内蒙古)

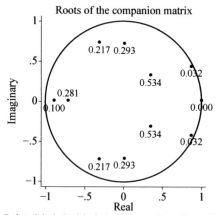

附图 4　系统稳定性判别图 (辽宁)

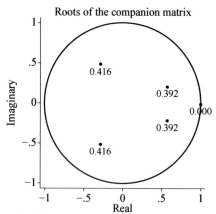

附图 5　系统稳定性判别图 (吉林)

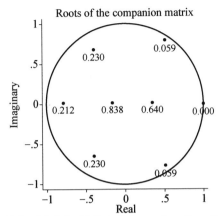

附图6 系统稳定性判别图(上海)

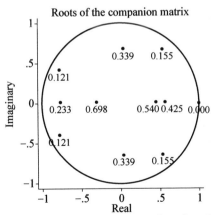

附图7 系统稳定性判别图(江苏)

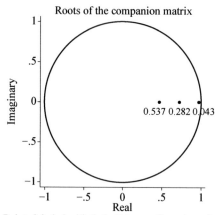

附图 8　系统稳定性判别图（浙江）

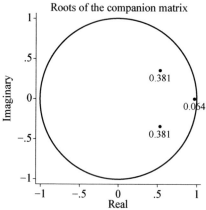

附图 9　系统稳定性判别图（安徽）

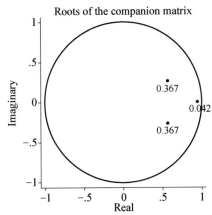

附图 10　系统稳定性判别图（福建）

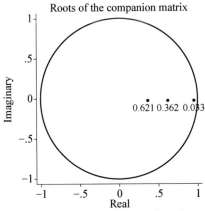

附图 11　系统稳定性判别图（江西）

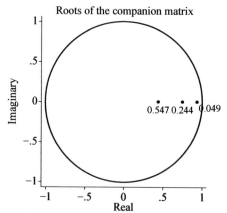

附图 12　系统稳定性判别图(山东)

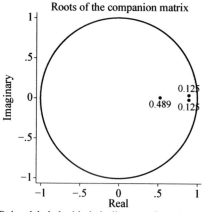

附图 13　系统稳定性判别图(河南)

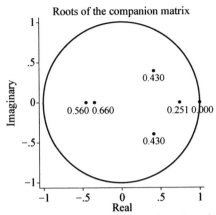

附图 14　系统稳定性判别图（湖北）

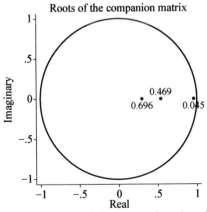

附图 15　系统稳定性判别图（湖南）

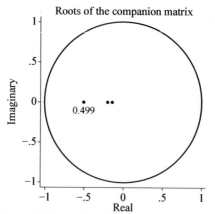

附图 16　系统稳定性判别图（广东）

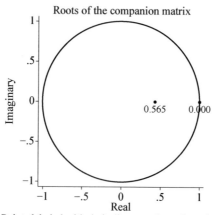

附图 17　系统稳定性判别图（广西）

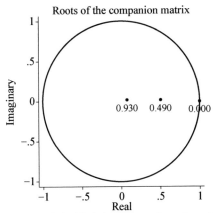

附图 18　系统稳定性判别图(海南)

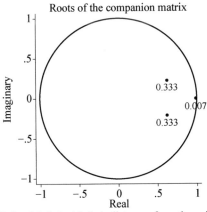

附图 19　系统稳定性判别图(重庆)

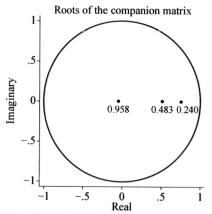

附图 20　系统稳定性判别图(四川)

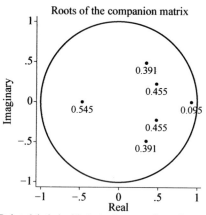

附图 21　系统稳定性判别图(贵州)

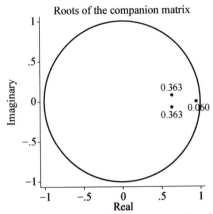

附图 22　系统稳定性判别图（陕西）

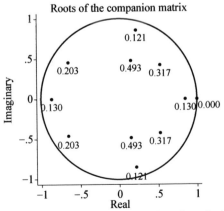

附图 23　系统稳定性判别图（青海）

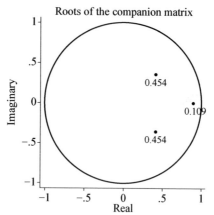

附图 24　系统稳定性判别图(宁夏)

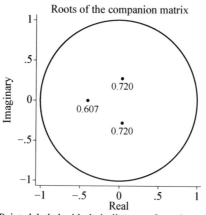

附图 25　系统稳定性判别图(广州)

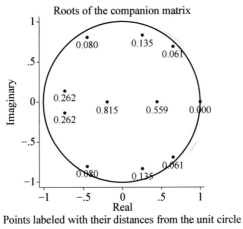

附图 26　系统稳定性判别图(深圳)

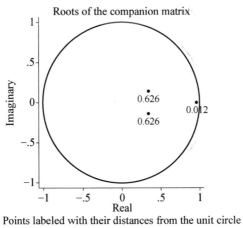

附图 27　系统稳定性判别图(南京)

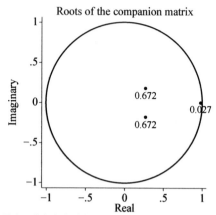

附图 28　系统稳定性判别图（杭州）

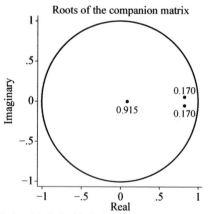

附图 29　系统稳定性判别图（成都）

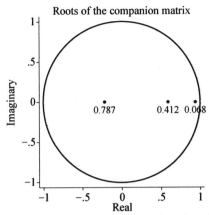

附图 30　系统稳定性判别图（武汉）

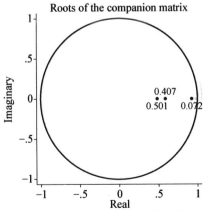

附图 31　系统稳定性判别图（郑州）

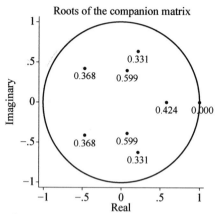

附图 32　系统稳定性判别图(合肥)

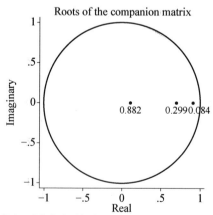

附图 33　系统稳定性判别图(宁波)

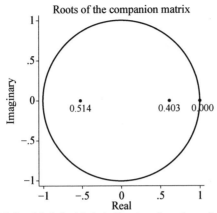

附图 34　系统稳定性判别图（西安）

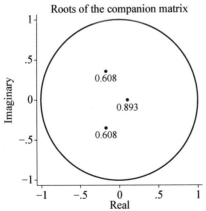

附图 35　系统稳定性判别图（厦门）

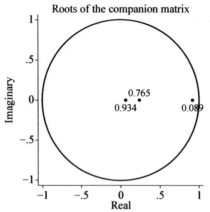

附图36　系统稳定性判别图(太原)

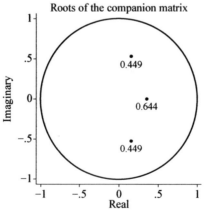

附图37　系统稳定性判别图(济南)

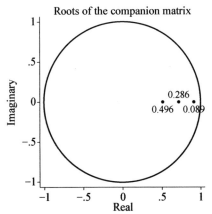

附图 38　系统稳定性判别图（青岛）

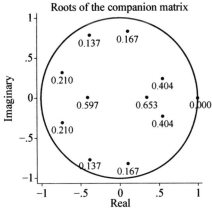

附图 39　系统稳定性判别图（南宁）

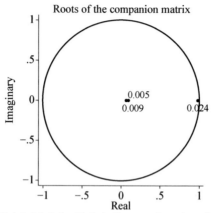

附图40　系统稳定性判别图(海口)

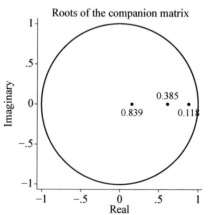

附图41　系统稳定性判别图(福州)

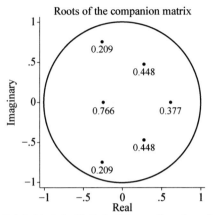

附图 42　系统稳定性判别图（南昌）

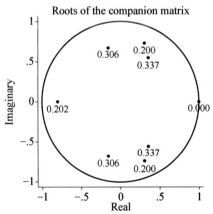

附图 43　系统稳定性判别图（贵阳）

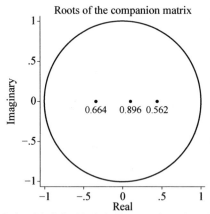

附图 44　系统稳定性判别图（西宁）

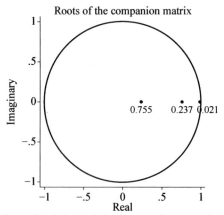

附图 45　系统稳定性判别图（呼和浩特）

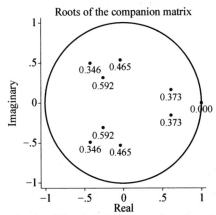

Points labeled with their distances from the unit circle

附图 46　系统稳定性判别图(兰州)

后　记

时光荏苒，弹指间留在昨天。在"课虚无以责有，叩寂寞而求音"之间，告白青春与美妙邂逅。观晨曦之易夕，感人生之长勤。值此收笔之际，追忆那些渐已远去的日日夜夜，仍有无限感慨涌上心头。

写下这些文字，是一份交代，更是一种致敬，致敬我们正在经历的这个伟大的时代，以自己的绵薄之力，希冀能给这个时代留下点什么。

感谢我的博士导师刘蓉教授，刘老师大家风范、大师气度，在专业领域给了我很好的启发与指引，让我对公共经济学的研究充满兴趣，对我国的财政税收制度有了更深刻的思考；老师治学严谨，功底深厚；老师为人正直，在我遇到坎坷时，倾情相助。老师的学识让我敬仰，老师的人格让我敬佩，老师的指引使我的人生开启了新的境界。

感谢李建军教授、黄策教授、黄健教授、刘楠楠副教授、赵岭晓副教授、段义德博士、寇璇博士、伍薆霖博士、王召卿博士、陈翔博士、张军玲博士、赵维博士、丁少玲博士和周雪梅博士在本书写作过程中给予的帮助。感谢淮北师范大学经济与管理学院的领导和同事以及学科处老师的大力支持。

在本书的写作过程中，还有许多朋友提供了帮助和支持，让我受到很大的启发，特别是王超、王凤阁、赵佳、周宇和王晓慧等朋友的帮助使我受益匪浅。

感谢我的家人。特别感谢我的父母，多年的培养让我懂得了终身学习的益处，谢谢他们的奉献和关心；还要特别感谢我的爱人刘钧和女儿刘安畅，他们始终陪伴着我面对各种考验。

最后，衷心感谢上海三联书店张静乔老师的精益求精、细致耐心的编辑工作，为本书增色添彩。

李阿姣

2022 年 7 月于淮北师范大学相山校区

图书在版编目(CIP)数据

我国房地产税的收入与福利效应预测与模拟研究/李阿姣著. —上海:上海三联书店,2023.3
ISBN 978 - 7 - 5426 - 8031 - 0

Ⅰ.①我… Ⅱ.①李… Ⅲ.①房地产税－税收管理－研究－中国 Ⅳ.①F812.422

中国国家版本馆 CIP 数据核字(2023)第 037917 号

我国房地产税的收入与福利效应预测与模拟研究

著　　者 / 李阿姣

责任编辑 / 张静乔
装帧设计 / 徐　徐
监　　制 / 姚　军
责任校对 / 王凌霄

出版发行 / 上海三联书店
　　　　　(200030)中国上海市漕溪北路 331 号 A 座 6 楼
邮　　箱 / sdxsanlian@sina.com
邮购电话 / 021 - 22895540
印　　刷 / 上海惠敦印务科技有限公司

版　　次 / 2023 年 3 月第 1 版
印　　次 / 2023 年 3 月第 1 次印刷
开　　本 / 640 mm×960 mm　1/16
字　　数 / 290 千字
印　　张 / 19.25
书　　号 / ISBN 978 - 7 - 5426 - 8031 - 0/F・885
定　　价 / 78.00 元

敬启读者,如发现本书有印装质量问题,请与印刷厂联系 021 - 63779028